单元整体教学

促进小学英语教学改进的区域实践与探索

谢宽平　阮瑜◎著

图书在版编目（CIP）数据

单元整体教学：促进小学英语教学改进的区域实践与探索 / 谢宽平，阮瑜著 . — 哈尔滨：哈尔滨出版社，2020.8

ISBN 978-7-5484-5361-1

Ⅰ．①单… Ⅱ．①谢… ②阮… Ⅲ．①英语课—教学研究—小学 Ⅳ．① G623.312

中国版本图书馆 CIP 数据核字（2020）第 114755 号

书　　名：单元整体教学：促进小学英语教学改进的区域实践与探索
DANYUAN ZHENGTI JIAOXUE：CUJIN XIAOXUE YINGYU JIAOXUE GAIJIN DE QUYU SHIJIAN YU TANSUO

作　　者：谢宽平　阮瑜 著
责任编辑：刘　丹　曹雪娇
封面设计：笔墨书香

出版发行：哈尔滨出版社（Harbin Publishing House）
社　　址：哈尔滨市香坊区泰山路82-9号　　邮编：150090
经　　销：全国新华书店
印　　刷：武汉颜沫印刷有限公司
网　　址：www.hrbcbs.com　　www.mifengniao.com
E-mail：hrbcbs@yeah.net
编辑版权热线：（0451）87900271　87900272

开　　本：710mm × 1000mm　1/16　印张：16.25　字数：270千字
版　　次：2020年8月第1版
印　　次：2022年8月第2次印刷
书　　号：ISBN 978-7-5484-5361-1
定　　价：46.00元

目 录

第一篇 研究与成果

第二篇 实践与探索

第三篇　单元整体教学实施

第四篇　单元语音教学实施

第五篇　英语活动课实施

第六篇 教学拾贝

第一篇 研究与成果

第一章 小学英语整体教学的研究背景

一、本研究产生的背景与实践意义

（一）本研究产生的背景

2012 年 9 月，深圳市统一启用了新的小学英语教材——深圳小学牛津英语。小学牛津英语（深圳版）教材是英国语言学专家根据现代语言学和应用语言学的理论，为将英语作为第二语言学习的学生编写的。新教材的试用使小学英语教师在教学观念、教学方法和教学技术等方面都发生了深刻的变化。广大小学英语教师正逐步树立素质教育的外语教学观，在教学中重视培养学生运用英语的能力，鼓励学生积极参与语言实践。学生也普遍感到新教材生动有趣，因而喜欢上英语课，而且运用英语的能力也有了提高。然而，在新教材的使用过程中也出现了两大矛盾：一是教材新要求与教师的教学水平滞后的矛盾；二是教学课时不足与教材容量偏大的矛盾。

过去英语教学的模式是以“单课”为单位的，每课的教学都是“各自为政”，没有站在宏观的位置上来预设一节课的学习重点，教学缺乏整体性和系统性，以至于“单课”和“单元”严重脱节。学生对英语知识的学习也是零星的，杂乱的，因而造成长期以来“花时多收效低”的现状。如今牛津英语教材以“主题模块”取代“知识体系单元”。每个专题中的内容都洋溢着时代气息、充满着童真童趣、蕴含着丰富的人文精神。但如果课程标准变了，教材变了，而我们教学的思路没有改变，仍然按照“知识体系单元”的形式一课一课地教，学生一课一课地学，那么课程教材再先进，新课程带来的变革将是浮光掠影。

此外，宝安区第二学区（原第二学区）城中村小学较多，随着课程改革向纵深发展，教师专业发展的滞后，尤其是城中村学校教师专业发展的滞后越来越成为课程改革顺利推进的瓶颈。课程改革的发展需要我们构建更具活力的教研生态环境，特别是要加强对本学区薄弱学校的专业指导和教研服务，全面促进学区内英语教师的专业发展，从而促进学区英语教学的均衡发展。

针对本学区各学校英语教学现状中存在的困难和矛盾，我们希望聚焦常规课堂，以“基于模块的单元整体教学实践与研究”为突破口，力求解决学区内小学英语新教材使用中的瓶颈难题，同时在研究中积极探索实效性的英语教研机制来促进小学英语教师的专业发展。为什么选择单元整体教学作为解决这一问题的突破口？首先是基于现行使用的小学英语教材的特点。本套教材运用了建构主义理论，以模块构筑体系（Building-block approach）编写，在横向上注重各模块在学习内容上的循序渐进，纵向上注重语言知识和技能上的滚动和复现。其最显著的特点是单元内容围绕模块主题，而不同年级的模块又循环复现同一主题内容。单元是实现教学目标的重要单位，是教材处理中的重要单位，整体教学则是优化语言教学的有效手段。另外，新课程对教师的教材观、教学观、学生观、评价观提出了新的要求，对教师的专业发展和学生语言学习目标也提出了更高的要求，这不仅要求我们更深入地去研究我们的教材和课堂，也要求教师不断提高课程的执行能力。

（二）本研究的实践意义

综上所述，我们提出“基于模块建构的小学英语单元整体教学的实践与研究”，其目的是通过实践与研究，提炼出单元整体教学设计的实施模式图和原则、实施步骤和策略；力求改善教师的教学方式，提高教师的课程执行力；改善学生的学习方式，提高学生的语用能力。

1. 满足教师专业发展的需要

随着人们对知识要求的提高，教师的专业化水平也成为社会关注的焦点。在当前形势下，教师是传授知识点的主要群体，尤其是在新课程背景下，教师不仅要知道需要为学生讲解什么知识，更要知道如何给学生讲解知识，在这一个质变的过程中，对教师的能力有了更高的要求。单元整体设计属于教学设计的一种途径，它要求教师在制作教案的过程中，必须具备整体性思维观念，对所要讲解的知识从整个单元的角度考虑，而不能仅仅局限于某一节课，所以教师要统筹整个单元内容，凭借过硬的专业背景才能真正将单元知识点穿插起来，从而提高课堂效率。

2. 满足学生个体发展的需要

义务教育阶段英语课程的主要目的是为学生的综合语言运用能力打基础，为他们继续学习英语和未来发展创造有利条件，因此小学阶段是培养学生英语学习兴趣和打基础的起始阶段。如果教学方式以及教学策略比较合理，就会直接促进学生学习兴趣的提高，从而让学生在各个课时的学习中，不断对所要掌握的语言知识进行强化，让学生每一个脚步都走得扎扎实实。

二、国内外同类课题的研究现状

（一）国外教研现状

从资料和文献的调查中可以看出，国外的 *Holistic teaching method*（整体教学法），起初被运用于科学、艺术和阅读教学，后被运用于第二语言教学。

20 世纪 70 年代，最初被誉为“全语言之父”的亚利桑那大学的 Goodman 在此基础上提出 *Whole language approach*（整体语言教学），Goodman 在 1986 年发表的 *What is Whole in Whole Language*（整体语言中的整体是什么）一文中阐述了整体语言中的整体内涵。Goodman 与 L.B.Bird 于 1990 年合作出版了 *The Whole Language Catalog*（整体语言全录），进一步描述了语言、语言学习、语言教学、课程内容以及社团学习系统理论和教育哲理。

Carole Edelsky 于 1993 年出版的 *Whole Language in Perspective*（整体语言观）一书又进一步发展了“整体语言教学”。认为整体语言的观点是人们在学习语言时将语言学习从整体中区分部分的逐步学习深入的学习过程，而不是把语言分割为词、音、句等部分来学。

2004 年，Christina Theuerling 撰写的 *Using Thematic Units to Teach English to Speakers of Other Language*（主题单元法在英语外语教学中的运用）提到“1.Pick a topic（选择主题）2.Select a Themes（选择主题）3.Find Related Readings（寻找相关阅读材料）4.Introduce Supporting Grammar（引入语法）5. Focus on Idioms（关注习语）6.Creat a Culminating Activity（设计活动）7.Resourses（资源）8.Assessment（评价）”，详细描述了怎样围绕单元主题开展整体语言教学。

（二）国内研究现状

国内的英语教学一直采用的是“语法—翻译法”“交际教学法”和“听说教学法”，对于“单元整体教学”主要是在中学高中英语、初中英语、小学语文、初中化学等学科有过一些研究和实验。

北京师范大学外文学院程晓堂教授（2011 年）曾指出：应该把语言作为整体来学习，因为意义和语境有助于学生对语言的感悟，有助于培养学生的学习动机和积极性。

李东伟在《中小学教学与研究》2010 年第 4 期《整体语言教学与单元教学设计》一文中就整体语言教学和主题单元设计问题做了详细的分析，并阐述了“整体语言教学在单元设计中各板块的表现形式”。

钱希洁在《小学英语单元整体设计的宏观思考》（2010：1—4）一文中不仅

提出了单元整体设计的积极意义，还结合案例具体阐述了如何进行单元整体教学设计，她认为在单元整体设计中，教师在优化组合各板块内容的同时，要兼顾各单课之间的联系和链接，使各单课的教学活动都围绕单元的主题形成一系列的教学活动，这是提高英语课堂实效的重要抓手。

2001 年新课程实施以来，上海市全面铺开使用牛津版英语新教材并搭建各种平台公开展示牛津英语课堂教学。2008 年以来，上海市的小学英语教学在市教研员朱浦老师的引领下，利用近十年的时间，全面开展基于单元整体的应用性阅读教学的相关研究。在格式塔心理学，全语言整体教学的理念的指导下，上海小学英语的阅读教学设计与研究达到前所未有的高度，学生阅读能力与思维水平也得到明显的提高。

综合研究者的观点，我们认为,“单元整体教学”能改变传统教学中单元各板块教学存在的“本位”思想，增强单元“全局”意识，提高英语学习实效。2012 年 7 月起，我街道各公办小学近 15 名教师赴上海深入学习了“小学英语单元整体教学”的理论。2012 年 9 月起，各公办小学英语科组对“小学英语单元整体教学”的课堂实施策略展开了探索和实践。2014 年 3—6 月，邀请了上海市教育学会中小学外教教学专业委员会对我街道 52 名骨干教师进行 10 天的专业培训。我们设想在我街道小学进行“基于模块建构的小学英语单元整体教学设计的实践与研究”，探索单元整体教学设计与实施策略，帮助教师在行动研究中提高单元整体教学设计能力和教学反思能力，从而提高课程的执行能力。我们设想以此课题的研究为突破口，减轻英语教师的教学负担，拓展教研空间，构建良好的教研生态环境，既促进教师的专业成长，也提升教研部门的服务功能和专业引领的实效性。

以“单元整体教学设计”“小学英语”查询相关数据库，有 50 余篇相关文章。以“单元整体教学”查询数据库，相关文章有近千篇。从资料和文献的研究中，可知国内“单元整体教学设计”的研究是从 20 世纪 90 年代才开始，主要集中在初高中英语、小学英语、初中化学等学科，如《中学英语整体教学的探讨》（方先培）、《高中英语“单元整体教学”的实践和体会》（佘长保）、《英语课文整体教学初探》（李海雷等）。在小学英语教学领域，还没有形成系统性的理论研究与实践。

唯有上海市的小学英语教学在市教研员朱浦老师的引领下，利用近十年的时间，全面开展基于单元整体的应用性阅读教学的相关研究。2001 年新课程实施以来，上海市全面铺开使用牛津版英语新教材并搭建各种平台公开展示牛津英语课堂教学。2010 年以来，“小学英语单元整体教学设计”是上海市英语课堂教学研究的主要方向，其主要特点是系统地整合英语课堂教学资源，全面关注英语语言积累，切实把学生的发展放在第一位，全面提高课堂教学效果。在格式塔心理学，全语言整体教学的理念的指导下，上海小学英语的阅读教学设计与研究达到前所未有的高度，学生阅读能力与思维水平也得到明显提高。但是上海市的小学英语单元整体教学设计是以上海版牛津英语教材为对象的，与深圳版牛津教材还存在一定的差异，并不能直接移植到深圳版小学英语教材的教学中。本研究将系统梳理深圳版小学英语教材的单元话题，探索该版教材单元整体教学的有效途径、基本模式，进而全面提升学生的英语学科素养。

三、研究重点

在实践与教学中，“统一性、系统性、连续性、递进性、反复性、巩固性”六原则始终是整体教学设计的主线，我们希望通过研究解决：

首先，依据课程标准，分析学情和教情，结合教学经验与实际，确定 1—3 年级的英语教学目标。其次，分析教材内容与年级教学目标，结合教学经验与实际，确定单元教学目标。

然后，结合教学经验与实际，整合调整拓展教学内容，生成有效的再构文本。

最后，通过实际课例，从语境创设、活动开发、媒体使用、内涵发掘、板书设计、作业布置、反馈评价等等相关方面，检验教学设计的有效性与可行性。

四、本研究的创新之处

（一）理清了“教材—模块—单元—单课—板块”之间的内在逻辑关系；

（二）搭建了基于模块的小学英语单元整体教学备课路径；

（三）构建了基于单元的 10 分钟语音教学基本模式；

（四）提炼出小学英语单元整体教学设计模式图；

（五）根据 2011 版《英语课程标准》的相关要求，制定我街道小学英语 1—3 年级的英语教学目标，从“语言运用，学习策略，语言文化，语音意识”四个维度同时推进；

（六）整理了深圳小学牛津英语一至三年级单元整体教学的课堂教学设计及研究论文等，从教学第一线掌握了大量研究资料与成果。

第二章 本课题的研究设计

一、研究目标

为突出研究重点，发挥和利用研究者大多为一线教师的优势，本课题组重点以课例研究为载体，探索新课程下小学英语单元整体教学实施的有效策略，通过实证研究的方法，提高教师和学生对教学内容的理解。具体目标明确如下：

第一，建构新课程下小学英语单元整体教学策略的理论框架与实践操作体系；分级设定可实施的第二学区（原第二学区）小学英语教学目标（1—3 年级）。

第二，提高教师单元整体教学设计的能力和教学反思能力，优化课堂教学效益。

第三，建构适合本学区实际的小学英语阅读课模式，提升低年段小学生英语阅读能力，特别是解码能力。

第四，创新教研机制，构建良好的教研生态环境，提高教师的行动研究能力和反思能力，促进教师的专业成长。

二、研究内容

本研究以基础教育改革所提倡的新的教学理念为指导思想，以国家颁布的《英语课程标准》为依据，着重研究小学牛津英语教材（深圳版）的单元整体教学策略。本课题的研究问题主要涉及两个：显性问题——以单元整体教学设计转变教师的教学理念，促进英语教师对教材的整体理解和深度解读；隐性问题——优化小学英语课堂的课质、课貌和课效，增强学生的综合语言运用能力以及核心素养。

为能够直接服务于一线教学，适合研究团队的需要，我们把研究重点放在如何运用模块建构与整体教学的理论，进行改进小学英语课堂教学的研究。即以课例研究为载体，探究单元整体教学设计的有效实施，促进学生英语学习方式的转变，并提高其语用能力。根据研究目的和需要，逻辑而系统地形成如下研究内容。

第一，进行文献研究。对模块建构以及单元整体教学等相关内容进行文献综述与思考，广泛查阅了国内外相关的论文、著作、报道等，形成本研究的基础，寻找出了本课题实施的理论依据以及可资借鉴的优秀经验。并通过文献研究启迪了课题组成员的思想，开阔了研究思路。

第二，探索小学英语单元整体教学设计与实施策略。

1. 单元教学目标的整体设计与实施

单元教学目标的整体设计与实施包括：单元教学目标分析、单元教学目标叙写、单元教学目标的实施策略等。

2. 单元中主要课型研究

单元是实现教学目标的重要单位，也是教材的核心单位。每个单元都是以话题为核心，以结构和功能为主线展开，在此基础上，单元主要有三种基本课型：对话课、阅读课、综合课。这三种主要课型的模式与教学策略研究是本课题研究的重要内容之一。

第三，采用“攀登英语阅读系列”资源及其他辅助资源，探索小学低段英语阅读课的教学目标、教学模式，课内外阅读活动，并积累相关的教学资源。

第四，探索单元整体教学集体备课、课例研讨的校本教研机制及策略，并建设单元备课资源。

三、研究过程

研究过程的实施过程，我们分两条线来进行。一条线是把教师培训与本课题研究有机结合，依托教研中心组织的英语学科培训展开此课题的研究；另一条线则是把英语学科的“研究教材、研究学生和研究课堂”活动，与“基于模块建构的单元整体教学研究”相结合，引导教师钻研教材，思考和研究如何基于模块建构和单元整体教学的理念，将教材内容进行优化、整合，促进学生的语用能力的提高。

（一）专家引领，指点迷津

四年多来，我们围绕“基于模块建构的小学单元整体教学实践与研究”课题的开展，邀请多位专家有针对性地对课题组及学区英语教师进行培训，使大家不仅明晰了什么是模块建构、单元整体教学等概念问题，而且也从理念与行动上对课题组教师产生了较大影响。

1. 2015 年 12 月 30 日，课题组邀请全国知名专家、上海市英语教研员朱浦老师给全体成员做《外语教师教学风格的形成》的专题讲座，朱老师详细解释了他的教学见解，他认为现今的英语教学方式要注重四点：整体设计、强调应用、重视经历、渗透文化。朱老师的讲座让课题组成员对单元整体教学的认识更加清晰。

2. 2015 年 12 月 31 日，邀请上海市松江区英语教研员以及上海市两名骨干教师对第二学区全体英语教师进行单元整体教学的课例观摩与剖析，深度分析一个单元下两个课时的教学目标（Objective）、教学话题（Topic）、教学内容（Content）、教学步骤（Procedure）、板书设计（Board-designing）、语言运用（Use of language）以及教学评价（Evaluation）共七个方面，让老师们深深明白一个单元如何实现整体性与层次性。

3. 2016 年 1 月 16、17 日，邀请上海市师资培训中心的资深专家王珏老师做《如何进行教学设计》的专题培训，系统深度地分析了如何制定单元目标、如何整合教学内容以及如何设计教学过程。王老师理论与经典案例结合，引导学员们或小组合作、或独立思考、或汇报交流、或团队展示，提升学员们对单元整体设计的能力，提高学员们的教学素养。

4. 2016 年 3 月 12、13 日，上海师资培训中心的资深专家王珏老师再次莅临指导课题组成员和研修班成员。王老师围绕英语学科核心素养对语言知识及语言能力的提升进行了解读，并结合上海单元课的案例对学生思维能力的培养进行了详细分析。

5. 2016 年 6 月 6、7 日，课题组成员和研修班的学员进行了两天以“信息化的小学英语教学”为主题的培训。6 月 6 日，来自上海的名师沈晴雯老师结合 9 个日常教学中的课例，从“利用信息技术凸显教学主题、利用信息技术实现教学目标、利用信息技术凸显核心语言、利用信息技术创设有效语境”四个维度阐述如何在英语教学的过程中实现信息化下更有效的设计与实施。6 月 7 日，另外一名来自上海的信息化骨干教师蔡希慧老师则从每一节课的 pre-task 中的 preparation，while-task 中的 procedure，以及 post-task 中的 activities 三个角度详尽讲解如何基于单元整体进行信息化教学过程的设计与诊断。

6. 2016 年 7 月 1、2 日，课题组成员以及研修班全体学员在“单元整体教学”探索研究的大路上继续前行，来自上海的王珏老师、朱虹老师担任了这次培训的专家，课题组成员和研修班学员以工作坊的形式进行了单元教学设计说课展示。王老师结合说课对单元整体教学设计如何围绕单元主题，如何系统设计课堂教学活动等进行了指导。

7. 2016 年 9 月 23、24 日，再次邀请上海英语教学专家王珏老师做了专题培训，培训主题为“小学英语单元整体设计案例分析”。王珏老师从教材、教学目标、教学话题、教学文本和教学过程五个方面对英语单元整体教学进行深度剖析，让大家对单元整体教学设计从理念到实施有了更清晰更完整的了解和认识。

8. 2016 年 10 月 19 日，上海市教研员、全国知名专家朱浦老师再次亲临指导。朱老师结合自身的经历和优秀教师的案例，从教学目标设计、教学内容设计、教学板书设计等方面深入讲解了单元整体教学的设计思路。课题组成员在先进理念的引领下，在专家团队专题式、工作坊式的多元化培训的帮助下，围绕着单元整体教学的教学反思、教学诊断、教学指导、教材解读、教学设计和教学实践六大模块，提升了个人教学的技能，加快了专业发展的步伐。

9. 2016 年 8 月 25 日上午，北京师范大学李燕芳教授给英语教师做“汉语儿童英语阅读的关键技能和相关因素”的专题讲座。李教授从元语言技能、关键认知技能和情感态度三方面详细分析了影响儿童阅读的因素，并将理论和实际相结合，为老师们提供了切实可行的建议以促进学生的阅读发展。

10. 2016 年 8 月 26 日上午，来自北京师范大学的杜霞副教授带来了“图画书与儿童阅读”的专题讲座，杜教授为老师们介绍了图画书的定义和特点、图画书的阅读与分享以及图画书的教学案例。

11. 2017 年 2 月 24 日上午，北京市西城区教师进修学校小学英语教研元郭玮给全体实验教师做了《绘本之力》的专题讲座。

12. 2017 年 5 月 12 日，邀请北师大外文学院的马欣副教授做《小学英语阅读能力》的专题讲座。

13. 2018 年 3 月 15 日，邀请北京师范大学外文学院英文系教授、应用语言学硕士生导师罗少茜教授进行持续默读（SSR）的专题培训。

（二）课例研讨，实践体验

课堂是课题研究的主阵地。三年来，我们通过单元课例说课、上课展示、集体备课活动、教师才艺比赛、送教到民校等活动，引导学区英语教师深入研究教材设计，运用模块建构以及整体教学的理念，对教材内容进行加工、整合、优化，从而促进学生的英语学习。

1. 2015 年 12 月 10 日，在碧海小学举行了一、二年级语音教学单元展示课，以及邀请碧海、西湾与海港小学三位科组长围绕“单元整体教学”做实验经验交流。

2. 2016 年 5 月 25 日，在凤岗小学举行了一、二年级单元教学展示课，李慧慧和刘美两位年轻教师完成了展示课，西乡小学科组长刘娅进行科组教研经验分享。

3. 2016 年 11 月，在黄田小学开展了“基于模块的单元整体教学”集体备课，课题组成员全部参与集体备课活动，并在活动中献言献策，指导黄田小学英语教师提高对单元整体教学的理解。

4. 2016 年 12 月，钟屋小学举行了“基于模块的单元整体教学”课例展示，来自北京顺义区的教研中心主任、教研员和骨干教师参与课例观摩，并给予了高度评价。

5. 2017 年 4 月，在凤岗小学开展了五年级“基于模块的单元整体教学”集体备课。

6. 2017 年 9 月，在黄田小学进行了一至三年级的单元语音教学课例观摩和解析，邀请北师大吕文倩老师针对课例深度分析如何开展单元语音教学。

7. 2017 年 11 月，举行了“单元整体教学”课例展示，课题组成员李素玲、刁艺姗和邹建明给全区教师呈现了一个单元三个课时的完整教学，课题主持人谢宽平结合课例做了《基于模块的小学英语单元教学备课思路》的专题讲座。听课嘉宾的高度好评，也是对课题实验的肯定。

8. 2017 年 8—11 月，为了营造浓郁的读书氛围，引导教师走进教育名著，与教育经典对话，开展了全体英语教师齐读教育经典活动，并于 11 月举行教师“读书分享会”，通过阅读活动体验阅读本身，更好地把读书和教学结合起来。

（三）开展比赛，以赛促研

为提高一线教师的研究意识，提炼课题研究成果，丰富研究内容，课题组在课题研究期间进行了 7 次教师比赛。除组织教师课堂教学比赛、教师才艺比赛外，还多次组织教师原创作品评比等活动。从各类比赛中，我们发现了不少优秀青年教师的种子，并在后来的到校观课议课、名师团队选拔等活动中给予他们更多的关注，使他们能够更快成长。

1. 2016 年 5 月 26 日，举行“教师风采大赛”，大赛分“录像课例评比”“现场歌曲演唱”“现场英语绘本故事讲演”三种形式，通过比赛活动提高教师课堂教学技能，促进教师的成长，营造良好的学习氛围。

2. 2016 年 6 月 21 日，围绕课题开展了“基于模块的单元教学设计”评比活动，每所学校英语科组共同完成一个教学单元的教学设计，转变教师的教学观念，树立单元备课意识，提高小学英语课堂的课质、课效和课貌。

3. 2017 年 4 月 8 日，举行了第五届英语教师教学技能比赛，比赛分教育教学知识竞答、教学设计、硬笔书法、学科专业技能四方面，通过比赛促进英语教师提升自我综合素质。

4. 2017 年 6 月中旬，开展了“基于模块的单元教学设计”单元教学资源包评比活动。

5. 2017 年 11 月，开展了青年教师录像课比赛，为青年教师的成长搭建平台，促使他们尽快站好讲台，从合格教师升级为骨干教师。

6. 2018 年 4 月，以“单元整体教学”为主题，开展了青年教师课堂教学比赛和英语教师现场评课比赛，为新教师的成长搭建了平台，同时提高了英语教师的教学水平和理论水平。

7. 2018 年 5 月，为了更好地提炼总结以及反思在实验过程中的教学经验与心得，开展了小学英语教师阅读教学论文以及阅读教学案例评比。

第三章 本课题研究的价值与成果

一、研究的发现与收获

（一）建构了新课程下小学英语单元整体教学策略的理论框架与实践操作体系

1. 厘清了深圳小学牛津英语教材中“教材—模块—单元—单课—板块”之间的内在逻辑关系。

深圳牛津教材按 4 个模块设置，模块构筑体系下各年级教材的同一模块使得英语学习在循序渐进、滚动复现中螺旋上升。一个模块下 3 个单元的设置倡导主题的整体性、话题的实用性，让单元与单元之间的关系立体化与整体化。一个单元下 3—4 节单课的设计基于主题语境性，基于话题联系性，基于知识递进性，基于训练层次性，让学习在螺旋中上升。每节单课的学习紧紧围绕不同板块展开，让学习有了媒介和内容，具体化、多元化、可操作化。“教材—模块—单元—单课—板块”之间的内在逻辑关系如下图：

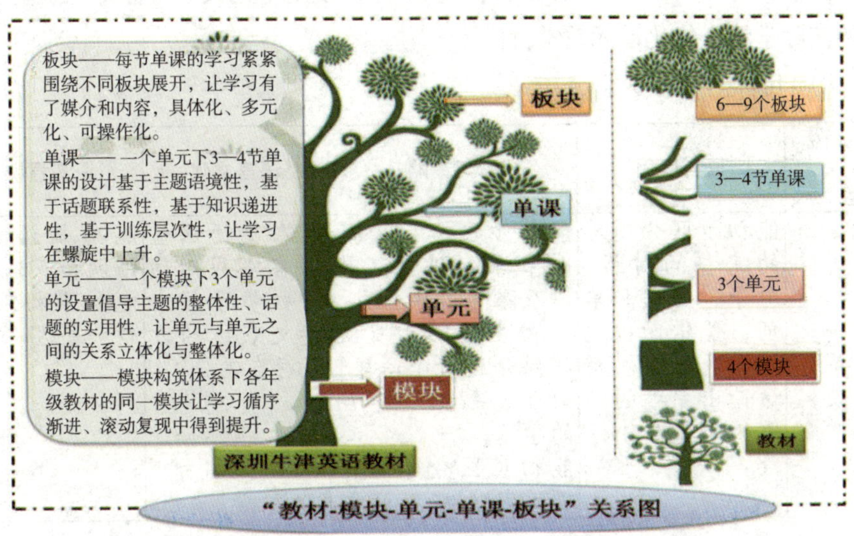

“教材-模块-单元-单课-板块”关系图

2. 搭建了基于模块的单元整体教学备课路径

教材是教学的主要载体，教师对教材全面解读是课堂教学的首要环节。虽然教材中每个模块的内容是独立呈现，但语言是整体的，是不可分裂的，模块与模块之间、单元与单元之间都有着千丝万缕的联系。因此，教师在备课时不仅仅要研读本模块和本单元的教材，也要熟悉前后的教材内容，才能做到融会贯通。

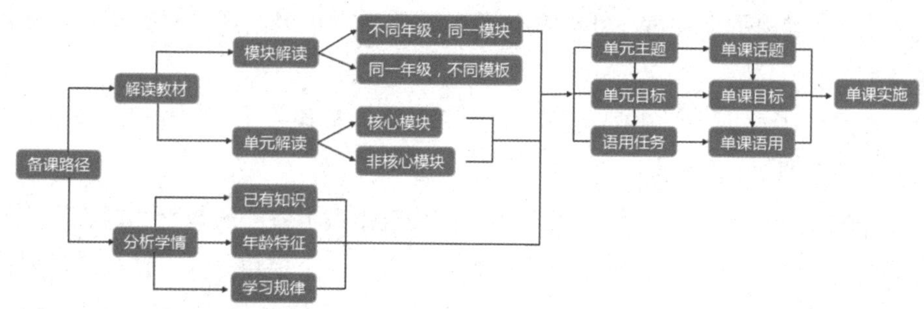

3. 制定了单元整体教学一至三年级分级目标

分级目标的制定，是为了让每一个年级的老师清楚该年级教学的总体要求，从而指向具体的教学行为，最终落实到学生的学习效果上。一至三年级单元整体教学总目标的设定是基于三大原则：一是基于教材中的教学内容，罗列单元教学目标；二是基于单课间的知识复现，设定单元教学目标；三是基于学生的实际学情，优化单元教学目标。

（1）目标内容与要求

目标 年级	语言运用	学习策略	语言文化	语音意识
一年级	能初步区分简单的完整的对话、句子、短语和单词；能借助视觉媒介进行听、模仿读出完整的简单的句子和小语段。	能初步区分完整的一节课、课堂环节以及课堂学习活动；能初步借助于直观的媒介进行小语段、句子、短语和单词的学习； 能初步区分学习语境的完整性。	能在英语课堂语言实践活动中初步了解中英文表达的方式存在差异。	能感知语音、语调和节奏；能积累初级的口头表达语言。

续表

年级＼目标	语言运用	学习策略	语言文化	语音意识
二年级	能清晰区分简单的完整的对话、句子、短语和单词； 能借助视觉媒介进行听、读出完整的句子和语段； 能初步规范书写完成的句子、单词； 能借助直观媒介输出1—3句完整的与主题相关的句子。	能明确区分完整的一节课、课堂环节以及课堂学习活动； 能借助于直观的媒介明确地进行小语段、句子、短语和单词的学习； 能明确区分学习语境的完整性；	能在英语课堂语言实践活动中清晰了解中英文表达的方式存在差异。	能区分语音、语调和节奏； 能进行音节的确认； 能进行音素的切分、组合和替换； 能有认读的习惯。
三年级	能用英语围绕相关的主题与他人进行完整的对话，对话至少涵盖3个问答回合； 能借助视觉媒介理解和学习水平相当的完整的语篇语言材料； 能围绕相关主题运用所学的句型和词汇说出3—5句话的完整的小语段； 能围绕相关的主题运用所学的句型和词汇初步正确书写3句话。	能借助于直观媒介学习简单的完整的语篇（5—7句话）； 能尝试学习智勇词典，学习新词汇； 能初步懂得在语言实践活动中分工合作； 能初步了解利用图书馆、网络等平台的资源获取信息。	能在英语学习中了解英语为母语的国家和中国之间存在文化差异。	能进行音节、音素的切分、组合和替换； 能对新学单词进行自主拼读； 能基本流利阅读、制定内容； 能形成初级的阅读策略。

（2）目标达成指引

目标 年级	目标达成指引
一年级	该年级的语言习得主要通过模仿和指读来获得，聚焦“认读”； 利用材料的内容教会学生初步进行简单的完整的对话、句子、短语和单词之间的区别； 能借助教学光盘、多媒体课件、原版绘本等视觉媒介进行听、模仿读、指读的训练，学生初步能在有提示的前提下进行完整的简单的句子和小语段的输出。 利用字母歌和相应的视觉、听觉资料，感知 26 个字母的名称、音、代表单词，并感知音素，识别首尾音，逐步培养音素切分和组合的能力。 利用高频词 Pre-primer，加强学生认读能力的培养。
二年级	该年级的语言习得主要通过模仿和指读来获得，从“认读”逐渐过渡到“自主读”； 利用材料的内容教会学生清晰地进行简单的完整的对话、句子、短语和单词的区别； 能借助教学光盘、多媒体课件、原版绘本等视觉媒介进行听、模仿读、指读的训练，学生能在有提示的前提下进行正确的完整的句子和小语段（1—3 句）的口头输出； 利用教材配套练习本初步进行规范完整的句子、单词的书写； 利用阅读解码书，初步拼读 CVC 和 CVCE 结构单词； 利用高频词以及相关资料，初步形成阅读流畅性。
三年级	该年级的语言习得通过模仿读写，从“自主读”向“自主读写”过度； 课堂上教师要引导学生初步去总结所学，形成核心语言框架，并启发学生围绕核心语言框架进行简单的表达； 能借助教学光盘、多媒体课件、原版绘本等视觉媒介进行听、模仿读写的训练，能用英语围绕相关的主题与他人进行完整的（至少涵盖 3 个问答回合）对话； 开始提供与所学内容相关的匹配的水平相当的完整的语篇语言材料； 要进行相关主题运用所学的句型和词汇说出 3—5 句话的完整的小语段口头和读写的训练； 开始接触一些自主学习方法的媒介，例如：字典、图书馆、电子产品等； 利用 5 个元音字母、常见字母组合，加强拼读 CVCE 结构单词； 流利读高频词、解码书和相关的绘本阅读，初步形成比较流利的阅读能力。

（3）目标达成评价

一至三年级单元整体教学的效果检测与评价通常采用口试和笔试相结合的方式，具体建议如下：

年级	评价方式	评价核心
一年级	100% 口试	学生能否区分小语段、句子、单词； 学生能否说出单词的首音、尾音，相关字母的代表单词； 学生能否恰当地读出相关的小语段、句子、单词； 学生是否了解中西方语言表达之间存在差异。
二年级	80% 口试 20% 笔试	学生能否明确区分情景的完整性； 学生能否明确区分语篇、句子和单词； 学生能否进行 CVC 单词的初步拼读； 学生能否围绕相关主题进行 3 句左右的口头表达； 学生是否了解中西方文化之间存在差异。 学生能否规范书写简单的句子、单词。
三年级	70% 口试 30% 纸笔测试	学生能否进行 CVCE 以及部分双音节单词的拼读； 学生能否围绕相关主题进行 5 句话左右的口头表达； 学生能否理解相关主题匹配的完整的语篇； 学生是否了解中西方文化之间存在差异，并针对某一主题具体说出语言表达的不同。 学生能否围绕相关主题正确书写 3 句话；

4. 提炼出单元整体教学目标设计与实施策略

单元教学目标是教师在学生现有水平的基础上为学生设置的最近发展区，而课时目标是在该区域内搭建的脚手架。课与课之间相互连接、互为支撑，为学生逐步认识、掌握学科内容架起逐级上升的“阶梯”。

从《英语课程标准》来看，新课标对小学英语教学提出了二级教学目标，从语言技能、语言知识、情感态度、学习策略和文化意识等五个方面规定了具体的教学目标，英语新课程背景下的教学目标更加多元化，这就要求英语应该从整体上来设计教学目标。

（1）单元教学目标的设定

教师在设定单元教学目标时，需要考虑下面的一些问题：本单元在教材中的地位如何？根据《英语课程标准》和学生的实际情况，本单元的基本教学目标是什么？弹性教学目标是什么？课时目标是什么？如何实现单元中课时目标的螺旋性上升？根据实际的课程设置，如何合理安排每个单元的教学时间？在分课时备课时要注意以下几点：教学目标的具体化；重点和难点的定位；教学策略分析；教学过程的设计，其中包括教学方法的选择、媒体的使用和活动形式的设计等。

（2）单元教学目标的叙写

如何依据课程标准来设计和叙写具体的小学英语教学目标呢？我们总结了以下教学目标叙写的策略。

●行为目标表述方式

课标在描述课程目标时，使用了明确的行为动词，操作性强，如用“做动作、指图片、涂颜色、画图、做手工”等描述性的技能目标；用“模仿说、认读、朗读、看懂、书写、模仿范例写”和“玩、演、视听”等描述综合语言能力的目标。

我们制定教学目标的依据是《英语课程标准》，因此，也宜采用行为目标表述方式。行为目标取向主张以人的行为方式来陈述目标，强调目标的精确化、标准化、具体化，所以称之为“行为目标”。行为目标的叙写要尽量避免含混不清和不切实际的语言表述。

●行为目标叙写的四个特点

——行为目标的叙写有四个特点：即，行为主体是学生、行为状况动词多样化、行为条件情景化、行为标准表现程度具体化。

——要把每项目标描述成学生行为而不是教师行为。如，学生能……、大多数学生能……、少数学生能……。

——行为状况动词要尽可能是可理解、可观察的，如，听懂、跟读、会说、会唱、表演、区别、认读、询问、回答、设计、解决等。

——目标描述要反映行为发生通过的媒体、限定的时间、提供的信息。如，通过图片、实物、简笔画，利用动作、模仿、面部表情，通过模仿、配对、涂色、连线，重排图片顺序、用符号完成表格、猜测游戏、角色表演……，通过男女生竞赛，通过模拟的购物活动，根据地图等。

——行为标准表现程度具体化。如，“能根据情景用 I can see? 写 2—3 个句子”“能按字母顺序排列，做成自己的电话本”“能用学过的食物名称，每组设计 1 份晚餐的菜单”“能根据图片或提示来写出 5 个描写日常活动的句子”等。

●常用的行为术语

描述行为的基本方法是使用动宾短语，其中行为动词说明学习的类型，宾语说明学习的内容。我们来看一些常用的行为术语。

学习目标	常用行为术语
语言知识目标	认读、说出、拼写、读准、认识、了解、熟悉、理解、表达、掌握
语言运用目标	讲述、朗读、复述、背诵、描述、获取、写出、表演、演唱、交流
语言文化目标	喜欢、乐于、有……的愿望、尊重、爱护、珍惜、养成、敢于、辨别、欣赏

（3）单元教学目标的实施策略

教材分析和学情分析—设定和叙写单元教学目标—合理划分课时，初步确定每课时的教学内容—分课时备课—实践反思教学目标的达成—调整、修正教学目标。

5. 构建了小学英语单元整体教学实施模式

新课程标准对小学英语教学中学生的语言技能、语言知识、情感态度、学习策略和文化意识等五个方面都做了明确的规定（沈峰 2010）。我们使用的深圳版牛津英语是一套螺旋上升的教材，基于新课程标准，根据单元整体教学理念的十六字方针：单元统整、内容整合、语境带动、语用体验，单元整体教学设计要求单元目标必须通过该单元的几个单课时来实现，但单元目标不是单课时目标的相加，各个单课时目标之间是包含和递进的关系。结合实际教学需求，深层研读教材，创造性地使用教材，对教学内容进行整合，再构出适合学生学习的单元教学文本。在再构的文本中，为学生提供丰富的语言情境，让学生在有意义的语境中学习，运用英语，让学生既学习到新的内容又能联系旧知识，既能学习到教材文本又整合到文化内涵与生活实际内容。所以，小学英语单元整体教学实施模式如下：

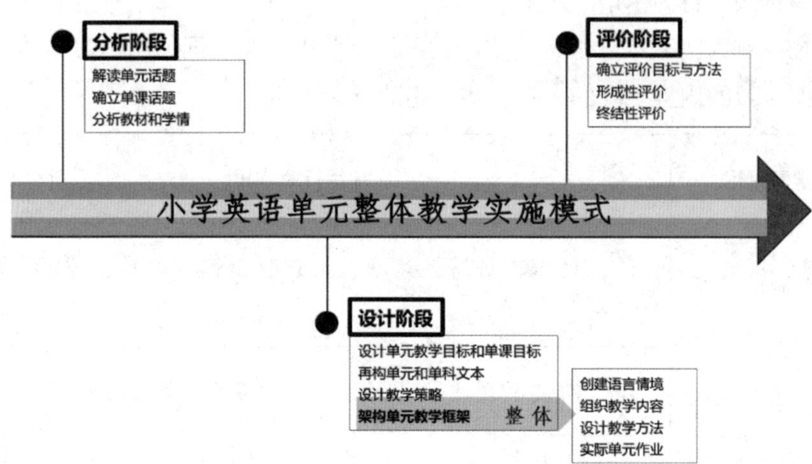

深圳版牛津英语教材是按“话题—功能—结构—任务”体系编写的，注重从整体上培养学生听、说、读、写这四种基本技能。在单元整体教学中，我们主要研究“对话课”“阅读课”“综合课”三种课型。在课例研究的基础上，我们提炼了三种典型课的教学策略。

【对话课】

教学目标：结合单元话题学习目标语言，学生能自主地使用功能话题进行交流。

设计策略：结合话题，整体设计教学情境；听说领先，读写跟上；词不离句、句不离篇。

教学模式：课前热身→导入单元话题→目标语言学习→整体感知→意义操练→话题交流。

板书设计策略：凸现“词架”“句架”体现话题的情境设计。

【阅读课】

教学目标：激发阅读兴趣、获取信息、学习语言。

设计策略：听和读相结合、读和说相结合、读和演相结合；读和写相结合。

教学模式：导读激兴趣→自读明大意→细读抓关键→朗读重体验→读后拓展活动。

板书设计策略：凸现“景架”和“语架”，体现故事的框架设计。

【综合课】

教学目标：融复习和新授、整合和拓展于一体，学生能进行单元话题下听说读写综合语言活动。

设计策略：单元内综合（目标语言、单元板块、话题拓展）；单元外综合（目标语言、话题综合）；围绕单元话题，设计若干小任务，引导学生寻找知识规律，适当拓展运用。

板书设计策略：凸显“串联”和“并联”，体现单元话题的拓展设计。

6. 单元作业的设计与实践策略

单元作业的设计原则：整体设计，关注分课时作业的衔接；分层设计，使每个层次的学生都能有质量地完成练习作业；趣味设计，让学生快乐地完成作业。单元作业的类型：自助餐式作业、创编式作业、实践型作业等。单元主题作业的实施策略：课内抽查、审听录音、轮流互查、统一批阅。

（二）形成了基于单元的 10 分钟语音教学基本模式

根据“阅读金字塔”理论，语音是阅读必备的技能，是阅读能力发展的基础。在低年段的英语教学中，阅读并不是注重阅读技能，而是打好口语的基础，口语能力是培养第二语言读写能力的基本条件。通过歌谣、歌曲、英语绘本故事等给学生提供“可理解性输入”，以语境语篇带动语音学习，让学生在真实的语境中习得拼读规则，积累语言，为以后的流畅朗读打下基础。结合本学区的实际情况，探索出基于单元的 10 分钟语音教学模式。（如下图）

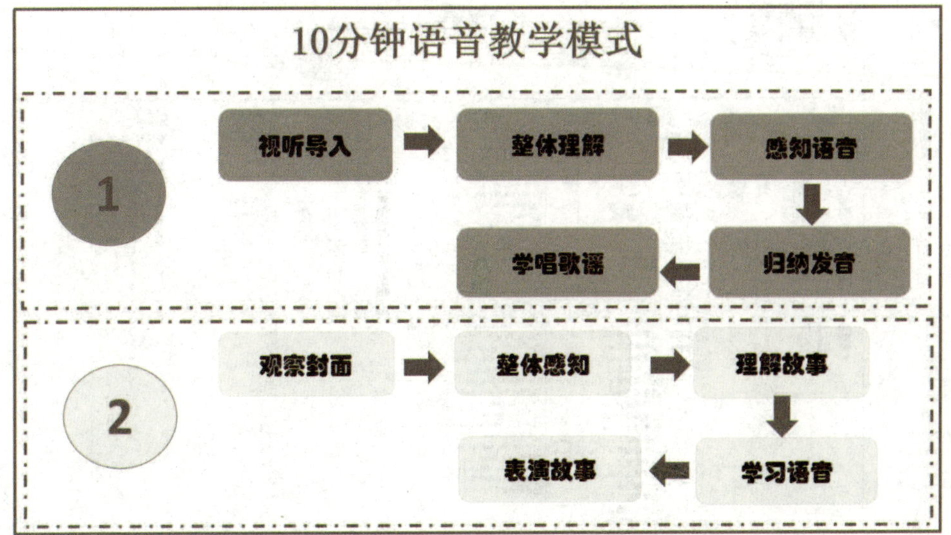

（三）建立了单元整体教学资源库，减轻教师教学负担，拓展教研空间

在集体备课和课题研究活动中，我们建立了单元整体教学资源库，资源库分为电子资源库和实体资源库，内容包括：备课资源、阅读资源、典型单元整体教学案例、教学课件、学生单元主题作业、单元测评试卷、单元整体教学板书设计资料等。这些资源的积累和建设有效地减轻了英语教师的教学负担，拓展了英语教研空间。

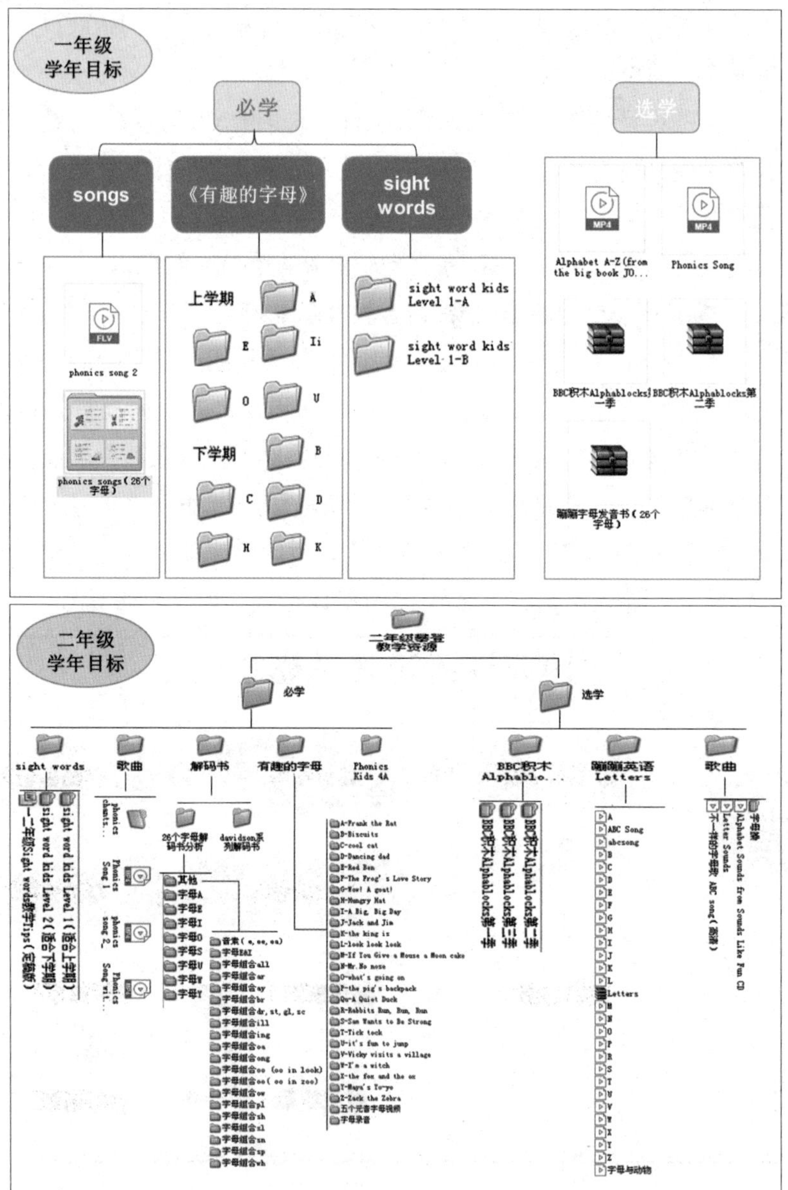

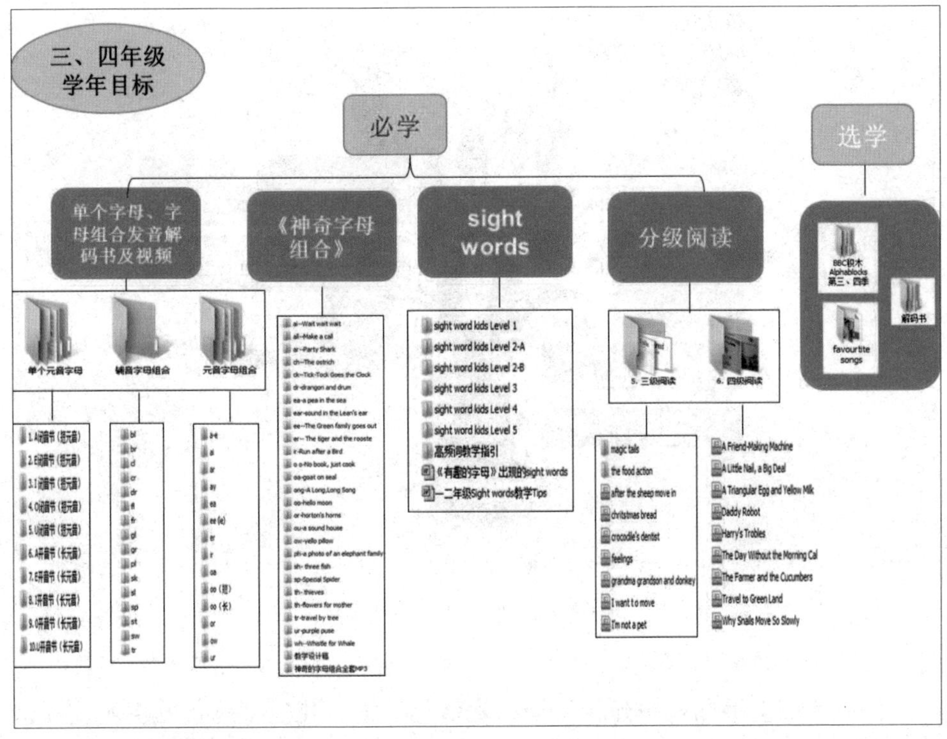

二、研究成果

研究者坚持扎根一线课堂教学，以“学科素养”为核心，通过持续3年多的实践探索，较好地解决了传统英语课堂教学“程度不足”“目标不明”“情境缺失”“路径不当”等问题，提炼出一系列区域性的单元整体教学实践成果。

（一）单元整体下“Up to Down”模块式课程框架

作为中国学生发展核心素养下学生应具备的，能够适应终身发展和社会发展需要的必备品格和关键能力，以及英语学科核心素养，课题组在大量分析各地教材和研发相关课程的实践上，历时5年，建构出“单元整体下‘Up to Down’模块式课程框架”，从“学生发展核心素养—英语学科核心素养—课程标准—课程设置—模块—单元—板块—单课”共8个层次，由上至下打通核心素养、课程标准、课程开发和教师课堂教学之间的内在关系，让“教与学”不仅仅停留在课堂与教材上，而是挖掘出其上下关系、内外关系，让“教与学”系统化、大局化、整体化，最终形成单元整体下“up to down”模块式课程框架。如下图：

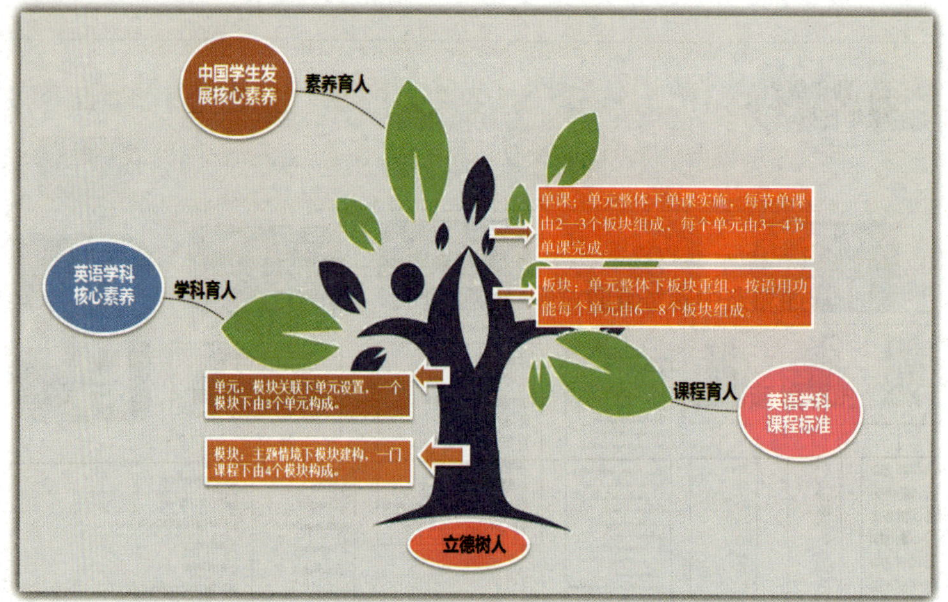

为落实“立德树人”，实现“素养育人、学科育人、课程育人”课程框架，在单元整体教学下需涵盖四个要点：

1. 主题情境下的模块建构，即以生活化、情景化、主题化的模块统领课程的教学内容，让不同年级同一模块的学习循序渐进，并在滚动复现中得到提升。

2. 模块建构下的单元设置，即一个模块下有 3 个单元的设置，倡导模块主题的整体性、话题的实用性，让单元与单元之间的关系立体化。

3. 单元联系下的单元板块重组，即每个单元的学习根据其语用功能紧紧围绕不同学习板块的内容展开，让教与学有媒介、有支架、有内容、可操作，实现具体化、多元化。

4. 整体教学下的单课实施，即每个单元下有 3—4 节单课完成，注重一个主题下各分话题的有效性、关联性和递进性，让学生的学习在螺旋中得到上升。

（二）课程教与学“进阶式”目标体系

课程教与学的阶段性目标体系是让每一位老师清楚该阶段课程的总体要求，从而指向具体的教学行为，最终落实到学生的学习效果上。三个阶段的教学目标“基于教学内容、基于单课知识复现、基于学生实际学情”。简图如下：

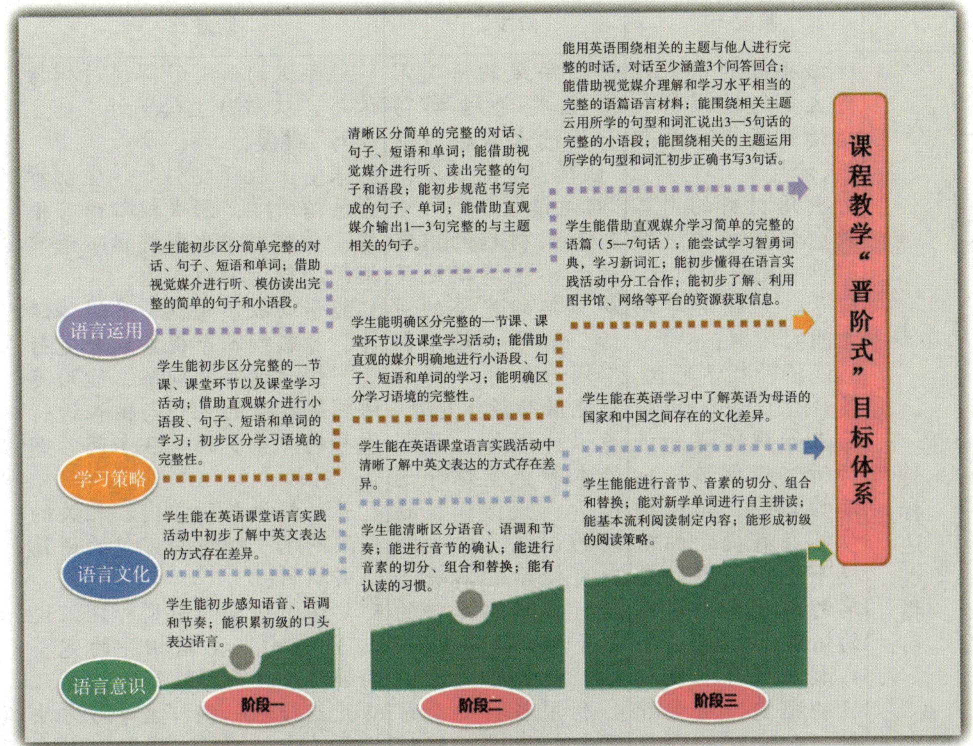

（三）单元整体下教学“6+1”实施策略

英语课程教学紧紧围绕“主题—话题—功能—结构—任务”体系展开，注重从整体上培养学生综合能力，实现“听、说、读、写、做”五种基本技能。在单元整体教学中，课题组老师在研讨不同类型课例的实践中，提炼出“6+1”教学实施策略。

在实施过程中，课题组基于各阶段目标的达成，制定了相关目标达成指引与评价方式等。如下表：

	阶段一	阶段二	阶段三
目标达成指引	1. 该年级的语言习得主要通过模仿和指读来获得，聚焦“认读”； 2. 利用材料的内容教会学生初步进行简单的完整的对话、句子、短语和单词之间的区别； 3. 能借助教学光盘、多媒体课件、原版绘本等视觉媒介进行听、模仿读、指读的训练，学生初步能在有提示的前提下进行完整的简单的句子和小语段的输出； 4. 利用字母歌和相应的视觉、听觉资料，感知 26 个字母的名称、音、代表单词，并感知音素，识别首尾音，逐步培养音素切分和组合的能力，利用高频词 Pre-primer，加强学生认读能力的形成。	1. 该年级的语言习得主要通过模仿和指读来获得，从“认读”逐渐过渡到“自主读”； 2. 利用材料的内容教会学生清晰地了解简单的完整的对话、句子、短语和单词的区别； 3. 能借助教学光盘、多媒体课件、原版绘本等视觉媒介进行听、模仿读、指读的训练，学生能在有提示的前提下进行正确的完整的句子和小语段（1—3 句）的口头输出； 4. 利用教材配套练习本初步进行规范完整的句子、单词的书写；利用阅读解码书，初步拼读 CVC 和 CVCE 结构单词；利用高频词以及相关资料，初步形成阅读流畅性。	1. 该年级的语言习得通过模仿读写，从“自主读”向“自主读写”过渡； 2. 课堂上教师要引导学生初步去总结所学，形成核心语言框架，并启发学生围绕核心语言框架进行简单的表达； 3. 能借助教学光盘、多媒体课件、原版绘本等视觉媒介进行听、模仿读写的训练，能用英语围绕相关的主题与他人进行完整的（至少涵盖 3 个问答回合）对话； 4. 开始提供与所学内容相关的匹配的水平相当的完整的语篇语言材料； 5. 要运用所学的句型和词汇说出 3—5 句与主题相关的完整的小语段口头和读写的训练； 6. 开始接触一些自主学习方法的媒介，例如：字典、图书馆、电子产品等；利用 5 个元音字母、常见字母组合，加强拼读 CVCE 结构单词； 流利读高频词、解码书和进行相关的绘本阅读，初步形成比较流利的阅读能力。
目标达成评价方式	100% 口试：学生能否区分小语段、句子、单词；学生能否说出单词的首音、尾音，相关字母的代表单词；学生能否恰当地读出相关的小语段、句子、单词；学生是否了解中西方语言表达之间存在差异。	80% 口试 +20% 笔试：学生能否围绕相关主题进行 3 句左右的口头表达；学生是否了解中西方文化之间存在差异。学生能否规范书写简单的句子、单词。	70% 口试 +30% 笔试：学生能否进行 CVCE 以及部分双音节单词的拼读；学生能否围绕相关主题进行 5 句话左右的口头表达；学生能否理解相关主题匹配的完整的语篇；学生是否了解中西方文化之间存在差异，并针对某一主题具体说出语言表达的不同。学生能否围绕相关主题正确书写 3 句话。

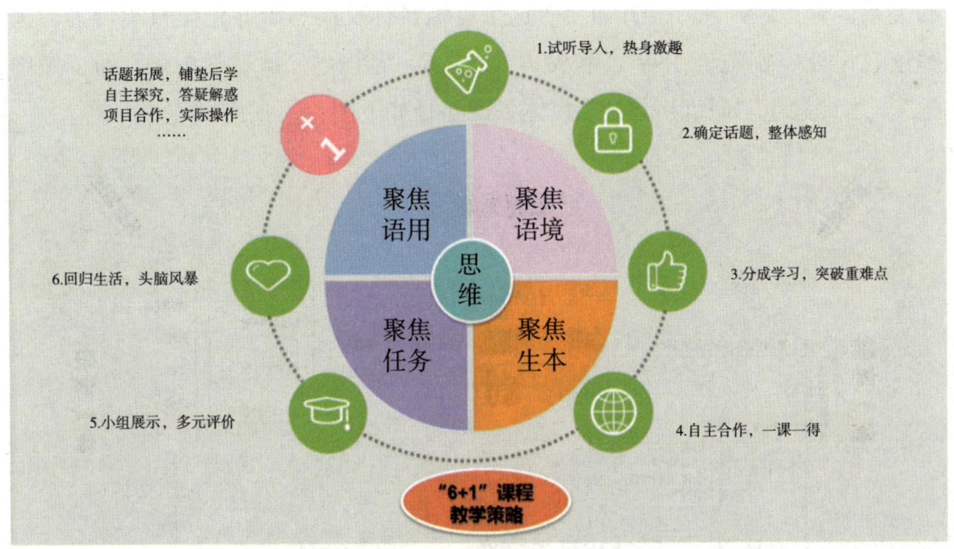

1. 试听导入，热身激趣。课前，利用各种媒体把与话题相关的资源进行铺垫，让学生在轻松愉悦的情境中进入话题学习。

2. 确定话题，整体感知。确定本单课的话题，剖析话题，遵循整体语言观，进行整体感知所学内容，让学生整体上初步感知话题意义。

3. 分层学习，突破重点难点。在整体学习的方式下，对重难点进行细节分解，让课堂做到重难点突出。

4. 自主合作，一课一得。学生进行自主学习与合作，让重点难点得到真正解决。

5. 小组展示，多元评价。基于小组合作进行“习得”展示，并进行师生、生生、学生个体三种形式的评价。

6. 回归生活，头脑风暴。让课堂所学与学生实际生活相结合，并通过头脑风暴的形式进一步让思维打开。

7. “+1”延伸。采取各种方式，如：话题拓展，铺垫后学；自主探究，答疑解惑；项目合作，实际操作……让教与学从“课内”走向“课外”，从“课堂”走向“生活”，从“书本”走向“运用”。

（四）教师“研训一体化”集体备课路径

课程是教与学的载体，教师对课程的有效实施取决于对教材的解读。课题组在过去的 5 年，坚持集体备课，让每一位教师都清晰单元整体下如何解析模块、设计单课、整合板块，厘清“课程—模块—单元—板块—单课”五者之间的关系，真正做到从“语用任务”这个终极目标反向思维并化作教学行为，去解读、设计、实施，引导学生从“学会”至“会学”、从“学中做”到“做中学”。本课题组“研训一体化”集体备课路径如下图：

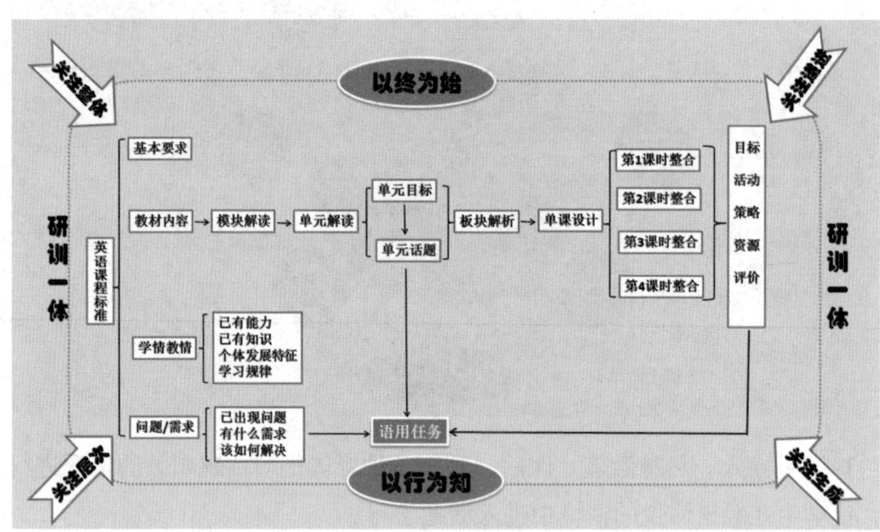

三、本研究产生的社会效益

（一）校际联动，课题推进，促进学区英语教学的均衡发展

通过开展扎实有效的校际教研活动，英语教师的单元教学设计和教学反思能力有了很大的提高。一批青年骨干教师在交流活动中得到了锻炼，校级教研机制也正在逐步成熟，“送课到民校”和校际课例研讨活动已经成为了学区内各校的常态教研活动。在近几年的市、区教学竞赛中，学区的年轻英语教师开始崭露头角，如，在2015、2017年深圳市小学英语教师技能比赛中，课题组成员刁艺姗和吴秀凤老师荣获市级二等奖。各学校涌现出一批教学骨干和教研积极分子。在这两年全区英语学业考试抽检中，原村小的英语教学质量与以往相比，也有了大幅度的提升，原村小学校的英语抽检成绩与城区学校的英语抽检成绩的差距大大缩小了。

（二）创新教研机制，构建良好的教研生态环境，提高教师的行动研究能力和反思能力，促进教师的专业成长

通过课题的引领，创新教研机制，构建了区域性的“课题研训”活动模式，受到学校和英语教师的好评，学区的小学英语教育科研氛围日益浓厚，形成了良好的英语教研生态环境。随着课题的展开，学区英语教师先进的教育理念得到建立，教育科研能力得到了锻炼。涌现了如刁艺姗、李素玲、邹建明、吴秀

凤、冯云开、刘娅、阮瑜等一批教科研带头人。其中，谢宽平、刁艺姗被评为宝安区第三届英语“名教师”以及宝安区名师工作室主持人；刘娅被评为宝安区第三届“英语名教师”；邹建明被评为宝安区小学英语骨干教师。一批学校的英语教育科研取得了喜人的成绩，2015 年我学区的海港小学、碧海小学两所小学的英语教研组被评为“宝安区中小学优秀教研组”。一批年轻骨干教师在市、区级英语教学竞赛中取得了骄人的成绩：如，2015 年 12 月，选拔 65 名英语教师参加宝安区英语学科教师综合素质大赛，15 人获一等奖，19 人获二等奖，22 人获三等奖，获奖比例占其他学科首位。学区的英语教师通过研究，整体提升了综合素质，共获国家级、市级、省级、区级等奖项共 288 人次。

（三）出版了部分课题研究成果

在大量的实践探索过程中，我们也总结了多项研究成果：探究出小学英语单元整体教学模式；编写出一至六年级共 12 册 30 多个单元的整体教学设计，单元录像光盘共 50 多节，制作出配套课件共 100 多节；教师成果集 3 本；成果组成员已出版《越拼阅读——基于解码能力的低年级阅读能力培养》《让孩子爱上英语——基于单元整体设计的情景教学研究》《Phonics 和 sight words 可以这样教》等专著 3 本，2019 年底出版的另一研究专著《基于模块建构的小学英语单元整体教学设计》；发表论文 8 篇，发表了 8 个单元的教学设计。同时，成果共享为学区的小学英语教师减轻了教学负担，拓展了教研空间，提升了课堂教学质量。

（四）理论与实践的探索获得了专家的认可，并在较大范围内推广应用

单元整体教学实践，不只在学区内各校课堂进行推广应用，也在学区外更大范围内推广。2016 年 9 月课题主持人谢宽平、成员刁艺姗应北师大攀登英语课题组的邀请，前往广州市黄埔区做教学经验分享；谢宽平被宝安区教科院聘为宝安区小学英语面授课导师，分别在全区及部分学区做了有关小学英语单元整体教学的讲座。课题组成员阮瑜、刁艺姗、吴秀凤、邹建明、赖嘉瑜等连续两年代表深圳市在两届“沪深论坛”中进行单元说课及课例展示；课题组团队受邀参加在上海举行的“小学英语单元整体教学设计与实施观摩研讨活动”，在大会上进行了二年级单元课例的说课及课例展示，受到参会教师的高度评价，成功推介了深圳市宝安区第二学区的英语单元整体教学课题实施经验。上海市教研员朱浦老师曾这样评价我们团队：“这是一支有能力有活力的团队，一直扎根课堂教学研究，探索新的小学英语教学模式，并取得丰硕的成果。”

第二篇 实践与探索

第一章　低年段英语阅读区域课程建设的实践与探索

——以宝安区第二学区为例

小学生英语阅读能力提升计划实施现状分析

一、实施缘起

在中国学生发展核心素养和深圳学生发展八大素养的前提下，提高学生的阅读水平，增加阅读量和语言积累成为学生语化的重要内容，为此，儿童阅读成为了提升孩子们更高层次的思维能力，创造力和其他语言技能的重要手段。英语阅读能力的高低，也已成为公民素质教育和跨文化交际能力培养的重要指数。也是深入推进深圳市中小学英语课程改革的必然。

随着第二学区单元整体教学研究的推进，第二学区小学英语教师的教材解读能力以及教材整合能力大幅提高，课堂效率和教学效果亦明显提升。一本教材难于满足教学需求，许多教师开始自行寻找合适的补充教学资源。市场上的教学资源良莠不齐，要挑选到优质的资源需要消耗很多时间，而且各自为政难于评价和对比。基于此，学区小学英语老师希望能从学区层面引进一套适合、优质的教学资源，以教学需要，提高学生的英语能力，同时能借助这个机会，促进第二学区小学英语教师的专业发展。

2014 年 11 月第二学区组织部分骨干英语教师赴北师大开展一周培训学习，在参观北师大脑与认知科学院中，发现北师大董奇校长以及他的研究团队根据大脑发展以及阅读规律，自主研发了攀登英语绘本故事。攀登英语绘本故事分技能绘本故事《有趣的字母》和《神奇字母组合》以及分级阅读故事一至六级，每级各 10 本。《有趣的字母》和《神奇字母组合》将语音学习融入绘本故事中，帮助学生在故事中掌握自然拼读的规则，为学生的英语阅读入门奠定基础。这套绘本故事既符合“阅读金字塔”中的阅读规律，又可弥补深圳版教材语音学习不系统，学习跨度大的不足。

经过半年多时间的研究和论证，第二学区计划引进北师大“攀登英语”项目，开展《第二学区小学生英语阅读能力提升计划》研究。面向第二学区的12所小学，开展阅读教学的研究与探索，促进第二学区小学英语教育教学改革。

二、实施准备

（一）国内外研究分析

从资料和文献的调查中，我们发现以英语为母语的西方国家如美国、英国、澳大利亚等，以及以英语为官方语言的亚洲国家与地区如新加坡、中国台湾、中国香港等都将自然拼读列入小学英语必修课程。中国大陆目前也已在北京、上海、江苏、广东等地实行和推广自然拼读教学，其显著成果已获得广泛认可。在研究自然拼读法与阅读的关系方面，Chall（1996）引用了大量具有科学性的研究指出，对阅读的初学者而言，自然拼读法是阅读教学的重要成分，有助于文字辨识及单词解码，而文字辨识及单词解码是阅读理解的基础。此外，书中的相关研究显示：注重解码（code-emphasis）的阅读教学比注重意义（meaning-emphasis）的阅读教学，对文字辨识和解码更具成效，进而阅读理解效果更好。Stainthorp and Hughes（1999）提出，阅读 = 解码 × 理解（Reading =Decoding × Comprehension）的理论，而其中的解码就是将书面词汇转译成具有意义的口语词汇，即自然拼读法的技巧运用。Blevins（1998）则更进一步解释道：自然拼读法的教学帮助阅读入门者解码文字，文字的解码增进读者的文字辨识与拼读；文字辨识越正确、速度越快，即达到所谓自动化文字辨识，则阅读更流畅，也更能增进阅读理解。

“阅读金字塔”研究表明自然拼读是阅读必备的技能，是阅读能力发展的基础。掌握自然拼读技能进行大量阅读，进而扩大 Vocabulary（词汇量）和提高 Fluency（阅读流利性），最后提高 Comprehension（阅读理解能力）。

我国学者开始尝试着引进英语拼读法教学，并做了一些相应的实验研究。

如高敏（2005）把“Phonics”翻译为“自然拼读法”，认为自然拼读把英语单词的读音与拼写统一起来，可以有效地提高学生学习和记忆单词的效率。此外，她认为自然拼读具有如下优越性：可有效利用汉语拼音的正迁移作用；可避免学习国际音标带来的干扰；可促进学生的各项语言技能的发展。

兰华芳（2005）则从儿童的认知特点和在学习过程中的心理需求出发，认为自然拼读最大限度地满足了儿童的心理需要，调动了学习主体的内在动机；

自然拼读切合儿童的内在认知机制，为儿童能动认知的发挥营造了宽松的心理环境和认知环境，使学习主体的主体性得以充分体现。

在运用自然拼读法教学策略方面，邝惠春（2009）认为使用自然拼读在教学中，必须精心选择或编写材料，确保所选的材料能有一定意义的情境，重复操练同一音素，避免孤立的进行语音练习，而且所选的材料，必须具有一定的趣味性，以保持学生兴趣。潘莉莉（2009）概述了整体语言教学和字母拼音教学的含义，并结合我国小学英语阅读教学的现状提出了在小学英语阅读教学中通过使用自然拼读法进而实现平衡式阅读的建议，具体探讨了平衡式阅读教学在小学英语低段阅读和高段阅读中的实施。

胡婵娟（2012）通过比较自然拼读法和音标教学法两种方法各自的特点和在小学英语教学中的应用，提出教师应将自然拼读法和音标教学法相结合，建构阅读入门儿童的词汇量，注重情境布置，推行浸入式教学，充分利用多种教学活动，以取得更好的教学效果。

侯佳慧（2013）通过自然拼读行动研究证明自然拼读有助于学生听、说、读、写等语言综合运用能力的培养与提高。从上述资料和文献可以看出，自然拼读不仅能改变传统的像背电话号码一样死记硬背单词的方式，帮助学生记忆单词，培养学生“见词能读，听音能写”的能力，而且是英语阅读的入门基础，是提高学生英语阅读能力和培养学生阅读素养的必经阶段。

（二）调查问卷分析

为了更深入了解第二学区小学生英语阅读能力的现状，解决其中存在的诸多难题，2015 年 4 月，第二学区教研中学设计了针对小学生阅读入门自然拼读为主题的调查问卷。问卷分教师调查问卷和家长调查问卷。

1. 教师调查问卷分析

教师调查问卷共设计 8 题（题目见附件 1）。

教师问卷调查结果如下：第二学区 789 位小学英语教师，86% 的教师都相信“自然拼读”是孩子英语学习的必经之路，是从“听说”到“读写”的桥梁。其中，62% 的教师听说、了解或者使用过“自然拼读”，70% 左右的教师听过“语音意识”并了解这一概念。同时，66% 的教师教字母的同时，也教字母音；56% 的教师对拼读规则不太了解或明确。

从以上的调查数据来看，我们可以初步了解现今深圳小学英语低年段语音教学的现状：

(1)绝大部分老师都从不同渠道了解到了 phonics(自然拼读法)语音教学,而且都在自己的教学上尝试运用;

(2)部分老师仍然对 Phonics(自然拼读法)语音教学的目的了解不够透彻,它的最终目的并不是仅仅帮助识记单词,而是帮助孩子更流畅地阅读;

(3)大部分老师对拼读规则不了解,没有对学生进行拼读训练,这将严重影响 Phonics 的教学效果,也说明老师们对 Phonics 教学比较随意,系统性不强。

2. 一年级家长调查问卷分析

一年级家长调查问卷共设计 6 题(题目见附件 2)。

一年级“小学生入学前自然拼读现状调查”共收到 2045 份有效调查问卷,其结果如下:44.06% 的学生入学前没有接触过英语启蒙;11.98% 的学生每天有固定的英语学习时间;58.04% 的学生的英语启蒙是通过英语视频资料(如动画片、英语儿歌动画);35.99% 的学生完全不会英语;10.61% 的学生能够准确识别字母并朗读出全部字母。从以上的调查数据来看,我们可以初步得出大部分学生在入学前没有进行英语启蒙,有英语启蒙的学生也只是通过影视资料,而没有真正意义的英语启蒙教育。

基于以上的调查问卷,教师虽然对自然拼读有所耳闻或在教学中有所运用,但由于教师对自然拼读认识不足,加上自身缺少这方面的专业知识,造成教学比较随意,缺乏系统和有效的训练。差不多有一半的小孩入学前没有接触过英语,部分家长只是通过英语动画片或歌曲激发孩子的英语学习兴趣,缺少目的性和针对性。可见一年级小孩入学前的英语基础几乎为零。因此,在小学低年段英语教学中进行自然拼读,培养学生的音素意识,帮助学生解决单词难关,为学生的阅读入门奠定基础势在必行。

附件 1:

宝安区第二学区小学英语教师调查问卷

亲爱的英语老师:

您好!感谢您参加本次问卷调查。本问卷调查目的在于了解小学英语教师对“自然拼读”的认知,您所填写的答案,仅作为现状的调研,对外绝对保密。请您按照自己的真实情况和想法填写。衷心感谢您的支持!

1.“自然拼读”这一概念（ ）

A. 我从来没有听说过

B. 我听说过，但不太了解

C. 我有一些了解

D. 我很了解

E. 我不仅了解，而且学过 / 教过 / 用过

2.“自然拼读”是孩子英语学习的必经之路，是从“听说”到“读写”的桥梁（ ）

A. 非常同意　B. 同意　C. 不确定　D. 不确定

3.“自然拼读”对下列英语学习的哪个方面帮助最大？

A. 拼写单词

B. 阅读

C. 学音标

D. 其他 ______

4. 字母教学现状（ ）

A. 教字母名的同时，也教字母音

B. 重点先教字母名，字母音慢慢学习

C. 只教字母名，字母音不关注

D. 其他 __________

5. 对字母或字母组合音形对应规则（ ）

A. 我不太了解，规则不太明确

B. 我了解一些，但是不全面

C. 我很了解，进行过专门的学习

D. 我不仅非常了解，而且教过 / 用过

6.“语音意识”这一概念（ ）

A. 我从来没有听说过

B. 我听说过，但不太了解

C. 我有一些了解

D. 我很了解

E. 我不仅了解，而且学过 / 教过 / 用过

7.“自然拼读”和“语音意识”的关系?

A.“语音意识”是学习“自然拼读”的前提，必须先学习“语音意识”

B. 两者可以同时学习，相互促进

C. 两者没关系，可直接学习“自然拼读”

D. 两者差不多，没有什么区别

8. 如果您开展了“自然拼读”教学，最大的难点是＿＿＿＿＿＿＿

辛苦了，谢谢您的配合!

附件2：

宝安区第二学区小学生入学前英语自然拼读现状调查问卷

家长们，很高兴您的孩子今年升入小学，为了更好地了解孩子的入学前的英语学习情况，尤其是自然拼读的学习情况，为教师更好地开展教学提供参考，感谢您参加这个调研，请根据孩子的实际情况作答。本问卷只做教学参考之用，有关内容绝对保密，不会给您带来任何影响。请您认真、如实填写。

1. 孩子的性别　男孩 ( )　女孩 ( )

2. 孩子在入学前英语启蒙的状况 ( )

A. 参加过专门英语班

B. 家长进行过英语启蒙，如读英文图画书、听英文儿歌、看英文动画片等

C. 曾在国外生活过

D. 没有接触过

3. 孩子学习英语的频率 ( )

A. 每天有固定的英语学习时间

B. 每周有固定的英语学习时间

C. 随机时间，不固定地学习

D. 学的比较少，几乎没学习

4. 孩子主要通过哪些载体进行英语启蒙 ( )

A. 英语视频资料 (如动画片、英语儿歌动画等)

B. 英语试听资料 (如儿歌 mp3、故事 mp3 等)

C. 英文图画书

D. 没有接触过

5. 孩子的英语基础情况（ ）

A. 完全不会英语

B. 会说一点点英语，但是不太流利

C. 有学过英语，能说流利、标准的几句话

D. 能在对应的情境下，进行简单的交流

6. 孩子入学前，英语自然拼读的启蒙情况（ ）

A. 参加过自然拼读班

B. 家长进行过自然拼读启蒙

C. 不了解自然拼读

D. 没有启蒙

7. 孩子对 26 个英文字母的认识程度（ ）

A. 从未接触，不认识

B. 只会唱英文歌，单个字母不能准确识别出来

C. 能够准确识别，并朗读出部分字母

D. 能够准确识别，并朗读出全部字母

E. 知道 26 个字母的名称及其发音

谢谢您的填写！

小学生英语阅读能力提升计划低年段课程建设方案

2011 版《英语课程标准》明确指出：语音教学是语言教学的重要内容。语音教学应注重语义和语境、语调和语流相结合，不要单纯追求单音的准确性。小学低年段应多给学生提供语音输入，促进其语音意识的发展，并注意培养其拼读能力，这样有助于学生独立阅读能力的发展，帮助学生建立阅读的自信心（王蔷,2016）。在课标精神的指导下，结合与本地实际情况，经过三年的不断实践探索，形成具有区域特征的低年段英语阅读课程建设方案。

一、实施理念

语境语篇带动语音的学习。即通过语音歌曲、语音绘本故事等让学生感知语音，培养语音意识，进行拼读训练等语音学习，同时借助歌曲和绘本故事培养语感，积累语言，为高年级的阅读教学奠定基础。

二、实施目标

(一)一年级教学目标

1. 教学目标

●唱熟 26 个字母的音素歌，感知 26 个字母的名称音和常见发音（5 个元音字母的闭音节发音）。

●在听读读物时，知道单词是由音构成的，能够感知 CVC 单词的每一个音素。

●听读 26 本《攀登英语阅读系列有趣的字母》，其中 5 本元音字母绘本朗读。

●有意识地通过《牛津英语》强化高频词。

2. 目标解读

一年级为语言积累阶段，重在语言输入，而非输出；语言输入主要通过大量的听来进行积累，通过歌曲和绘本，积累丰富的口语语言，并有意识地积累高频词。在听读、跟读或朗读文本过程中，感知并模仿语音、语调（音节、重音）和节奏；在感知音素发音的时候，第一学期教师利用手指（四肢）等方法进行重点单词的音素切分和组合训练，让学生感知单词是由单个音素构成的，第二学期听音辨音活动可以从听读单词，辨别首尾音开始，逐步鼓励学生进行口头的音素切分和组合，为学生二年级的拼读打下基础。

26 个字母的发音主要是在通过大量的音素歌曲和英文绘本故事逐步渗透，重在轻松、愉悦的学习环境的创造，让孩子慢慢浸入其中，达到良好的学习效果。

（二）二年级教学目标

1. 教学目标

●掌握 26 个字母的名称及其基本发音之间的对应（元音字母、开闭音节发音）。

●掌握部分常见辅音组合发音（bl, cl, fl, gl, pl, br, cr, fr, gr, dr ,tr, sk, sl, sp, st, sw）。

●熟练朗读 5 个元音字母开闭音节的解码书。

●有意识地通过《牛津英语》和解码书强化高频词。

2. 目标解读

在一年级学习音素歌的基础上，学生这个学期重要的任务是通过复习音素歌曲、阅读后归纳字母发音等方法明确 26 个字母音形的对应关系。

一年级让学生具备了口头进行音素切分和组合的能力，二年级上学期让学生连音成词进行拼读，这个时候是进行视觉上的、书面上的拼读，是自然拼读学习体系中的重要内容。学有余力的学校，可以尝试进行字母卡活动，让学生尽可能拼出更多的单词，感受字母、发音和单词构成之间的有趣关系。

解码书是把自然拼读知识应用于阅读实践中，起始阶段最有效的方式。教师尽可能让学生先自主尝试，通过大量解码书的阅读，巩固字母音形对应关系。阅读解码书的过程中，会逐渐积累大量高频词。（攀登英语一级分级阅读绘本故事建议与常规英语教材进行结合，不放在语音教学板块进行教学）。

辅音字母组合主要通过歌曲和小韵文进行渗透，可以穿插在字母学习中，例如学过字母 B 和 L 之后，可以进行一个辅音组合 bl 的教学，通过歌曲和韵文感知发音，并进行音形对应即可。dr ,tr, sk, sp, st 这些不符合发音规则的辅音组合建议放在下学期学习。

（三）三年级教学目标

1. 教学目标

●通过歌曲、韵文、解码书等强化巩固 5 个元音字母的长短音

●掌握与五个元音字母相关的字母组合 ai, ay, ee, ea, oa, ow, oo（上学期）

●掌握 r 音节元音字母组合 ar,er,ir,or,ur（下学期）

●掌握 220 个高频词

2. 目标解读

本年级三年级学生与目前二年级学生起点相似，因此教学目标大多重复，相关解读可参考二年级。

三年级增加了元音字母组合的学习，可选用《攀登英语阅读系列神奇的字母组合》。（攀登分级一二级内容可根据常规英语学习内容进行匹配选用）

10 分钟的语音课远远达不到熟练运用的水平，一定要在常规英语学习时，不断运用学到的语音知识。

高频词的学习结合常规深圳牛津版《小学英语》教材。

三、实施路径

（一）攀登与牛津打通。通过牛津教材学习高频词，找出 1—6 年级牛津教材里出现的高频词，绝大部分高频词在 1—2 牛津教材出现。对牛津教材出现的高频词，教授教师要重点训练，如：1AUnit1 出现的句型 I am Danny. I 和 am 都是高频词，授课时要有意识地加强训练，还可以结合 sight words kids 巩固。课前 10 分钟学习的语音知识要迁移到牛津的单词学习 ，如学习了切分音素，在学习新单词时，可让学生做听音辨音的练习。

（二）年级与年级打通。体现年级之间循环递进，螺旋上升学习规律。如一年级的目标之一：听读 26 本《攀登英语阅读系列有趣的字母》，其中朗读 5 本元音字母绘本。二年级时通过回忆故事，进一步理解故事的同时进行拼读训练以及音节意识的培养等。

（三）课内与课外打通。孩子的成长需要学校和家庭的共同努力。仅仅是课堂 10 分钟很难达到实验的目的和效果。课内的知识一定要在课外巩固，如语音歌曲和绘本故事可以发给家长，每天晚上让学生听一听，唱一唱，说一说。

（四）学习与运用打通。通过歌曲、绘本带动语音学习，即掌握了语音知识，帮助学习自主拼读单词，提高学生记忆单词的效率。学习和运用之间尚需老师架起桥梁，要做到学以致用，要将学到的语音知识运用到新单词的拼读

中，如学习新单词 but 时，可以让学生听音辨别首音和尾音，如果学生能写还可以让学生写出首音和尾音，这样学生不但能体验到学习带来的成就感，也会大大提高学习兴趣。

四、实验资源

鉴于学生的年龄特点和解码能力的培养规律，本实验主要采用语音歌曲和绘本作为教学资源。在实验第一年，学校大多采用相同的语音歌曲，如朗文语音歌曲。绘本能自然地创造出真实、自然的学习情境，丰富和优美的图片能够吸引学生的注意，激发学生学习的兴趣。实验选用的绘本种类也非常丰富，大体可以分为以下几种类型：语音意识培养、音素感知类、拼读技能强化类、语言知识积累。下面是供实验学校参考使用的一至三年级教学资源。

（一）一年级教学资源

1.《攀登英语阅读系列有趣的字母》；

2. 歌曲童谣获取地址：详见百度云盘—相关资源—歌曲童谣文件夹；

3. 歌曲童谣分类

● 26 个字母单独（有情境）：每个字母有一个小情境，文字格式统一，旋律基本相同，个别字母的单词比较难。情景中体会发音，推荐上学期课堂教学使用。

● BBC Alphablocks：动画视频，形象活泼。可以作为家庭学习或者拓展练习使用。

● 26 个字母（word+chant）：先呈现单词，后呈现一个简短 chant，趣味性不是很强。可以用于第二学期课堂拓展练习。

（4）高频词：详见百度云盘—高频词打印词卡。

（二）二年级教学资源

1.《攀登英语阅读系列神奇的字母组合》；

2. Phonics Kids 4A（Word family）歌曲用于辅音字母组合；

3. 26 个字母解码书。

（三）三年级教学资源

1.《攀登英语阅读系列神奇的字母组合》；

2. Phonics Kids 4B；

3. 解码书。

五、实验评价

为了更好地了解学生解码能力的发展现状，根据《中国中小学生英语分级阅读标准》中关于解码能力的内涵界定，结合全美阅读委员会以及国外成熟的音素意识、拼读和流畅朗读的测评问卷为参考，考虑到学生的实际认知情况编制了前后测初稿，并进行了教师、学生和家长的入学前调研，确保项目方案和每学期的教学计划都是基于教师和学生现有的基础。

前测（详见附录 1）为了充分了解学生的语音基础，每所学校每个实验班都针对学生的韵律知识，首尾音辨别，音素拆分、组合和替换，字母名称音认读以及高频词对学生进行了前测。每个学期末再根据不同年级、学生学习的重点，分别对以上维度进行有选择的测试（详见附录 2），每所学校都要进行问卷统计、经验与问题分析（详细见附录 3），为下一学期制订教学计划提供依据。

附件 1：

宝安区第二学区小学一年级学生语音基础前测内容

语音项目	题例说明
Rhyme	判断所给的词是否押韵 cat/hat, pig/wig
Onset and rime	听录音，圈出首音相同的两幅图 sun/sock/fish
	听录音，圈出尾音相同的两幅图 bat/rock/nut
Oral blending	老师说出两个音，学生是否能正确拼读其合成音 [s]+at, [m]+op
Oral segmentation	老师说一个词，学生拍掌表示其音节 pencil
	老师说一个词，学生说出其首音 sun
	老师说一个词，学生说出其尾音 bat
	老师说一个词，学生分解说出其音素 see
Phonemic manipulation	老师说一个词，学生说出去掉首音后的韵脚 sun
	老师说一个词，并给出一个首音音素，学生替换首音后读出发音 mad [s]
high frequency words	a,and,away,big,blue,can,come,down,find,for,funny,go,help,here,I,in,is,it,jump,little,look,make,me,my,not,one,play,red,run,said,see,the,three,to,two,up,we,yellow,you,where
Letter Name	A-Z

附件 2：

宝安区第二学区小学一年级学生语音基础测评卷

（2016.11.30）

同学们，现在我们要进行的是听首音的活动，首音也就是您听到单词的第一个音。接下来，您会听到三个单词，其中一个单词的首音与其他两个不同，请把它圈出来。

下面有一个例子，题目会读两遍，读题结束后请作答。

（ ） （ ） （ ）

●正确选项是 ten

做好准备，我们开始测试啦！

1. （ ） （ ） （ ）

2. （ ） （ ） （ ）

3. （ ） （ ） （ ）

同学们，恭喜您做完第一部分，您真棒！

现在我们要进行的是听尾音的活动，尾音也就是您听到单词的最后一个音。接下来，您会听到三个单词，其中一个单词的尾音与其他两个不同，请圈出来。

下面有一个例子，题目会读两遍，读题结束后请作答：

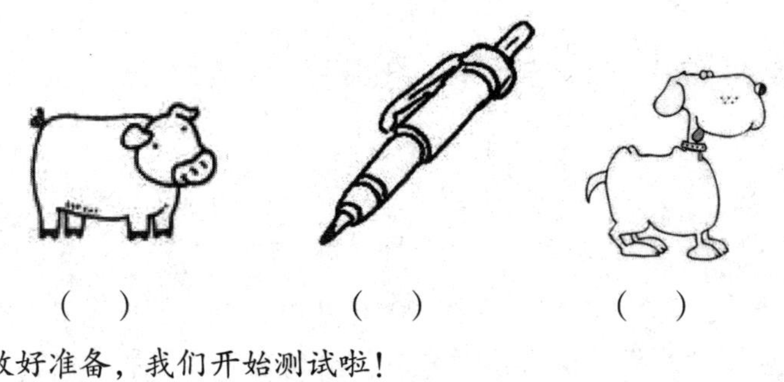

做好准备，我们开始测试啦！

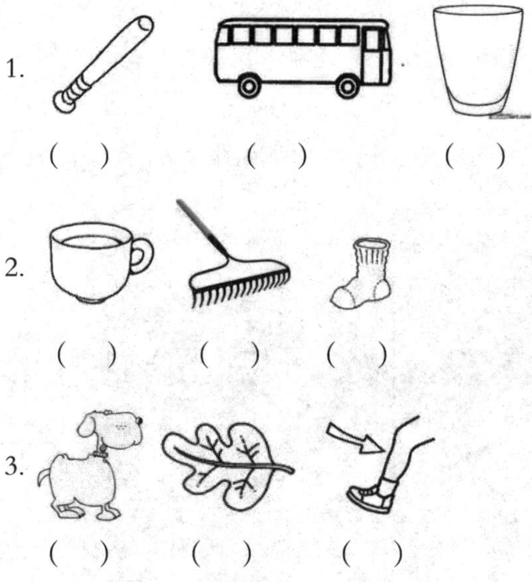

同学们，恭喜您完成第二部分测评！

接下来认读 26 个英文字母，请您说出认识的字母。

Qq Ww Ee Rr Tt Yy Uu Ii Oo Pp Aa Ss Dd

Ff Gg Hh Jj Kk Ll Zz Xx Cc Vv Bb Nn Mm

附件 3：

宝安区第二学区海港小学一年级语音测试总结

1. 基本情况分析

一年级攀登英语测试于 2016 年 6 月 22 日举行。

此次测试内容共三大部分：Onset and rime, Oral Blending, Oral Segmentation，其中包含 6 类题型共 14 小题。海港小学全体英语科组老师外加一位实习老师担任了此次测试任务，采用一对一测评的方式。一年级共 7 个班，在此次测试中，应考人数 356 人，实考人数 354 人。一年级学生积极参与，并取得了比较好的成绩，现分析如下：

测试内容一 圈出首音相同的两幅图

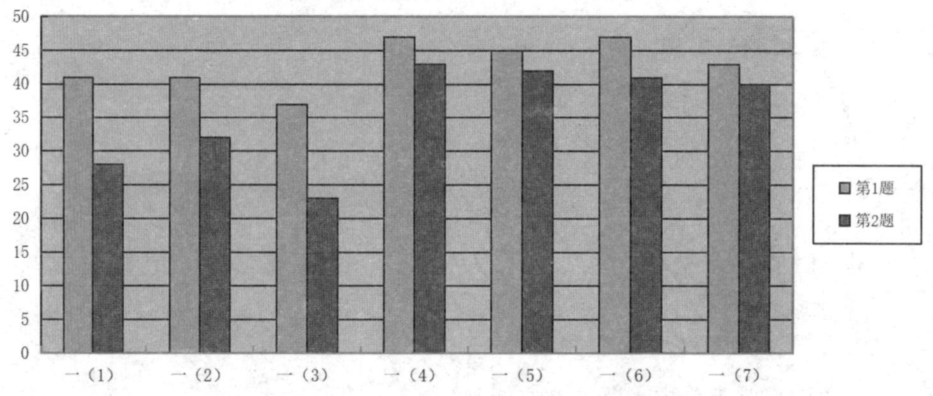

测试内容二 圈出尾音相同的两幅图

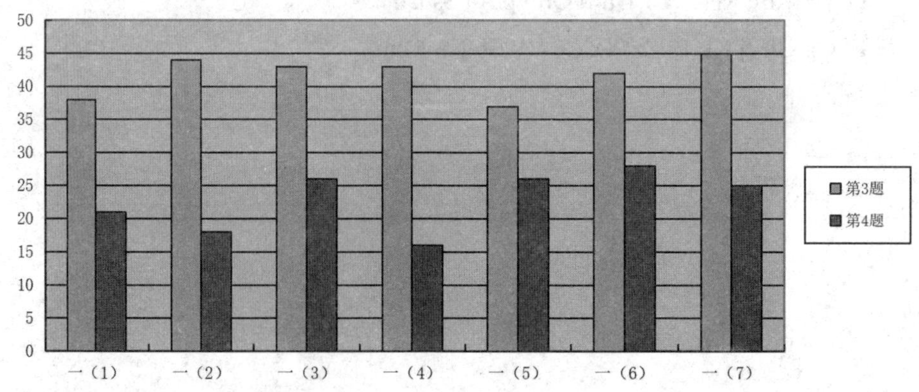

测试内容三 组合音素

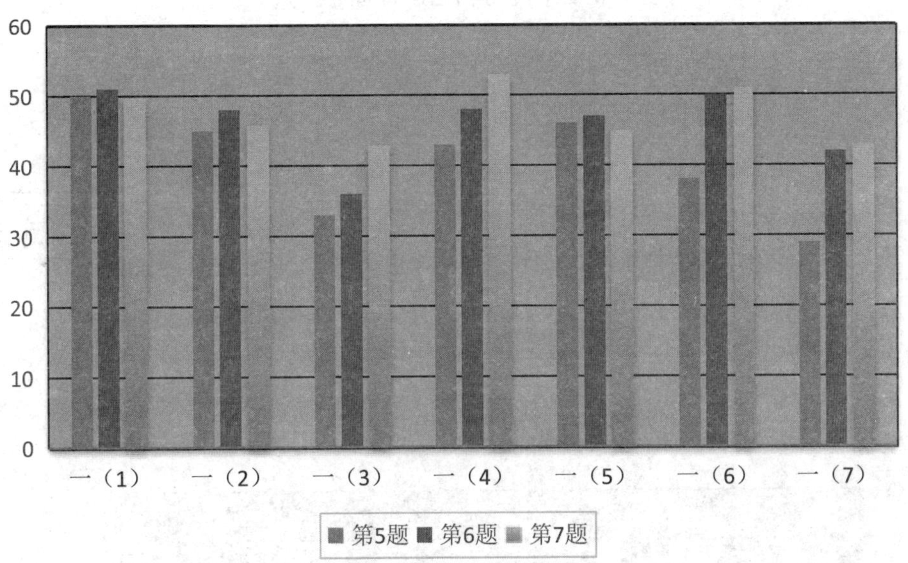

测试内容四 说出单词首音

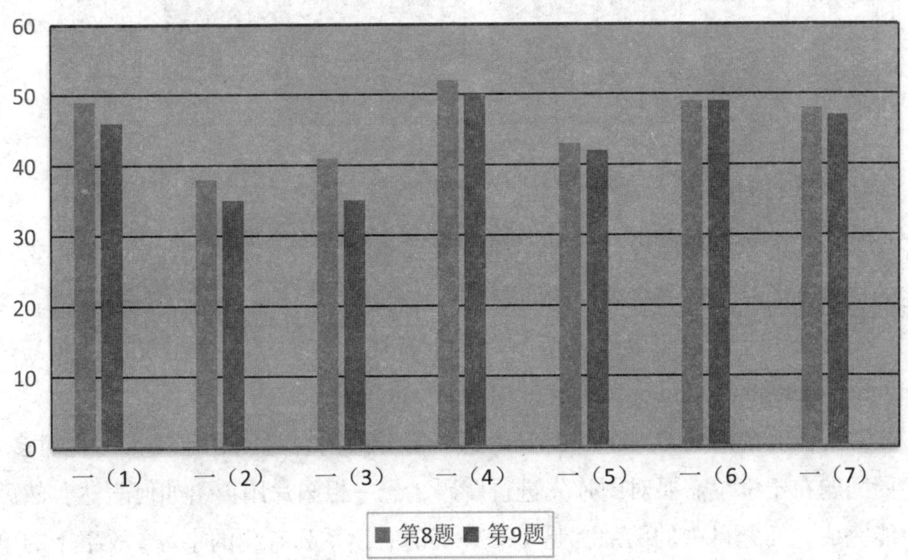

测试内容五 说出单词尾音

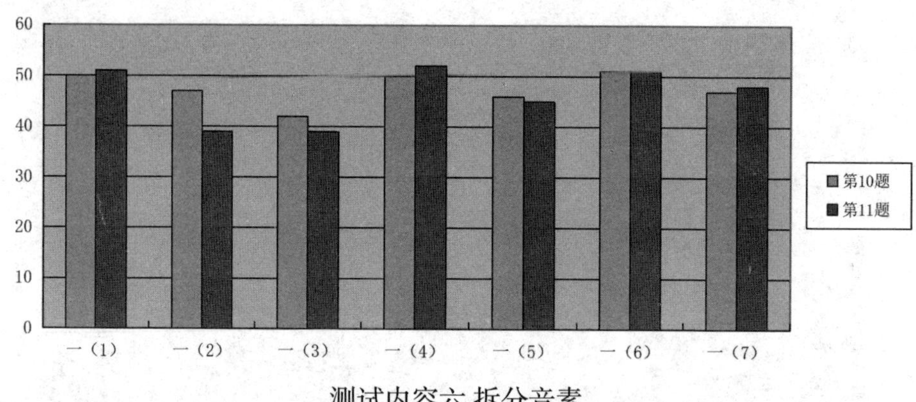

测试内容六 拆分音素

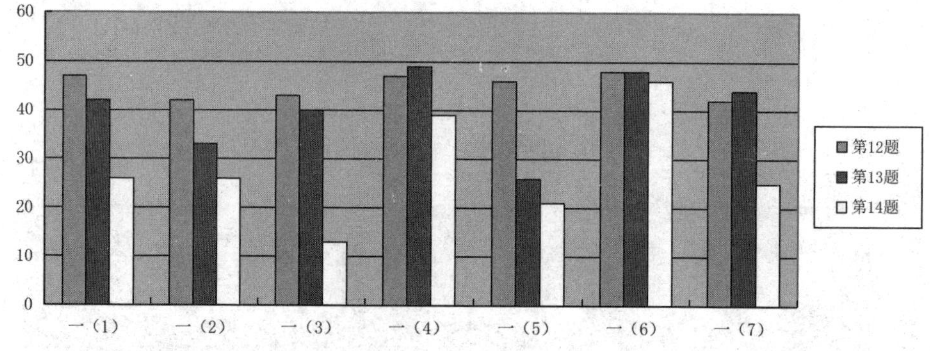

2. 经验与问题

从学生的测试情况看，7 个班的情况大致相同，学生在语音发展上取得了一定的成效，同时存在一些共性的问题。

（1）学生在音素组合以及听辨单词的首尾音方面掌握得比较好，尤其是 Say the beginning sound or the ending sound you hear.

（2）学生在完成 Onset and rime 这一部分的内容是问题比较大，耗时多。主要问题在于学生需要对图片先进行解码，想一想图片用英语如何表达，然后才能完成。而题目中的图片都是《攀登英语阅读系列有趣的字母》故事中的单词，学生掌握得不够好，不牢固。这跟我们平时教学的侧重点有关，对于绘本故事中的单词没有进行巩固练习，在练习时也经常是让学生看着单词来学习，比较少直接看图选择。

（3）学生具备一定的拼读能力，但个别学生发音不是很准。

（4）学生拆分音素的能力有提高，但容易受到定式思维的影响，忽略尾音。如 12 题,13 题的 bee 和 by 都是两个音素，学生都能切分，到 14 题的 late 有三个音素，学生就忽略了 t，直接拆分成两个音素了。平时练习的时候学生都可以将 cvc 单词拆分成三个音素的。

3. 教学改进意见

（1）在平时的教学中继续扎实落实每天 10 分钟的攀登语音教学，增加教学的趣味性。

（2）在平时的教学中提供更多的拼读指导和训练。

（3）下学期攀登英语老师在课堂上应多用录音，正确指导学生进行模仿，发展学生的意群语篇意识。

（4）加强与家长的联系沟通，指导家长进行及时的家庭检测与辅导。

小学生英语阅读能力提升计划期末测评报告

为了解第二学区2015—2016学年第一学期的拼读教学效果，项目组于学期末对一二年级学生进行了测评。现将此次测评介绍如下：

一、测评对象

此次测评采取集体测试的方式开展。

集体测试针对第二学区12所公立小学中的11所学校（总计58个班,3006名学生）一二年级学生进行的。其中海港小学进行了独立测试，未参加集体测评。

二、测评内容及任务

此次测评主要考察学生2015—2016学年第一学期学习内容：音素歌曲、绘本故事、26个字母的音形对应。测评不仅仅对学生英语知识掌握程度进行测评，还针对学生学习的情感态度进行测评。以下对测评任务进行详细介绍。

（一）音素歌曲

学生选择自己最喜欢、唱得最好的一首歌进行演唱。

1. 大胆开口。教师在进行测评时，观察学生是否有自信地进行开口表达。

2. 流畅地唱。流畅地唱要求学生进行不停顿地唱完一首音素歌。

3. 准确地唱。准确地唱要求学生能够唱准歌词的音，尤其是目标字母单词的音。

（二）绘本故事

学生选择自己最喜欢的、读得最好的一本绘本故事进行朗读。

1. 准确地读。准确地读要求学生读准绘本内容。

2. 流畅地读。流畅地读要求学生能够不停顿地读完一本绘本。

3. 有感情地读。有感情地读要求学生体会故事情感，并有感情地读出来。

3.26个英文字母的Letter name & letter sound。利用26个字母的卡片，让学生将会读的字母读出来，并读出发音。

三、测评结果

（一）音素歌曲

音素歌曲演唱中的三个维度，其中大胆开口显著好于流畅地唱、准确地唱。其中流畅地唱显著好于准确地唱。

一二年级在大胆开口、流畅地唱、准确地唱三个维度上差异不大，二年级“大胆开口”维度平均分比一年级稍低，其他两个维度二年级比一年级稍高。一二年级音素歌曲平均分如图 1 和图 2 所示：

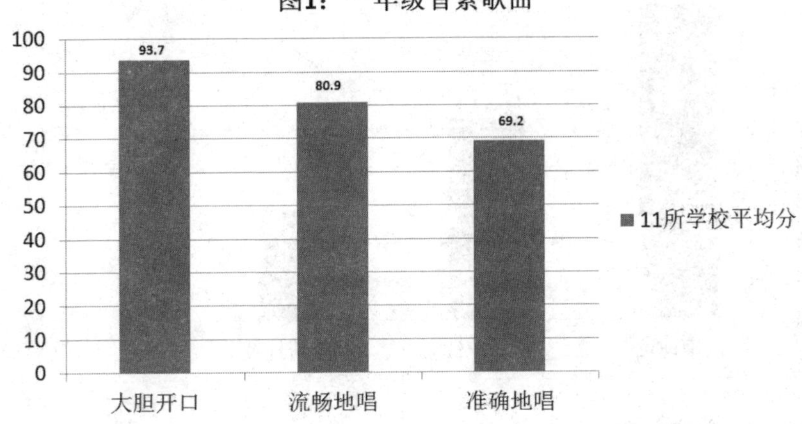

图 2 呈现了二年级 10 个班级在音素歌曲演唱上的平均分（海港小学、共乐小学无数据）。

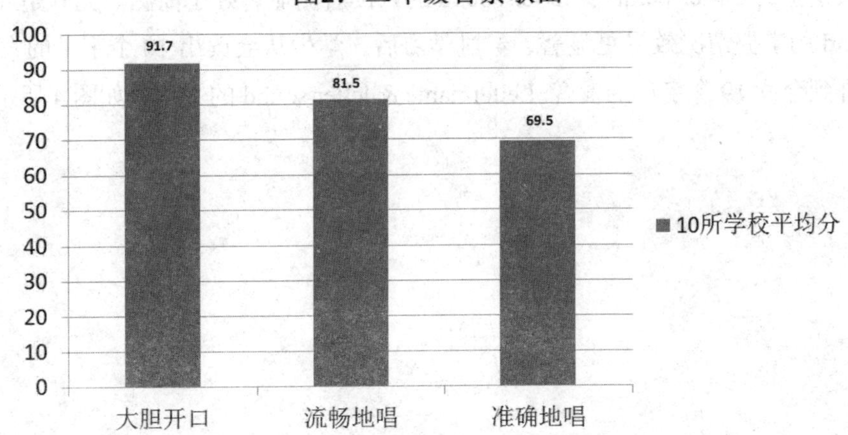

（二）绘本故事

二年级共收集9所学校的有效数据（海港小学、劲贝小学、共乐小学无数据），在绘本故事朗读的三个维度中，“准确地”读显著好于“流畅地读”和“有感情地读”。其中“流畅地读”显著好于“有感情地读”。二年级绘本故事平均分如图3所示：

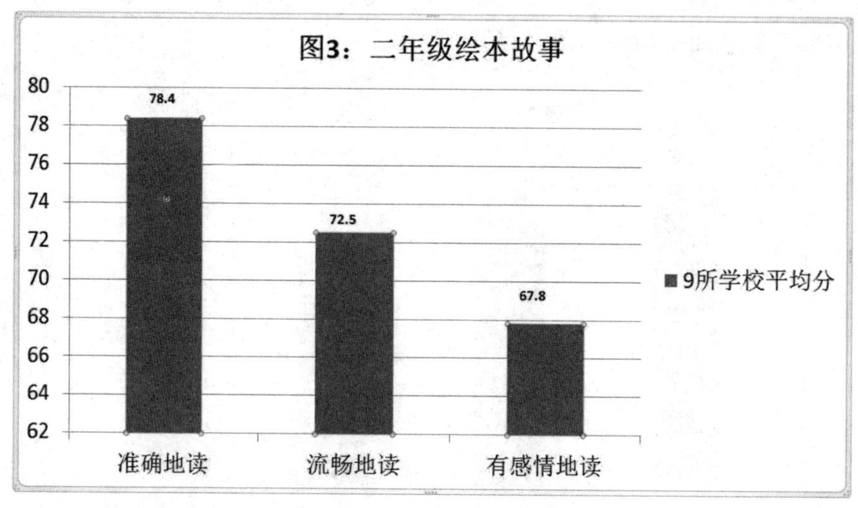

（三）26个英文字母的Letter name & letter sound

二年级共收集8所学校的有效数据（海港小学、西乡中心小学、黄田小学无数据；共乐小学前测数据明显高于后测数据），前测为2015年9月开学初对没有进行拼读教学的学生测评，后测为经过一学期学习后的测评。经对比，二年级学生的Letter name & letter sound的认读后测显著好于前测。尤其是letter sound的掌握情况效果更显著，经过学习后，学生从会读出10个字母的发音，提升到会读19个字母的发音。Letter name & letter sound的平均分如图4所示：

图 4：26 个英文字母的 Letter name & letter sound

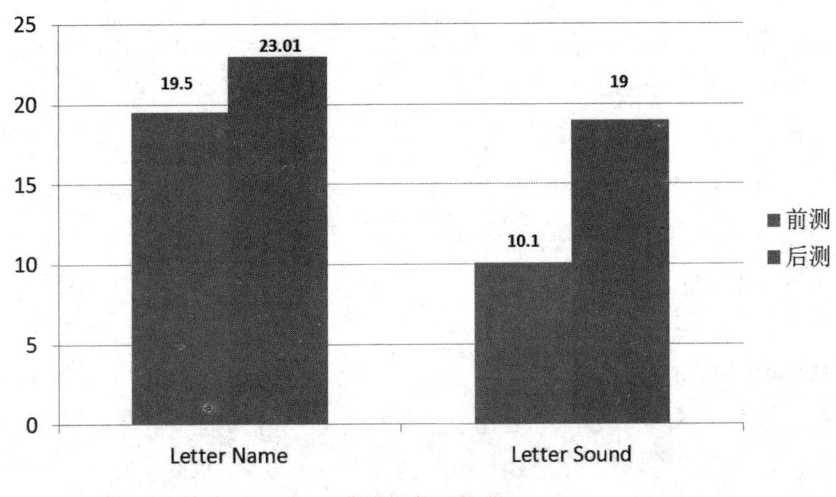

四、测评结论及建议

（一）一二年级学生都比较喜欢唱音素歌曲，并能大声、流畅地唱，但是，准确性上有待提高。可以通过反复地听原版录音，再进行跟唱。

（二）二年级学生大部分都能准确地、流畅地朗读绘本故事，但是，学生不能够有感情地朗读。老师可以在教学中，进行有感情地朗读，多为学生做示范。通过有感情地朗读，体会语言在情境中的运用。

（三）二年级学生对 26 个字母的 Letter name & letter sound 的认读都有所提高，尤其体现在 letter sound 认读上，本学期继续针对未学会的音进行强化。

附件 1:

宝安区第二学区小学低段学生语音发展前测测评试题

I.Phyme(Ask the child if the following word pairs rhyme）

1.cat/hat ______________ （yes）

2.pig/wig ______________ （yes）

备注：此题目教师可进行全班统一测查。如果觉得听到的两个单词带有相同的韵脚学生写√，不同的韵脚写 ×。

II.Onset and rime

Ask the child to find the two pictures whose names begin with the same sound.

Circle the child's choices

3. sun sock fish

Ask the child to find the two pictures whose names end with the same sound. Circle the child's choices

4. bat rock nut

III.Oral Blending (Say the first sound of a word and then the rest of the word. Have the child say the word as a whole.)

5. /s/…at __________ (sat)

6. /m/…op __________ (mop)

IV.Oral Segmentation

Say each word. Ask the child to clap the number of syllables he or she hears in each word.

7. pencil ______________ (2)

Say each word. Have the child say the first sound he or she hears in each word.

8. sun ______________ (/s/)

Say each word. Have the child say the last sound he or she hears in each word.

9. bat ______________ (/t/)

Say each word. Have the child say each word sound by sound

10. see _________________ (/s/ /I:/)

V.Phonemic Manipulation

Say each word. Have the child say the word without the first sound.

11. sun _______________ (un)

Say each word. Have the child replace the first sound in the word with /s/

12. mad _______________ (sad)

VI.High frequency words (Level 1)

教师还可以将下面的高频词打印，让每个学生在会的高频词上面画√，时间最长为3分钟。此外，教师给每个学生进行编号，将打印出的高频词卡（见附件1）贴在教师墙壁上，规定学生在3分钟内在自己会读的单词下面写上自己的编号。两种方法任选一种，教师需要对学生进行抽查，确保学生真实记录，并在EXCEL表格上标注抽查的数量。

a, and, away, big, blue, can, come, down, find, for,funny, go, help, here,I, in, is, it, jump, little,look, make, me, my, not, one, play, red, run, said, see, the, three, to, two, up, we, yellow, you, where

以下内容二年级学生进行测试，一年级学生不进行测试

VII.Letter recognition

教师可以打印字母彩虹，请学生在规定时间内（2—3 分钟为宜）将自己能认读的单词简单涂色。教师同样需要抽查并在 EXCEL 表格上进行记录。此外，教师还可以进行 1 对 1 的测查。两种方法任选一种。

Aa Bb CcDdEeFfGgHh Ii JjKkLl Mm NnOo Pp Qq Rr SsTtUuVvWw Xx YyZz

认读出________个字母，共计________分 / 秒

VIII.Letter-sound correspondence（需要计时）

（建议教师进行 1 对 1 的测查，也可以请家长或学生自行进行录音测查。教师需要统计学生读出的数量。）

共认读 _______ 个对应，共计 _______ 分 / 秒

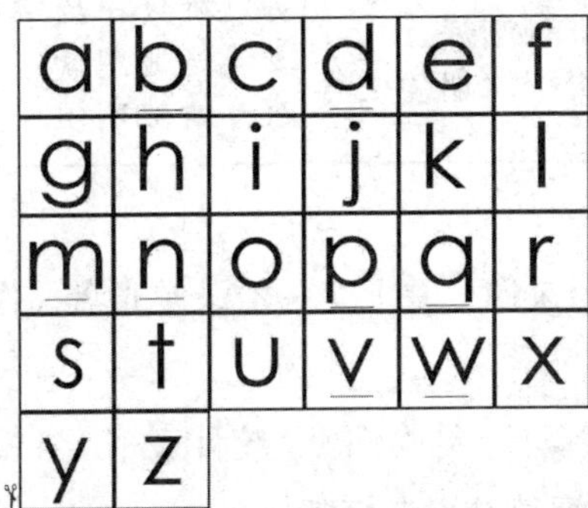

附件 2：

宝安区第二学区小学一、二年级学生语音发展期末检测方案

（2015—2016 学年第一学期）

一、检测时间：1 月 11—15 日

二、检测对象：一、二年级学生

三、检测形式：以各学校方便操作的形式为主，可参考检测方式建议

四、测试内容及标准

年级	内容	形式	标准
一、二年级	音素歌曲 ★ 26 个字母完整的音素歌 ★单个字母的音素歌 （两种任选 1 种进行考查，建议考查第一种）	★请家长录制学生所有会唱的音素歌，请教师进行统计 ★以小组为单位，最好是 4—6 人，结合平时上课展示活动进行考查	★大胆开口 ★流畅地唱 ★能够唱准音素的音，个别单词哼唱
二年级	26 个字母的对应 ★ Letter name ★ Letter sound	★利用 26 个字母的卡片，让学生将会读字母读出来，并读出发音，进行 1 对 1 的检测，需要把会读的单词和学生一并照下来，作为下学期教学计划制订的基础	★快速反应，读出正确的发音
二年级	绘本故事 ★请学生选择 1 个读得最流利的故事进行测评	★利用课间、上课展示等时间进行测评 ★可利用小组朗读进行测评	★准确读出故事内容 ★流畅地朗读 有感情地朗读

五、测试要求

（一）请各校对部分检测情况进行实时录像，并上交一份录像光盘，作为测评资料存档。

（二）请对每个学生的测评结果进行统计（见附件 1：统计表格）各校测评后，编写简单的测评报告（见附件 2：测评总结参考模版）。

（三）学校可以将测评变成通关类游戏，如会唱音素歌获得 1 颗星星，会认读 26 字母歌得 1 颗星星，以此类推，获得 3 颗星星可以获得一次表演故事的机会（凡是与阅读相关的活动，如表演、给故事涂色等等都可以）。学校还可以将本次测评中的某个环节作为学校的活动，如歌唱比赛，字母认读比赛、读故事比赛等。

小学生英语阅读能力提升计划实施总结

一、实施背景

在我国，发展儿童和青少年的阅读能力、培养他们的阅读兴趣和习惯已经成为全社会的共识。深圳作为一个现代化发展的大都市，作为“全球全民阅读典范城市”，率先将阅读活动法定化，在多个阅读指标上保持全国第一。同时，“英语作为世界上使用最为广泛的通用语言之一，英语阅读与母语阅读具有同样的价值和意义。对于英语作为外语的中国学习者而言，阅读在英语学习过程中扮演着重要角色。尤其是对于正在成长中的中小学生，学会阅读不仅是语言学习不可或缺的一部分，也是影响其全面发展的重要因素。因此，中小学校应努力创设条件，尽早开展阅读活动，指导学生进行英语阅读”。

为了更好地促进本区小学英语教育教学水平的提升，深入推进小学英语教育改革创新，第二学区教育办和北京师范大学认知神经科学与学习国家重点实验室共同合作，于 2015 年 9 月，在第二学区 12 所公立（2016 年 9 月增加 2 所）小学推进“小学生英语阅读能力提升计划”项目研究，开展小学一至三年级英语阅读教学的研究与探索，促进第二学区小学英语教育教学改革。截至 2018 年 6 月，项目面向 192 名实验教师,435 个班级,21723 名学生和 28 名教学管理者提供了教育提升服务。促进了学生、教师、学校和区域基于项目的成长与进步，有效推进了第二学区小学英语教育改革的进程。为了充分总结和巩固项目前期的实施经验，推进项目深入实施，现对相关工作总结如下。

二、项目简介

（一）设计原则

面向宝安区第二学区小学生的全面发展，以“立足课堂、区域联动、协同创新、持续成长”为实施思路，遵循以下设计原则，形成适应性、跟进式、可持续的小学英语阅读能力提升计划实验方案。

第一，以关注每一位儿童的英语阅读能力为核心。遵循我国儿童认知发展特点、英语学习及英语阅读能力发展规律，分别对学生阅读学习内容与活动、学习方式、评价和学习环境等进行探索，确立以“关注学生成长”为评价教师专业发展的指导性原则，以学生学习效果评价为核心，引领教师做最重要的事。

第二，依托当地小学英语教育整体发展规划，有效整合推进实施工作。基于第二学区小学英语教育区域发展需求，学校英语科组建设需求、小学英语教师发展需求等，把项目实施纳入当地小学英语教育发展整体规划，因地制宜地开展实施工作。

第三，依托项目实施，引领教师做中学，做中研，做中求发展。在实验中，引导教师不断掌握小学英语阅读教学的规律，立足教学中的真问题进行深入探究，边反思边探究，通过改变日常教学行为产生对教育理念的深度理解，让教师立足课堂教学做反思，把学懂的东西做出来，把做出来的东西有意愿并有能力分享给更多老师，促进教师的卓越发展。

第四，培育和发展本土力量，促进项目实施地方化。通过“一帮、二扶、三促”，培育第二学区骨干小学英语教师和阅读基地校，共同构建适合本区的小学英语教育发展模式、模型工具和标准化流程等，实现本土教育力量的“传、帮、带”及示范、辐射能力，推进项目实施地方化进程。

第五，探索小学英语教育质量整体提升的有效模式。创新“政府 + 大学 + 小学”共同联动的合作机制、协同管理机制、多元团队建设机制等，探索依托区域发展，整体提升小学英语教育质量的新模式。

（二）实施目标

实验以建构适合本区的小学英语阅读课程体系为总目标，以提升低年段小学生英语阅读能力——解码能力为核心目标。具体目标如下：

1. 通过提升小学生的解码能力，促进低年级学生阅读能力的发展，为学生的终身阅读打下坚实的基础；

2. 确立适合本区的小学低段英语阅读教学目标，探索 10 分钟小学英语阅读课堂教学模式，建构丰富的小学低段英语阅读教学资源，为今后的英语阅读教学起到示范作用。

3. 促进第二学区小学英语教师专业发展以及学校英语团队的教研能力；

4. 引领学校进行英语校本课程建设，助力区域小学英语整体教育改革。

（三）实验内容

宝安区第二学区小学英语阅读实验重点关注“学会阅读”，围绕解码能力的提升，采用“攀登英语阅读系列”资源及其他辅助资源，分别从小学低段英语阅读课程目标、教学模式、教学资源、课内外阅读活动、教师发展和学校科组建设等方面进行整体实验。

三、主要实施工作开展

（一）第二学区各级行政、教研力量为项目实施“保驾护航”

1. 第二学区领导对项目实施给予了高度重视和大力支持

项目的实施得到了学区领导的高度重视和大力支持，领导从宏观层面统筹项目实施，为实验开展提供政策、经费、师资、课时等各项支持。在项目实施过程中，各级领导密切关注项目实施进展，出席启动会、总结会和观摩研讨等各类大型会议与活动。正是因为有了各级领导的保驾护航，项目在第二学区才得以落地开花。

2. 第二学区小学英语教研员积极参与实验，并充分发挥“学科领袖”作用，深入课堂，引领教研

在实验过程中，第二学区小学英语教研员谢宽平老师充分发挥“学科领袖”的作用，不断在实验理念、实验目标和实验具体操作等各个细节进行引领，不断地深入攀登课堂，手把手帮助实验教师接受教育理念，积极推进阅读实验与常规英语教学的有效整合，为提升教师的课堂教学能力、学校的科组建设和项目的高效、有序落地，第二学区做了大量工作，特别是在以下三个层面起到了全区引领作用。

（1）引导发挥学校科组的力量，做好课题管理，稳步开展实验

在学区统筹的基础上，高度重视各学校的科组管理，制定相应的学校课题管理制度，确保实验学期初培训、日常教研、期末测评等环环相扣的培训活动能够有效地在各个学校推进。每次培训会后，要求所有科组长务必组织学校教研会，要求科组长带领全体教师，学习和体会本学期教学目标，确保每一位实验教师明确实验方向。要求学校定期开展课题研讨活动，并做好研讨记录。鼓励学校结合本校特色有意识地开展小学英语阅读校本课程建设。这些举措有效加强和提升了课题管理的力量和成效，充分发挥了学校教研的力量，促进了攀登英语和常规教研的有效整合，提高了片区教研的实效性。

（2）遵循语言学习的规律，引领实验学校开展整合研究

在实验推进的过程中，遵循语言学习的规律，融合自己对语言学习本质的思考，高度强调实验项目和常规英语的融合，坚决杜绝人为地割裂两套体系。明确提出“语境语篇带动语音的学习”的实验理念，以及“四个打通”的实验

原则（攀登与牛津打通、年级与年级打通、课内与课外打通、学习与运用打通）。

（3）鼓励实验教师每月写实验反思，促进教师专业化成长

反思被认为是一种促进教师专业发展、提高教师素质的重要途径，对教师的专业成长起着举足轻重的作用，教师的专业成长应以反思实践为基本路径。在实验开始的第二学期，鼓励每一位实验教师每月写实验反思，反思日常教学中的实验目标是否达成，反思实验过程中的不足之处，记录实验过程中的经验与收获。通过这些反思，可以很好地了解每一位实验教师的实验动态，帮助教师不断总结与提升自己的教学实践。

（二）项目组采取适应性、可持续的实施模式，为实验学校和教师提供全方位、立体化的支持与帮助

1. 根据实际需求，制定、优化英语实验方案

为了顺利推进项目实验，项目组结合前期的实施经验，通过对实验区、实验校、家长和学生开展实地考察和电话、网络访谈等多种形式的需求调研。基于调研结果及时组织专家制定和论证实验方案，并在项目实施过程中，教研员不断与实验学校校长、实验学校科组长和实验教师从目标定位、资源支持、教师培训和实施指导等方面优化适合实验学校的整体实施方案和每个学习的实施计划。

表 1：实施方案、学期计划及重要活动论证交流一览表

序号	时 间	内 容
1	2015.6	部分教师参加北京市小学英语阅读专题培训
2	2015.8	项目组制定新学期实施方案和实验学校实验教师培训会相关事宜
3	2015.9	项目组与实验学校遴选 10 月份赴北师大学习实验教师
4	2015.10	项目组与实验学校科组长沟通实验方案
5	2015.11	项目组与实验学校制定下校听课及联片教研活动
6	2016.2	项目组与实验学校科组长沟通本学期实施重点及新学期培训会
7	2016.3	项目组与实验学校讨论教师风采大赛系列事宜
8	2016.4	项目组制定学期前邀请专家培训相关事宜
9	2016.8	项目组与实验学校新学期就工作计划、新学期培训会进行商讨
10	2016.9	项目组与实验学校沟通赴京观摩活动事宜
11	2016.11	项目组与实验学校沟通下校活动事宜
12	2017.2	项目组与实验学校商讨新学期计划

续表

序号	时 间	内 容
13	2017.5	项目组与实验学校沟通下校活动
14	2017.8	项目组与实验学校商讨新学期计划
15	2017.9	项目组商讨阶段总结评优活动
16	2017.10	项目组与实验学校科组长商讨下校活动事宜
17	2018.1	项目组与各实验负责人商讨新学期计划
18	2018.4	项目组商讨“小学英语阅读能力提升计划”三年总结暨表彰活动

2. 创新多层面实施指导团队建设，持续保障英语项目实施效果

项目组在充分整合大学优质学术资源和地方教研资源，组建由北师大教授、英语特级教师和教研员、一线骨干实验人员以及项目实施专职管理团队等组成的多层面实验研究与实施指导团队的基础上，还创造性地结合本区现有的骨干教师资源，在对他们定期开展实验培训的基础上，充分发挥他们对本区实验学校教学实验探索引领作用，为项目实施的可持续发展培育高水平指导专家。

项目实施三年来，共邀请 10 位北京师范大学、北京外国语大学教授、副教授，北京、佛山和广州市 3 位区域教研员,29 位市区级骨干教师与西乡老师进行交流指导。

3. 跟进式、可持续，帮助每一位实验教师胜任实验任务

基于第二学区小学英语教师的实际情况，项目组整合多元化专家团队，多种方式为每一位实验教师提供持续学术引领和支持。项目实施三年来，共组织 8 次集中培训会,6 次实地指导活动,5 次联片教研活动。

（1）岗前集中培训，帮助教师对项目理念产生初步认识

每学期初，基于实验阶段和教师实验需求，组织专家培训、现场模拟和课题管理交流等多种方式进行培训，并配合科组教研会等日常教研活动，保证每一所学校和每一位教师都能够明确下阶段的实验任务，保障实验实施稳步开展。三年来，累计培训教师近 1400 余人。

表 2：集中培训活动一览表

序号	时 间	内 容
1	2015.9.14	第二学区“小学生英语阅读能力提升计划”项目启动会暨2015—2016 学年第一学期岗前培训会（约 200 人）
2	2015.10.18—23	第二学区实验教师代表赴京培训学习活动（34 人）
3	2016.3.17	2015—2016 学年第二学期岗前培训会（约 200 人）
4	2016.8.25	2016—2017 学年第一学期岗前培训会（约 200 人）
5	2017.2.24	2016—2017 学年第二学期岗前培训会（约 200 人）
6	2017.9.8	实验学校科组长座谈会（14 人）
7	2017.9.19	2017—2018 学年第一学期岗前培训会（约 260 人）
8	2018.3.15	2017—2018 学年第一学期岗前培训会（约 260 人）

（2）走进每一所实验学校，深入交流实验进展

通过实地或网络等多种途径，每学期组织专家走进每一所实验学校的攀登课堂，开展听课、座谈研讨等指导活动，与实验教师面对面交流，解决他们的个性化实验问题。

三年来，项目组共邀请专家 25 人次，联同宝安区本地专家 24 名，共计组织 49 名专家先后走进课堂，累计走进学校 66 所，共听课近 200 节，与每一位实验教师进行面对面交流。

表 3：实地指导暨联片教研活动一览表

序号	时 间	内 容
1	2015.12.8—9	12 所实验学校实地指导（4 名项目组专家、4 名本地教师）
2	2016.5.25—26	12 所实验学校实地指导（6 名项目组专家、6 名本地教师）
3	2016.12.13—15	14 所实验学校实地指导（5 名项目组专家、5 名本地教师）
4	2017.5.9—12	14 所实验学校实地指导（4 名项目组专家、4 名本地教师）
5	2017.9.8	黄田小学培训会备课（1 名项目组专家、1 名本地教师 ）
6	2017.11.20—22	14 所实验学校实地指导（4 名项目组专家、4 名本地教师）
1	2015.12.8—9	12 所实验学校实地指导（4 名项目组专家、4 名本地教师）
2	2016.5.25—26	12 所实验学校实地指导（6 名项目组专家、6 名本地教师）

（3）开展基于专题的联片教研活动，搭建多元研讨交流平台

每学期分别组织 1 次实地联片教研活动，开展课例交流、课堂教学经验分享和实施经验交流等活动，促进实验经验的总结与交流，为每一位实验教师搭建多元化的学习与经验共享平台。

4. 分层、分批组织师生展示活动和总结表彰活动

为了确保实施质量，项目组在项目实施过程中，分层、分批组织教师和学生的展示活动，如教师风采大赛、教师教学设计大赛、学生英语节等活动，为教师和学校搭建更加广阔、丰富的展示与交流平台。

项目实施三年来，共举办 4 次大型教师活动,4 所学校承办了北京学校交流活动,69 人次骨干教师参加了外区县的培训,4 名骨干教师被聘为项目组专家到其他地区分享，这些活动有效促进了骨干教师的发展，并发挥了引领和示范的作用，提升了第二学区小学英语教学在全省乃至全国的影响力。

表 4：实地指导暨联片教研活动一览表

序号	时 间	内 容
1	2016.6	小学英语教师风采大赛
2	2017.3	语音教学设计大赛
3	2017.12	实验教师读书分享活动
4	2018.6	学习实验阶段总结暨表彰大会

5. 多渠道持续追踪实验进展

除了上述活动之外，项目组专家还通过电话、电子邮件、QQ 群等多种渠道，定期跟进实验进展，全程帮助实验教师答疑解惑。项目实施的三年来，项目组专家与实验教师共计电话、QQ 和邮件交流近 3000 次；充分利用百度云空间进行了信息和资源分享，为实验学校和教师提供了适应性、可持续的专业指导，保障了项目实施工作顺利推进。

四、项目实施效益

（一）快乐学习，全面发展——学生英语解码能力得到提高

基于阅读能力培养对学生英语学习的重要作用，以及解码能力在阅读能力培养方面的基础性和关键性作用，项目着重在小学英语低段着重培养学生的解码能力。为了更好地了解第二学区小学生解码能力的发展现状，根据《中国中

小学生英语分级阅读标准》中关于解码能力的内涵界定，结合全美阅读委员会以及国外成熟的音素意识、拼读和流畅朗读的测评问卷为参考，考虑到学生的实际认知情况编制了前后测初稿。

通过每所学校每年的期末测试，我们发现经过实验，一年级学生 90% 以上都可以进行首尾音的识别，能够熟练地拆分 CVC 单词音素。二年级 90% 以上的学生可以认读字母名和字母音,85% 以上的学生能够进行音形对应，熟练朗读 CVC 单词；三年级 85% 以上的学生能够流畅有感情地朗读解码书。

以下是部分实验教师实验感悟与体会。

宝安小学

通过近三年的实验项目推进，我们切身体会到孩子们的英语学习成长的效果是非常明显的；如低段孩子们通过小手数音节，拼音节，好玩又好记；中段孩子们做到见词能读，听音能写；通过一至四年级的有效训练，完全消除了孩子们怕生词，怯读音的学习心理障碍，相反的，更多的是孩子们自信、勇敢的面对外语这一学科。

碧海小学

经过三年的研究与实践，我校学生在单词积累、口头表达和阅读兴趣方面都有了很大的进步。有效的英语阅读引导，不但能帮助学生学以致用，提高阅读兴趣和阅读水平，并且通过多渠道的阅读方式形式充分锻炼和巩固了学生各方面的语言技能，实现了学生利益的最大化，使学生自身的潜能和素质得到不断地开发、发展和完善。实验不仅促使学生掌握了语言本身，同时语言教学培养了学生的观察能力、思维能力、想象能力、交往能力及合作精神，培养了学生表达情感、认识社会的能力，给予学生文化熏陶。

富源学校

我校实施“阅读能力提升计划”近两年来，取得了一定的成效。从实验开始学生学习按要求完成了全部的攀登口语内容，认读 26 个字母的名称和第一种发音，唱熟 26 个字母的音素歌，会拼读 CVC 和 CVCE 结构的单词，掌握了部分常见的辅音组合发音（bl, cl, fl, gl, pl, br, cr, fr, gr, dr ,tr, sk, sl, sp, st, sw），精度或泛读了《攀登英语阅读系列有趣的字母》和《攀登英语阅读系列神奇的字母组合》这两套绘本书，朗读了 60 本解码书，学习了 Phonics Kids 1A—4B 的全部内容，结合牛津英语积累了一定量的高频词。孩子们在学习绘本的同时经常动手制作一些单词卡片，单词台历，英语思维导图，在家长的协助下朗读英语绘本并录制视屏。孩子的动手能力和阅读能力都得到了提升。学生的语音拼读能力提高很快，记单词速度和效率较高。我校很多学生乐意参加全市英语单词拼写比赛，并获得很好的成绩。其中有3名孩子进入中国英文大赛广东赛区城市决赛，获得本赛季Top30强，进人欧美赛总决赛。2017年1月，宝安区抽考，我校四年级英语抽考，年级平均分95.95分，位居全区公民办学校第二名。课堂上或日常对话中都可以看到学生们对英语的热爱、自信的表达、积极的展现自我，我们老师打心底里感到教学的喜悦和幸福。

海港小学

2015年9月，针对本校一年级共352位学生作为样本，对他们的Phonics自然拼读和Sight Words高频词教学情况进行了一对一的前测，情况如下：

班级	一（1）	一（2）	一（3）	一（4）	一（5）	一（6）	一（7）
区分首音	24	22	23	25	25	24	24
区分尾音	22	23	20	24	27	27	24
合成单词	5	8	7	7	5	5	6
拆分单词	3	2	4	5	5	4	3

2016年7月，我们再次从这批学生进行一年学习后的检测，情况如下：

班级	一（1）	一（2）	一（3）	一（4）	一（5）	一（6）	一（7）
区分首音	44	43	41	44	46	44	44
区分尾音	41	48	44	44	47	45	48
合成单词	49	47	38	42	44	44	32
拆分单词	43	35	41	41	44	43	45

同样的评价项目，经过一年的学习能有巨大的进步，这能表明学生对于Phonics已经形成初步的辨识能力，能区分首音、尾音，并能初步去合唱单词和拆分单词。

而学生经过两年、三年的学习还能基本实现“见词能读、听音能写”，测试情况如下表格：

班级	一年级字母认读（10分）	二年级拼读单词（10分）	二年级听音写词（10分）	三年级拼读单词（10分）	三年级听音写词（10分）
1 班	8.58	8.43	7.00	8.34	8.20
2 班	8.96	8.92	7.34	8.29	8.14
3 班	9.10	9.06	7.21	8.59	8.30
4 班	8.84	8.84	7.50	8.71	8.65
5 班	9.00	8.70	7.60	8.98	8.80
6 班	8.78	9.00	7.10	8.56	8.59

2015 年至 2018 年近三年的时间，学生从没有任何语音基础到学会自行去拼读单词，自主去阅读，如攀登 1—3 级故事及解码书，小学三年级的学生中体现了比较高的阅读能力。同时，在 2017 年 10 月学校的学科热爱度调查中，英语学科的喜爱度高达 98.6%，这与三年的实验是分不开的。

（二）学研一体，自主发展——教师教学理念和课堂教学形态变革

依托项目实施，立足小学英语课堂教学改革，引导实验教师“做中学、做中研、做中求发展”，通过转变教师的课堂教学行为促进了其对教育教学理念的深入理解，不断提升实验教师的学科教学能力和综合素养。

为了促进教师的专业化发展，项目实施高度重视实验教师在体验中获得和成长。从第二学期开始，每次培训会重点培养本地实验教师上课或经验分享。同时，实验通过写实验反思促进教师理性思考实验过程，不断提炼教学经验。从第二个学期开始，坚持每月每位教师写实验反思。此外，实验期间举办 4 类大型教师活动，为教师提供展示平台。三年来分别举行了教师讲故事大赛、教师英文歌曲大赛、教师教学设计大赛、教师读书分享等活动。

四月，在这个月里，自我感觉学生唱语音歌和学习绘本故事更轻松了一些，我想，有这种感觉有两个原因。一个原因是经过项目组专家吕老师解读本学期教学目标后，意识到之前对学生的要求过高了，现在对学生的学习要求降低了，教学的难度系数也降低了；另一方面的原因是一、二年级的学生们逐渐掌握基本的拼读规律，为学习绘本故事打下了更好的基础，能起到正迁移的作用。

在学习语音歌和绘本故事的过程中，慢慢地摸索出一些教学的模式和方法。学唱语音歌主要是选出几个带有指定首字母的单词，一般每首歌有三个重点单词，提前学习，建立联系，唱歌时会非常顺畅。

绘本故事的学习可以采用总分总的方式，先让学生看图听音整体感知理解，然后从中抽取线索和细节进行拼读、游戏操练和活动巩固，最后可以通过跟读，朗读或表演输出。(碧海小学 李小瑛)

重视科组教研与个人反思,100% 的学校坚持集体教研,100% 的实验教师坚持每月 1 篇教学反思。借助跟进式、可持续的教师培训模式,95% 以上的实验教师能够掌握实验的核心理念，并且能够在课堂中分层贯彻执行,80% 以上的实验教师能够在规范实验的基础上有所思考和创新，从理念、教学内容、方式方法、活动开展等方面开展攀登英语和常规英语的整合以及阅读教学模型的构建，提高了英语学习的效率和成效。

以下是从各校三年总结中摘选的片段，一起来感受实验给教师带来的成长和进步。

凤岗小学

在实验之前，由于所用牛津教材本身没有形成系统科学的语音学习方案，大部分教师基本忽略语音板块的教学，或者只是把语音板块作为课堂边角余料的填补环节。参加实验后，经过系统的理论和实操培训，教师们对小学阶段尤其是低段语音教学的重要意义有了深刻认识和重视，潜心研究，积极实验，让语音教学成为课堂教学内容的重要部分，让 10+30 成为课堂常态，将本土教材和语音教学有效地结合运用起来。同时教师不只是知识的传输者，更是学生学习的组织者、促进者和激励者。10+30 的课时分配也促使老师且教且思，科学安排学生说、练、思的时间分配，从而不断优化课堂结构，不断提高教学质量。

黄田小学

项目实验全新的教育理念，提高了教师教育教学和教育科研能力，为许多教师的发展提供了平台。通过实验活动的开展，教师的教育教学能力，教育思维的广度和深度，以及进行教育创新的能力，教育反思能力，教育科研的能力都得到了提升。在实验过程中，实验教师经常性的有优秀的教学随笔和反思或者论文涌现出来。实验教师们把实验中学到的先进理念应用到常规教材中，取得了良好的效果，教师本人驾驭课堂的能力也大大提高，所教科目也取得了长足发展。可以说，课题实验的开展释放了教师的个性，为教师的专业成长提供了更为广阔的空间。

共乐小学

项目实验的理念已经深入了老师们的头脑中，老师在备课时总是自动自觉地将语音及绘本的学习融入到常规的牛津英语教学中，以实验的成果促进常规教学。

黄麻布学校

在完成这些教学教研活动的过程中，看得见的是学生的进步，看不见的是老师们数不清的汗水和辛劳。在将近三年的实验中，老师们从教学理念到教学方式都在不断更新，教学目标也越来越明确，在实践中发现问题并进行反复完善。

（三）校本教研，创建特色——学校学科水平和管理能力发展

依托项目实施，鼓励各所学校在统一实验的基础上，开展校本英语教育改革，建立并完善各项常规管理工作，积极营造英语学习的环境与氛围，开展家校协同的相关活动，并将项目实施的经验和做法辐射到其他年级和学科，促进了学校的内涵发展。

据统计，100% 的实验学校建立了英语课题组，根据要求和学校情况安排课时和师资，制定并执行相关管理制度；100% 的学校定期召开例会或教研活动；90% 以上的学校能够结合具体情况进行物理环境或声音环境的创设；80% 以上的学校通过开展家长会、开放日或展示活动，帮助家长提高认识，支持学校工作。

海港小学、碧海小学、西乡小学、西湾小学、凤岗小学、黄麻布学校、黄田小学、钟屋小学等学校都结合学校的实际情况，在教学目标、教学资源和教学模式上进行大胆探索，并做了积极的积累。

西乡小学

实验初始，学校便成立了由学校领导以及一、二、三年级英语教师共同参与的学校实验项目组。一、二、三年级共有 21 个教学班，1000 多名学生和 9 名教师参与实验，之后的三年时间内逐渐将实验团队扩大到全科组，全体英语教师共同参与实验研究，众心合力齐攀登。

环境的营造分为软件环境与硬件环境。学校不仅组织教师积极参加各级培训，理解实验理念，清晰实验目标，还注重开展卓有成效的校本教研。“好习惯、早养成、益终生”，一切行为都要受到约束，英语书写也得“循规蹈矩”，因此我校将原有教学模式——语篇教学之“人人能写一首漂亮英文字”工程与实验相结合，自主研发校本教材 copybook，坚持规范性书写教学，让学生逐步培养良好的书写习惯。学校出资购买“攀登英语阅读系列”各册教材作为年级流动资源，办公室设有专门的书柜存放，保证学生上课人手一本教材。当然这些都得力于学校的人力、财力支持。同时我们学校将“攀登英语阅读系列”纳入学校 5 年规划发展的大计划中，以引起全校教师、学生以及家长们的重视。学校通过保证教学学时，保证课堂教学质量，注重攀登英语与常规英语教学的有效融合，也要求实验教师的教案里面必须有攀登英语的教学内容、过程以及反思等。实验组采取分年级基本固定评价方式，布置多样学习环境，让墙壁会说话，让学生随时、随地都能读到故事，创造良好阅读环境。

第二章　中高年段英语写作教学的实践与探索

——以宝安区第二学区为例

小学英语中高年段写作教学实践研究方案

一、指导思想

当代教学观认为：学生在掌握知识的过程中，必须提高运用知识的能力，包括认识能力与操作能力。英语学习必须以可理解的大量英语语言信息输入——“听”和“读”为前提，但要真正掌握英语，形成综合运用英语的能力，仅仅靠语言的输入是远远不够的，还必须通过大量的语言输出——“说”和“写”来检验和促进英语语言知识的掌握与运用能力的形成。写是一种表达，它与读构成一种反向运动。写作对于儿童的精神、思维、生存还有另外一个意义，即是一个自我丰富与发展的过程。他们正是通过“写”将自己朦胧的思想、情感、感受、体验明晰化，对零星、残缺的思想片段进行修正、补充、发展，使其相对完整化与逻辑化，将纷乱无序的思想系统化。写作是一个复杂的心理过程，需要运用多种智力活动，如：观察、感悟、想象、比较等，因此，写的过程也正是这些能力提高的过程。

二、研究背景

（一）课程改革背景

英语教学的最终目的是发展学生的英语语言技能，培养学生良好的英语交际能力。《英语课程标准》指出：“语言技能包括听、说、读、写四个方面，这四个方面是构成语言交际能力的重要组成部分。听和读是理解的技能，说和写是表达的技能。”这四种技能在语言学习和交际中相辅相成，相互促进。写，尤其是写作，这是一个教与学的难点。

《义务教育英语课程标准》在基础教育阶段语言技能（听说读写）二级

“写”的目标描述中明确要求“能正确地使用大小写字母和常用的标点符号；能写出简单的问候语和祝福语；能根据图片、词语或例句的提示要求，写出简短的语句。”虽然小学生还处于英语学习的起始阶段，但教学中教师在着重培养学生听、说、读的基础上，还需注意培养他们的英语写作意识和写作思维，提高写作能力。英语写作能唤起学生对所学或所掌握的语言的感觉，写作所用的语言是多种多样的，从极简单的到复杂的都用得上，所用的词汇和句型比口语中常用的要多，这对掌握英语极有好处。况且，写作能帮助学生提高使用英语的准确性；能扩大所用语言的范围；写作训练能帮助学生提高逻辑思考及分析问题的能力；写作对阅读、听力、口语有促进作用。

因此，如何在有限的课堂教学中巧用教材中的单元主题开展有效的写作教学是摆在英语教师面前的一大难题。教师在教学中怎样运用有效的指导策略和方法，对英语写作进行引导，让学生们想写，乐写，会写，尤其重要。通过写作教学模式进行研究和创新，可以帮助教师提高学生的写作兴趣，提高课堂教学与写作教学效率，形成一系列科学的写作课堂教学模式，促进学生英语综合运用能力。

（二）教学现状背景

小学英语写作教学存在的问题主要来自以下两大方面：

1. 学生方面

大部分小学生受母语文法的束缚，没有形成英语思维，在写作中难免出现语法不规则，句子结构混乱、含义不清和不少的“中文式英语”；有的学生想写，有写作的欲望，却因为英语知识水平有限，所学的词汇、句型、语法、话题等内容较少，不能灵活自如地运用语言，不能按照英语的语言习惯、思维角度去安排一个较完整的写作思路，思维、想象和创作能力等均受到限制；有的学生一想到英文写作就害怕；一见到英语作文就不知从哪里写，在英语写作上产生畏难的情绪和严重的厌写心理，或无话可说，或草草应付了事，或东拼西凑，依葫芦画瓢，造成千人一面、异口同声的可悲局面；此外，中西方文化的差异也给学生写作带来一定的困难，例如英文的书写格式，常用书信的格式等让中国的学生摸不清方向，给英文写作带来一定的难度。

2. 教师方面

绝大部分教师极其重视“听、说、读”的训练，组织大量的听说活动，却往往忽视了“写”的教学、忽视对写的有效训练，或者只是停留在“抄写”的阶段，没有开始真正意义上的写作教学；现在的教材在重视听说训练的同时，对写的内容安排很少，而且缺乏相应的指导；有的教师虽然思想上重视英语写作，但因为课时少，在教学中疲于赶进度，无暇顾及写作训练这一费时费力的教学活动，直到临近期末考试，才匆匆打印几篇小作文，要求学生回家背，把学生的写作能力和潜力紧箍了起来；有的教师思想、行动上都重视了，却因为我们对英语写作教学的探索才刚刚起步，没有“前车之鉴”，也没有“他山之石”借来“攻玉”，训练写作的形式单一，片面地强调抓知识点的训练，没有教给学生布局谋篇的思路和方法，缺乏英语写作有效的指导措施和方法，使学生缺乏写作的自信心；有的教师在批改学生英语作文时只注重语句的错误，而忽视对写作技能的指导；还有的教师认为批改学生作文耗时费力、枯燥无味，更不忍睹作文本一大片鲜红的笔迹，所以进行英语写作训练的密度不够。

三、研究的意义

按系统论的观点，外语教学是一个系统，写作教学是其中的一个子系统，与听、说、读等教学共同构成一个科学的大系统，它是由英语词汇、语法、主题及其写作手法等互相依赖、互相作用的诸要素组成的有机整体。“听说读写”是小学生学英语必须初步掌握的四种技能，它们之间的关系是相辅相成，互相促进的，听说重要，读写同样不可轻视，只不过在小学生学英语不同的阶段应该有不同的侧重，例如在低年级，毫无疑问是以听说为主；在中年级，要在听、说、读方面下功夫，并可以做尝试，如：仿写之类的初步写作训练；而在高年级，则应该着重抓好阅读与写作的教学。用英语练写，不但能巩固学生英语词汇、句型惯用法、语法的掌握程度，而且还能让学生在实践中逐渐达到用词准确，句型恰当，语法正确的境界；其次，学生通过经常性的写作训练，可以培养学生用英语思维的能力以及完整表达思想的能力。再次，在写的练习中，学生能提高文字表达能力和口头表达能力，进而活用语言，发展其创造力。同时，学生思维能力的提高又有利于学生在听和读的训练中捕捉主要的语言信息，从而正确理解语言材料。

四、研究目标

（一）学生层面

紧紧围绕“以说促写、以读促写、以评促写”的方法去探索和研究。具体目标为：

1. 发展学生从口头表达转向书面表达的能力；

2. 提高学生综合运用语言的能力；

3. 学生逐步学会整合所学的语法、句型等知识点，把它们变成一个有机的整体。

（二）教师层面

通过研究，探索出提高学生写作能力的有效途径，并促进老师间的互相学习与提高，实现老师间带动、分享与共进的目的，从而实现教师教学能力与科研能力的提高。

五、研究内容

按照各年级学生的实际情况，依据新课程标准的指导和前人的经验总结，通过各种研究方法探讨研究小学生用英语写作的能力。主要内容是有以下五点：

（一）研究学生写作时的心理状态，心理行为。整理出培养学生英语写作兴趣的方法，以增强他们写作的自信心。

（二）研究学生英语的写作技能。研究哪些是学生英语的写作技能？做到有的放矢，让学生掌握这些技能，有利于提高学生的写作能力。

（三）研究小学英语的写作方法。研究哪些方法是学生有效的写作方法？

（四）实施和提高学生英语写作能力的措施和方法。主要研究老师在培养学生英语写作能力方面的有效措施和方法，真正能帮助学生整理思路，组织素材，规划文章结构，培养他们的写作习惯，提高他们的写作水平。

（五）研究中西方文化的差异。通过老师指导，学生阅读有关西方文化的书籍，让学生了解西方文化，找出中西方文化的差异，以利于英文写作。

六、研究方法、原则及策略

（一）研究方法

本课题研究以行动研究法为主，对比研究与个案分析研究相结合。在本校进行“以听促写、以说促写、以读促写”的英语写作课堂教学模式研究，在研究中遵循学生的心理特征，提供充分的写作时间和材料，以促进学生个性化的发展，为学生的全面发展服务。同时，教师通过写作教学经验总结学会运用教育科学理论的知识，分析所搜集材料和统计数据，提高自身的业务水平。

（二）研究原则

1. 渐进性原则。把握“由词，组句，到段，成章”的写作步骤，环环相扣，层层提高，步步为营，呈螺旋式上升；否则“欲速则不达”。

2. 综合性原则。听、说、读、写四种训练相互结合，进行多元化训练，各项能力相互影响，相互渗透；把“写”的能力培养融于教学的各个环节中，全方位立体的训练发展。

（三）研究策略

1. 愉悦情感策略研究

小学英语课程要面向全体学生，注重素质教育。课程特别强调要关注每个学生的情感，激发他们学习英语的兴趣，帮助他们建立学习的成就感和自信心。学生英语学习具有特殊性，学生英语基础千差万别，教师更应关注学生的个体差异，把培养学生的学习兴趣，态度和自信心放在英语教学的首位。教师首先用发现法了解每个学生的写作水平。然后通过用调查问卷的方法了解学生对写作的态度。接着运用提问法：为什么学生讨厌写作？让学生进行小组讨论后，老师收集学生的看法，弄清学生的焦虑症结所在。让学生讨论：怎样使写作更有趣？收集学生的意见，加以整理，鼓励学生克服畏难情绪，大胆实践。

2. 创设真实情景的策略研究

老师努力创设真实情景，提供给学生真实的写作机会。比如师生互相交换信件，介绍自己；或与老师分享日记，彼此交流情感、想法；或让小组同学互相采访相互了解；或编班级报纸，让学生动手写文章并编辑版面；或让学生发挥想象，分工写一个完整的故事；或让学生扮演专家角色回复报纸上的“读者来信”；或对于同学的邀请做出书面答复等。这些写作任务来源于生活，强调语言的交际性，解决实际问题，从而激发写作兴趣，提高学生的书面表达能力。在此过程中，老师鼓励学生进行协作学习，就老师提出的任务，有时需要小组协商、讨论，然后分工完成。或让学生自主学习，由老师向学生提供解决问题的有关线索，让学生搜集资料，最终完成写作任务。

3. 多元评价的策略研究

教师可运用效果评价的办法，让学生个人自我评价，或相互之间进行评价，或小组对个人进行学习评价，或小组和小组之间进行评价，建立学生“成长”作文档案，让学生感受成功的喜悦。

七、预期目标

（一）通过研究，选择适合小学中高年段的写作内容，建立分层次的、合理有效的教学目标，激发学生的写作兴趣，为学生进一步学习英语打下坚实的基础。

（二）通过研究，利用所选择的写作素材，构建科学、操作性强的小学英语写作指导课基本课型；

（三）通过研究，探索提高小学生英语写作能力的行之有效的教学方法，为今后的写作教学积累经验；

（四）通过研究，有效地培养学生的语感，提高学生英语的审美情趣。

八、研究过程

（一）准备阶段

实验校教师学习有关写作教学理论，研究学生写作能力培养的内容，了解学生英语写作现状，组织学情调查，研究探讨课题实施的具体方案，制订具体行动计划，结合校内外先进经验，讨论开展实验研究的改革思路和具体策略。

（二）研究阶段

根据研究方案，组织实施。制定各年级写作教学的目标；初步将实验校教师撰写的有关英语写作教学的反思、随笔、论文、教学案例、教学课例以及学生的英语“成长”作文汇编成册。

（三）总结推广阶段

形成研究总结，整理汇编过程性研究资料。

小学英语三至六年级写作学习目标

小学三年级英语写作学习目标描述一览表

项目	上学期	下学期
写	1. 能掌握规范的字母和单词书写，如字母的大小写；字母和单词在一线、两线和四线格的正确书写； 2. 能参照范例或借助图片、关键词写出简单的单词，句子。	1. 能掌握规范的单词和简单的句子书写，如基本正确使用常用的标点符号、大小写等； 2. 能参照范例或借助图片、关键词用简单句子写 1—2 个的句子。
语法	1. 初步了解名词的复数的运用； 2. 知道冠词的正确搭配； 3. 初步了解基本句型。	1. 进一步理解名词的单复数形式； 2. 知道主要的人称代词并进行初步的理解、区分及运用； 3. 了解表示地点和位置的介词并进行初步区别和运用； 4. 初步了解名词所有格和形容词性物主代词； 5. 知道中文名在英文中的正确书写； 6. 了解英语简单句的基本形式和表意功能。
话题	能初步理解和表达有关下列话题的简单信息：简单问候与简单介绍、身体部位、文具、颜色、交通工具、形状和数字等。	能理解和表达有关下列话题的简单信息：家庭与家属、动物、国家与国籍、房间、房间物品摆设、学校等。

四年级英语写作学习目标描述一览表

项目	上学期	下学期
写	能掌握规范的句子书写，如基本正确使用常用的标点符号、大小写等；	1. 能掌握规范的单词和简单的句子书写，如基本正确使用常用的标点符号、大小写等； 2. 能参照范例或借助图片、关键词用简单句子写1—2个的句子。
语法	1. 熟练掌握名词有单复数形式； 2. 正确使用主要人称代词； 3. 正确使用所学的各种时态；	1. 熟练掌握名词有单复数形式； 2. 正确使用主要人称代词； 3. 正确使用所学的各种时态； 4. 熟练掌握常用的时间、地点和位置的介词； 5. 熟练掌握英语简单句的基本形式和表意功能；
话题	基本了解教材中出现的生日、运动会、郊游、购物、节日等有关的话题。	基本了解教材中出现的表示习惯、好礼貌、季节、生病、寓言故事、希望与愿望等有关的话题。

五年级英语写作学习目标描述一览表

项目	上学期	下学期
写	1. 能掌握规范的句子书写，如基本正确使用常用的标点符号、大小写等； 2. 能参照范例或借助图片、关键词写出简单的句子。	1. 能掌握规范的句子书写，如基本正确使用常用的标点符号、大小写等； 2. 能参照范例或借助图片、关键词用简单句子写出5个或以上的句子。
语法	1. 掌握名词有单复数形式； 2. 知道主要人称代词的区别； 3. 知道动词在不同情况下会有形式上的区别； 4. 掌握常用的时间、地点和位置的介词； 5. 掌握英语简单句的基本形式和表意功能；	1. 掌握名词有单复数形式； 2. 知道主要人称代词的区别； 3. 知道动词在不同情况下会有形式上的区别； 4. 掌握常用的时间、地点和位置的介词； 5. 掌握英语简单句的基本形式和表意功能； 6. 基本理解和掌握比较人、物体及事物的表达形式。

续表

项目	上学期	下学期
话题	基本了解教材中出现的日常生活、能力、植物、旅游、动物、方位等有关的话题。	1. 能理解和表达有关下列话题的简单信息：数字、颜色、时间、天气、食品、服装、玩具、动植物、身体、个人情况、家庭、学校、朋友、文体活动、节日等。 2. 基本了解教材中出现的与学生个人、家庭和学校生活、日常生活、兴趣爱好等有关的话题。

六年级英语写作学习目标描述一览表

项目	上学期	下学期
写	1. 能掌握规范的句子书写，如基本正确使用常用的标点符号、大小写等； 2. 能根据提示词和所给图片，编写简单的对话或小短文，句式有所变化； 3. 能模仿范例写出或回复简单的问候卡和邀请卡等文体；	1. 能掌握规范的句子书写； 2. 能根据提示词和所给图片，编写简单的对话或小短文，意思较连贯，语法结构比较准确的 5 个以上的句子，句式有所变化。 3. 能模仿范例写出或回复简单的问候卡和邀请卡等文体。
语法	1. 熟练掌握名词有单复数形式； 2. 正确使用主要人称代词； 3. 正确使用所学的各种时态； 4. 掌握常用的时间、地点和位置的介词； 5. 掌握英语简单句的基本形式和表意功能； 6. 基本理解和掌握比较人、物体及事物的表达形式。	1. 熟练掌握名词有单复数形式； 2. 正确使用主要人称代词； 3. 正确使用所学的各种时态； 4. 熟练掌握常用的时间、地点和位置的介词； 5. 熟练掌握英语简单句的基本形式和表意功能； 6. 理解和熟练掌握比较人、物体及事物的表达形式。
话题	基本了解教材中出现的计划、城市、邀请、打电话、节日等有关的话题。	基本了解教材中出现的表示变化、日记、任务、寓言故事、希望与愿望等有关的话题。

小学英语中高年段写作教学实践总结

一、研究概况

（一）研究的背景与价值

近几年来，针对“哑巴”英语，听说能力受到了关注，阅读能力也得到了重视，相比之下，人们对写的教学意义就显得估计不足（杭宝桐,2000）。小学英语新课程标准要求：“写”是小学英语教学的基本要求之一，是训练学生运用所学英语进行交际的基本功。写作训练与培养既是小学英语教学的一个重要环节，更是小学生学习英语的难点，非一日之功可造就。学习写英语小作文是英语学习的一种具体的实践活动。它不仅有考查学生综合运用英语知识的功能，还有培养学生用英语思维的作用，更有助于学生提高用英语表达的能力。因此，我们必须把写作训练落实在整个教学过程中，日积月累，才能有所突破。

小学英语新课程标准还指出：小学低段学生主要以培养听、说、读为主，小学中段开始就要听、说为主，读、写跟上，小学高段开始听、说、读、写，都非常重要。但是，小学生的“写”，尤其是用英语写作的能力是相当弱，即便到小学高年级了，他们对英语写作还是很头疼。

而且，从近几年，宝安区教科培中心或第二学区教研中心对六年级毕业班学生的英语水平抽测来看，学生的写作存在问题比较严峻：

1. 整体得分率不够高，只有 70% 左右，甚至有得 0 分的现象。
2. 写作内容比较零散，没有段篇的情景。
3. 只能写出一些单词，不能连成句子。
4. 语法错误较多，等等。

本研究的价值在于：写作是一种思维活动，是学生表达思想的方式。英语写作能力训练是发展学生思维能力和表达能力的有效途径，也是衡量教学效果的标准之一（王笃勤,2002）。写作教学有助于词汇、语法、句型、课文等语言知识的学习，并能够促进听、说、读和思维能力的潜在性发展，同时，听、说、读和思维能力的发展又反作用于写的能力的培养。写作教学对于帮助学生了解英语思维的方式，形成用英语进行思维的习惯，提高学生综合运用语言知识的能力大有益处。同时，通过对英语写作教学的研究与实践，也能更好地推进校本研训，促使教师进行更多相关的教育教学理念和理论的学习，用新的理念指导教学实践，从而不断提高教师自身的素养和教学能力。

（二）相关文献研究综述

1. 儿童语言习得理论

美国心理学家克拉申在“习得与学习假说”理论中提出，只有“习得”才能直接促进第二语言能力的发展，才是人们运用语言时的生产机制，而对语言结构有意的了解作为“学习”的结果，不是语言能力本身的一部分，只能在语言运用中起监控作用。”这里明显是强调了第二语言学习中“运用语言”的重要意义。另外，克拉申认为，只有当习得者接触到“可懂的语言输入”即略高于他现有语言技能水平的第二语言输入，而他又能把注意力集中于对意义或对信息的理解而不是对形式的理解时，才能产生习得。也就是学习者要受到略高于本身语言水平的语言输人与训练时，才助于其语言的习得。

（2）语言教学专家的相关观点

（Wilga M. Rivers，1972：244）认为：“当一个人都没有能力说出他自己所思所想，他是很难将这些东西写出来的。”从心理学的角度出发，语言的掌握也是经过大量的听到说再到写的过程。纵观当今小学英语研究理论界，对于写，共同的观点是先要有大量的输入为基础，如词汇、句型等。（刘美林，江苏2005），“Read a lot and read aloud.”（王素贤 2005）关于说英语；广西武鸣县武鸣中学蒙建环老师认为：通过“分层次、分阶段、有针对性地指导，实现了学生由不敢说英语转变成熟练地用英语进行表达、交流，从而使各层次的学生水平均有所提高，实现了知识向能力转化的教学目的”；扬州市广陵区教育局教研室的龚海平老师也认为，“从英语口语表达入手 ，提高英语写作训练的实效”。他还认为，“口语输出和书面语输出之间存在天然的联系。就绝大多数人而言，他们的口头表达能力与其书面语的表达能力是成正比的。书面语表达训练可以大大地提高口语表达的连贯性、完整性和准确性，口语表达训练则能够有效地培养良好的语感和促进规范的语言表达习惯的形成。”

以上多种观点，都在不同侧面上认同了我们提出的“以说促写、以读促写、以评促写”的学生英语写作能力培养的做法。只有通过流利与正确的口头表达，培养学生准确与丰富的语感，在这些大量输人的基础上，学生的写的输出就变得不再困难了。

（三）核心概念的界定

1. 英语写作

写作就是通过语言表达你自己的思想。英语写作是学生根据自己的领悟和生活体验运用英语进行书面表达的过程。这一过程涉及多方面的知识、技能和能力。英语写作要求写作者必须掌握大量英语词汇，通晓英语组词成句，连句成篇的各种技巧，熟练驾驭这一门语言。在英语写作过程中，作者必须充分调动思维能力，生活积累、语言知识、写作技巧等多方面的储备，再用英语进行恰当的表达。写作的全过程，是素材—思维—文章的过程，英语写作就是用英语进行的这种生产过程。

2. 写作教学

写作教学是指由教师引起、维持或促进学生写作学习的所有行为。写作教学是否有效，可以从三个方面来判断：一是引起写作教学是否符合学生写作学习的意向，即在写作时，教师首先要激发学生写作学习的动机，写作是在学生“想写”的基础上开展的，二是学生要明确写作的目标和内容，即写作教学时，教师要让学生知道为什么写、写什么、有什么样的评价标准；三是要运用符合学生的写作教学方法，即写作教学时，教师要根据具体的目标、内容和学生的特点，选择使用恰当的写作教学法，让学生知道怎么写。

（四）研究的目标与内容

1. 研究目标

（1）学生层面

我们的研究意图是从小课题的理论和实践两个方面出发，紧紧围绕“以说促写、以读促写、以评促写”的方法去探索和研究。具体目标为：

●发展学生从口头表达转向书面表达的能力；

●提高学生综合运用语言的能力；

●学生逐步学会整合所学的语法、句型等知识点，把它们变成一个有机的整体。

（2）教师层面

通过本课题的研究，探索出提高学生写作能力的有效途径。同时也通过研究，促进老师间的互相学习与提高，实现老师间带动、分享与共进的目的，从而实现教师教学能力与科研能力的提高。

2. 研究内容

课题组老师按照各年级学生的实际情况，在新课程标准的指导和各位前人的经验总结的基础上，通过各种研究方法探讨研究小学生用英语写作的能力。本课题研究的主要内容是有以下 5 点：

●研究小学生英语写作时的心理状态和心理行为，整理出培养小学生英语写作兴趣的方法，以增强他们写作的自信心。

●研究小学生英语写作的技能，做到有的放矢，让学生掌握基本的英语写作技巧，使学生逐步由学写变为会写，发展自主学习能力。

●研究提高小学生英语写作能力的措施和策略，帮助学生整理思路，组织素材，规划文章结构，培养英语写作习惯，提高英语写作水平。

●研究中西方文化的差异。老师指导学生阅读有关西方文化的书籍，让学生了解西方文化，找出中西方文化的差异，以利于英文写作。

●研究小学英语写作教学的有效教学模式，总结出小学英语写作教学的特点和规律。

（五）研究过程与方法

1. 研究过程

第一阶段：查找资料、整理阶段。组建课题组，制定课题方案及实施计划：召开课题组会议，学习讨论研究方案，明确研究思路，落实研究任务；

搜索查阅相关文献资料。把握研究现状与发展趋势，调查英语写作水平的现状及分析（前测）。

第二阶段：深入探索、研究阶段。课题组教师按实施计划进行实验并收集材料；课题组成员理论学习，召开课题组成员会议，对课题进行阶段性小结；召开课题研讨会，根据效果调整并完善课题设计；收集、整理学生的优秀论文，进一步指导；收集、整理教师案例、反思等。

第三阶段：系统总结、归纳阶段。调查英语写作水平的现状及分析（后测）；撰写研究报告，完成各项成果资料整理工作，做好课题研究的结题和成果论证工作。

2. 研究方法

（1）文献研究法

通过查找相关的文献资料以及利用各种参考书、网络资源、报刊、杂志等文献资料了解四年级学生的写作情况及各种写作策略和方法，借鉴成功的经验，做出相应的学习与研究。

（2）对比研究法

纵向对比：每位老师前后两次课堂教学从设计到实施及其效果的对比；横向对比：老师间从教学设计到教学实施和教学效果的对比。通过对比，反思，取长补短，实现课堂效率的最优化和教学的共同进步。

（3）行动研究法

我们的研究主要采取了行动研究法。前后设计了两次的行动方案，并在两个方案实施后进行分析总结。如下图：

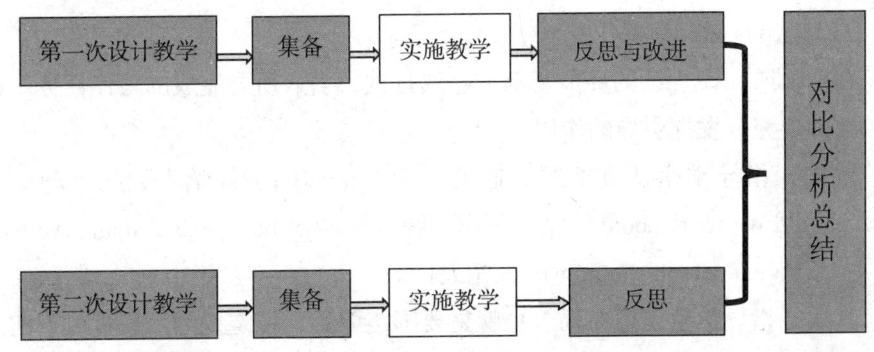

（4）调查研究法

普遍调查、抽样调查、个案调查及跟踪调查相结合。调查的方式主要有问卷、访谈，和测试等。

●调查学生在实验前后英语写作的状况、有关写作能力指标的变化，为分析实验提供依据。

●调查学生的写作策略的需要，努力使实验目标与操作切合实际，提高实效。

（5）经验总结法

在教学实践和研究的基础上，根据课题研究重点，随时积累素材，探索有效的措施。运用教育科学理论的知识，分析所搜集材料和统计数据，及时小结“小学英语写作教学”的实施策略和效果，并根据研究内容写出阶段性总结。

二、小学英语写作教学的实践研究

（一）小学英语写作课的教学模式

1. 准备阶段

（1）提供话题，发散思维

教师可以先提几个简单问题作为热身，调动气氛，免得学生“望文生畏”。

问题须是学生所熟悉的，而且要紧扣本单元学习的词汇，句型和表达。学生们能积极发言，在交流中打开大家的想象空间，也活跃了气氛，同时也让学生进一步巩固了语言知识。

（2）重点复习，做好铺垫

教师领着学生复习本单元的重点词汇、短语、句式和语法，既起到复习巩固之用，又为写作做相应的储备。在此环节，教师课设置与本节课写作文体结构相似的完型填空或短文改错，以复习本单元的重点内容，为接下来的写作活动做潜在的准备。

（3）提出目标，布置任务

在前面听、说、读的环节基础上趁热打铁，引入所要完成的写作任务。此时，教师要充分发挥引导的作用。

首先，指导学生认真审题。通过以下三个问题引导学生如何审题。① What should we write about?（紧扣写作主题）② What basic tense should we use?（时态）③ What person should we use?(人称）

其次，指导学生谋篇布局。也就是要围绕中心，拟定提纲。通过以下四个问题的提问引导学生从整体上对文章框架进行构思：How many paragraphs will you use? How to begin? How to end? What will each paragraph be about?

最后，指导学生遣词造句。学生的英文写作受汉语语言模式与思维模式的干扰和影响，常常会出现许多中国式英语。因此，为了让学生写出地道的英语句子，教师要鼓励学生尽可能运用已学过的词汇、句型、常用表达以及已知的知识背景等。

2. 写作阶段

写作阶段的教学目标是要求学生在充分准备的基础上进行文字写作实践。这一阶段的具体内容有两项：

（1）小组讨论，拟写初稿

以小组为单位根据刚才所给的话题进行构思，然后列提纲，并组织成文。对于程度较差的同学可以先围绕话题运用句型进行简单的造句。程度较好的同学要注意构思条理和语言的准确性、生动性。同桌之间可以互相探讨，也可以向老师寻求语言帮助。

（2）自检错误，推敲文法

初稿完成后，要求学生通读两遍左右，自我修正文章中的错误。学生的自我修正有两项要求：一是检查内容是否紧扣主题，要点是否齐全，字数是否符合要求；二是检查拼写、大小写、标点符号是否正确。

3. 修改阶段

（1）小组合作，互批互改

以小组讨论的方式批改作文，逐步培养学生自主批改作文的能力。在修改过程中，提醒学生考虑以下几个方面：①主题是否明确，有没有中心句；②条理是否清晰，段落安排是否合理，格式是否正确；③有无单词拼写或语法错误，句型使用、词语搭配是否正确；④内容是否连贯，想要表达的意思是否已说清；⑤开头和结尾是否合理扣题。教师在此过程中进行各组巡回，了解、掌握讨论、互评情况。

（2）展示成果，范文点评

选择1—2篇不同层次的习作，通过投影呈现，组织学生一起点评优缺点和纠正语病。这样既为学生们呈现了范文，让不同层次的同学都能有所借鉴，也集中呈现出一些典型的语言问题，让学生们加深印象，避免再出现类似错误。

（3）教师审批，学生复改

作文经教师审阅批改后，学生还要继续修改，并将新习作交回教师。学生虽然写的是同一篇作文，但每一次循环再写就是一次提高，一次升华。这种方法，较之不断地让学生写新文章能更有效地提高学生的写作能力。

（二）提高学生英语写作能力的途径

1. 积累词汇，为写作打好基础

单词是组成句子的基础。从一年级到六年级，学生已经学习了许多词汇，但怎样记住这些词汇，怎样去运用，就是个大问题。因此，在教学中，老师要特别重视学生的词汇积累，学过的单词，让他们分类归类，如：水果类，食物类，运动类，衣服类，餐具类等。在以后的学习中慢慢增加词汇，久而久之，学生掌握的词汇越来越多，使用起来就能得心应手。此外，老师可要求学生每天阅读一篇英语小故事或小作文等，在阅读的过程中及时摘抄下新单词，一方面积累了词汇，另一方面也拓宽了知识面，为写作提供了素材。

2. 加强阅读，为写作提供素材

阅读是写作的基础，要以阅读课为载体，把握好阅读与写作的结合点。课堂上，教师要通过创设多样化的写作情景，引导学生把阅读教学中获得的习作方法和技巧、句式结构、好词佳句巧妙地迁移到写作中。可采用仿写、改写、缩写、扩写等方式。仿写是写作的第一步，仿写联系着读和写，仿写可以仿文笔，仿句式，仿关联词语，仿章法等。阅读是学生获取知识和信息最常用的方法和最基本的渠道。在阅读过程中，学生通过联想、思维、理解和记忆等方式对信息进行分析、筛选和创造，使之更加鲜活，更加有意义。课题组老师给学生布置一些读的作业，要求学生每天阅读一篇英语小故事、小作文或小笑话，在阅读的过程遇到生词就摘抄下来，一方面积累了词汇，另一方面也拓宽了知识面，为写作提供了素材。

3. 加强听说训练，为写作有效铺垫

众所周知，英语的听、说、读、写四者密切相关，相互渗透，且相互促进。听和读是领会和理解别人表达的思想，是语言内化的过程；说和写是用言语表达观点和思想，是语言外化的过程。在我们学校的英语课堂上，老师们都坚持做好课前 5 分钟的自由会话。把每节课开始后的 5 分钟固定为讲英语的时间，让全班同学轮流做简短的值班报告。具体做法是从易到难，循序渐进，由点到面逐步铺开的方法。值日生报告内容从短小浅易，分阶段逐渐过渡到题材广泛，内容丰富多采。这样做，首先应由教师编写代表性的报告范文，印发给学生，选定几名语音、语调较好的学生当值日生示范，然后全班同学轮流值日。报告内容可以是学校生活，小故事和自由谈话等。最初可按如下程式进行:I'm on duty today.Today is Monday. It's Sunny today .We are all here… 随着词汇、句型的增多，学生还可按当天实际情况增加内容。教师要给予引导鼓励，并有计划地进行巩固所学知识的口语训练及一些交际性训练。这种简单的英语报告尽管仅占几分钟，但对渲染课堂气氛，发挥学生的模仿力和创造力，起到了不可低估的作用，也为口语训练提供了场所。它是巩固课堂教学的一种行之有效的手段。

4. 选择贴近学生现实的主题

生活是写作的源泉。教师要善于结合教材内容，选择贴近学生现实生活和学习的话题材料，尽可能把学生置于真实的语言情境中，使他们有写作的欲望。话题越贴近学生的生活实际，他们就越觉得有东西可写，写出来的文章内容越充实，情感越丰富。例如，熟悉的人物、喜欢的明星、宠物、家庭生活、学校生活、爱好等话题既符合学生的实际，又能激起他们的写作兴趣，还可将自己的情感融入写作中，让学生“有话可写、有话想写”从而不断提高写作水平。

（三）小学英语写作活动的设计形式

英语写作能力的提高并非一蹴而就的，在进行英语写作教学时，我们特别注重依据教学目标与学生特点，通过采用点面结合，从词、句、段再到篇章的方式，对学生开展循序渐进的写作训练。实践证明，这样的方式对学生写作能力的提高是有效的。

1. 基本词句训练活动设计

小学低年级虽然没有篇章写作的要求，但老师在平时的教学中应该注重对学生进行口头和笔头的基本词句训练，为中高年级写作做准备，具体训练反方式看图说词句，背诵，替换造句等。

例如：三年级已学习了颜色词，我让他们用颜色词说一句话，学生就会说出：I's a red chair. This is a yellow bag. 等。四年级的学生已学习了如何读写完整的句子，老师们就利用词汇卡片让他们做连词成句的游戏。让学生在充满趣味性的活动中逐步掌握完整句子的表达反方式，为写作训练打好坚实的基础。

2. 图文结合作文训练活动的设计

图文并茂的作文形式是小学生喜闻乐见的，也可以让我们的写作教学充满趣味性。在三年级教学中，老师通常会给学生一副图，给几个提示词，让他们用简单的语句描述，然后再写下来。

3. 填空式作文训练活动设计

在写作训练之初，让小学生独立完成一篇文章的构思和写作时比较困难的。因此，教师需要设计一些填空式作文训练的活动，降低写作难度，让学生快速掌握写作方法。

4. 句子排序活动设计

给学生提供了一个打乱顺序的对话，让学生推理事件发生的时间顺序、逻辑顺序，或根据给出的图片信息将其整理成一篇完整的短文并进行口述。这种方式有助于提高学生的写作思维能力。

5. 仿写

教师可在学生阅读理解的基础上让学生模仿范文的框架，模式，及句式写一篇小短文。

6. 应用文写作训练活动设计

英语写作教学应结合生活实际，让学生在运用中学习写作，如教师可以根据教学内容设计应用文写作训练，比如制作个人姓名卡，贺卡，购物清单，编写电子邮件等，让学生在任务活动中练习写。

例如，对于刚接触英语的三年级学生在学完姓名，年龄，性别后让他们制作简单的姓名卡，并且贴上他们的照片，这样既能激发他们的兴趣，还能将所学知识应用于生活中，重要的是他们会拿着自己的姓名卡用英语向同伴介绍自己，有效地说、写、手工制作融合到一起。

又如，中高年级学生具备一定的写作水平，因此，教师可以在节庆日时让学生制作贺卡，如教师节，让他们自己用心制作一张精美的贺卡并写出你想说出的话。母亲节到了，让学生自已设计一张贺卡，写出想对妈妈说的话，如有的学生这样写道:Dear Mum, I love you so much. 有的学生这样写道：Mummy, thank you very much. I love you forever.

7. 话题作文训练活动设计

对于小学生而言，话题作文是难度最大的写作类型，教师在教学中采取的方法是先扩展有关话题的词汇、句型，然后口头表述，最后让学生动笔写。

例如，在学习 season 时，老师先让学生说有关 season 单词 spring,summer fall,winter, 然后扩展每个季节的天气 wam,sunny,hot, windy,cool,snowy,cold 再让学生说出每个季节的活动,plant trees,fly kites, climb mountains,ride bikes, go swimming, go fishing, make a snowman 等。同时让他们说出喜欢哪个季节的原因,I like…best,because…. My favourite season is…because… 这样先说后写难度也降低了很多，学生轻而易举就能写好，下面就是学生的一篇习作：

I like spring

There are four seasons in a year. They are spring, summer, fall and winter. I like spring best.It’s warm in spring The trees and grass turn green.The flowers are beautiful.I can ride bikes, fly kites,plant trees and have picnics.I can wear my favourite dress.

I like spring best because it's very beautiful in spring.

三、研究的主要成效与结论

（一）主要成效

1. 探索出了小学英语写作教学的校本实践模式

在课题研究与实践的同时，我们也在不断反思、总结、提升，以期提炼出行之有效的实践模式，为其他学校的英语写作教学提供可资借鉴的参考经验。

回顾2009年的英语写作教学实践及三年以来的课题研究历程，我们探索出提高学生英语写作能力的有效途径为“以说促写、以读促写、以评促写”。

英语写作课的有效课堂教学模式为“准备—写作—修改”，这些宝贵的经验使得写作教学的课堂效率得到极大的提高，学生的英语综合运用能力也不断地得到了提升。在英语写作教学中，应该把听、说、读、写四种技能结合起来，四能一体，总体推进。充分认识听、说、读、写的相关性，正确处理四者之间的关系，合理安排教学内容，使学生顺利地从听、说、读过渡到写作。听说、读、写有机结合，事半功倍。

2. 促进了学生英语综合运用能力的提升

经过三年的研究与实践，我校学生在口头表达上和写的方面都有了很大的进步。读、说、写相结合的过程，不但能帮助学生学以致用，提高写作兴趣和写作水平，并且通过这种综合训练的形式来充分锻炼和巩固了学生各方面的语言技能，实现了学生利益的最大化，使学生自身的潜能和素质得到不断地开发、发展和完善。写作教学不仅促使学生掌握了语言本身，同时通过语言教学培养了学生的观察能力、思维能力、想象能力、交往能力及合作精神，培养了学生表达情感、认识社会的能力，给予学生文化熏陶。

3. 促进了英语教师综合素质的提升

三年来，课题组成员不断进行理论学习，在一起集备、评课和反思，实现了智慧的交流与碰撞，并在实践与研究中提高自身的教学能力，获得了丰硕的成果。

课题业务主持人阮瑜老师在第三届宝安区名师评选中，荣获“小学英语学科带头人”称号，并先后被聘为深圳市小学英语中心教研组成员，宝安区小学英语五段互动式培训“主讲嘉宾”，宝安区教师网络继续教育培训导师以及宝安区网络继续教育课程研发成员。

实验班教师李必红老师通过研究，教学风格更加成熟了，在处理教材的能力方面尤为突出。她能很好地综合运用各种课外的资源，把知识点的学习融合在多种活动中，使学生在快乐的活动中很好地掌握了语言知识，增强了综合运用语言的能力。2011年3月，李必红老师为第二学区全体小学英语教师上了一节示范课*Seasons*，并做了专题讲座《小学英语高效课堂的组织策略》。2011年12月，在宝安区课堂教学模式展示周活动中，李必红老师展示了一节写作教学示范课*My good friends*，该课例获得听课老师的高度赞赏。

2010年，英语科组长李素玲老师先后在《双语报·教师版》中发表了两篇文章《以说促写、以听促写、以读促写》《深港版小学英语教材C部分处理之我见》。她编写的单元教学设计 *My mother and father* 荣获深圳市小学优秀教学资源评比一等奖，同时该教学设计收录进了《深圳市小学英语教学资源集》一书中。2012年，颉光老师撰写的《初探小学英语教学中的"因材施教"》也发表在《双语报·教师版》上。

黄小娟、文菡菁老师两位青年教师虽然只有四年的教龄，但已经形成了自己较为鲜明的教学风格——细腻从容，教学设计能力和教学的实施能力都进步明显，尤其在新教育技术与学科整合方面的能力突出。文菡菁老师在宝安区教学设计评比中荣获一等奖；黄小娟老师在第二学区小学英语课堂教学比赛和评课比赛中，均获得了一等奖。

4. 丰富了学生的校园文化和课程文化

为了营造英语学习的氛围，激发学生学习英语的积极性，英语科组每学期都会举办一些英语课外活动，如"碧海英语节""英文书写达人秀""英文歌曲比赛""英文故事演讲大赛""我爱背单词""英语写作比赛""英文短剧表演赛"等。形式各异的竞赛活动给学生创造了充分的展示空间，让学生们张扬个性，展示自我，从而达到以赛促学、以赛促教、以赛促研的目的。

5. 促进了英语教学质量的稳步提高

经过三年的研究与实践，实验班学生的写作能力以及整体英语水平得到了大幅度的提高，同时也提高了非实验班学生学习英语的兴趣，促进了全校学生英语水平的提高。在宝安区或第二学区的各类教学质量调研中，我校各年级英语学科的成绩均能名列前茅。两个实验班的英语成绩尤为突出，在各级各类质量调研中均能稳居榜首，平均分达94分以上。如今，英语科已经成为学校的品牌学科，是其他学科组学习的榜样。

（二）主要结论

写作是一项复杂的系统工程，学生写作能力的提高非一日之功。小学英语写作教学要求教师激活原有教学理论、结合写作教学原则，重视写作过程教学，在写之前通过"说"和"读"进行语言和话题的有效输入和内化，通过与学生充分互动，了解他们学习的难点和优势以及影响学习的心理因素，在写作和多次修改的过程中给予适当的评价和帮助，实现有效写作的教学效果。

1. 以说促写

通过先说后写，层层铺垫，学生有口述做基础，写起来就更加迅速、准确。且能弥补口述中存在的内容与表达方面的不足。写作前的小组讨论活动大大降低了写作的难度，提高了学习效率，体现了以学生为主、教师为辅的师生多向交流的教学模式。

小组讨论有许多的优点，但也有不足之处。主要是小组会在低水平上徘徊，不能达到应有的高度，需要教师的引导和讲授。当学生对将要学习的内容没有必要的基础时，很难找到合作学习的切入点。另外小组讨论的时间消耗较多，难以单独成为课堂教学的主要形式，应与其他的教学形式相结合。

有效的“说写”活动强调学习活动的创造，学习主体的参与，学习成功的愉悦以及学生的发展。以说促写的活动中，教师要给学生创造一个有利于完成学习任务的环境，包括课堂学习环境和学习任务本身所隐含的环境。如尊重每位学生的意见；鼓励比较内向、不爱发言的学生多发表看法；多给学生正面评价；适当引入竞争机制等。学生在小组讨论中，自主规划文章的结构，建构语言，丰富写作内容。实践证明：这种写的准备性程序的训练是有效的，对提高学生的整体语言素质和培养其写作的能力也是有必要的。

2. 以读促写

采用先输入后输出的写作训练方法，使学生能更好地掌握词汇和语法等知识，形成丰富的想象力、严谨的思维表达能力和较强的语言组织能力，解决写作中存在的问题。

写作是一个循序渐进、逐步积累和不断发展的过程。在写作之前，教师应对学生提供必要的语言刺激，充分调动学生自主学习的能量，引导学生将新输入的语言信息和大脑里储存的旧信息结合起来，以达到写作时有效输出的目的。

写作的过程其实就是模拟阅读的过程，因为学生在阅读的过程中必须揣摩作者的写作意图，扮演写作者的角色。要想提高学生的写作能力，应当充分利用教材中的阅读文本，有针对性地分析阅读文本的内容、话题、语言、篇章结构等，开展各种有效的输入性教学互动。教师可以借助课内外的阅读文本对学生进行必要的输入，教会学生主动进行写作积累，学会学习，把各种技巧输出并运用到写作之中。同样，学生可以通过写作加深对阅读文本的深度理解，拓展思维空间，提高语言的运用能力，形成读与写的良性循环。

3. 以评促写

新课程理念下的评价原则是终结性评价与形成性评价相结合。动态的、过程性的评价思路和不同的评价手段，有利于形成学生自我评价、自我反思和自我促进的评价氛围和效应。在小组活动中，学生根据主题摆出个人的想法，取人之长，补己之短。在互相交流的过程中，学生根据具体的评价标准做出对自己和别人的评价，从中看到彼此的优点和不足，伙伴的认同和需要激发了他们的写作愿望。教师评价时具体地表扬学生作品中的优点，有利于学生们模仿，增强自信心；诚恳又恰当地提出学生作品中的缺点，有利于个体学生的纠错，又能避免其他学生重蹈覆辙。

四、存在问题与今后方向

（一）存在问题

实践使我们认识到，新课标与素质教育的真正实施，必须落实“以人为本，以学生为中心”，只有突出学生的主体地位，帮助学生自主学习，才能达到英语教学的目标，只有从观念上改变学生的学习态度，培养学生学习兴趣与积极性，才能从根本上提高学生英语的语言技能。传统的只能做选择题的学生已不再适应新课标的要求。培养全面发展的语言技能将是英语教学的目标，在实验过程中，我们感到：

教师观念的转变还要进一步强化。每一种教学模式的教学并不是简单的教学程序，而是一种教学的观念。如果教学观念不转变，即使按照某种模式进行程序式的教学，教学效果仍然很难达到预期的目标。因此，教师必须不断提高自身素质，应有终生学习的决心；其次要不断地加强先进的和科学的教育理念学习；最后，必须具备锐意进取的创新和开拓精神。此外，教师的研究能力有待于进一步提高。面对研究规划、研究方法设计、研究过程的实施及研究的经验总结与提升，教师能力有待于从理论到实践能力全方面的提升。

由于小学生年龄小，知识容量少、因此在写作过程中家长、老师指导的痕迹往往较重。虽然学生不再对英文写作产生畏难情绪，但由于年级所限，能够掌握的词汇、写作技巧仍是制约学生写作的瓶颈。这样就需要教师尽可能地提供学生掌握词汇、写作技巧的机会（如指导学生多读英语刊物、提供英语词典）和适当的教学策略（如适时进行鼓励、表扬等），以满足和不断激发学生英语写作欲望。

评价的激励性有待科学完善。由于考试的评价等因素的影响，教师自觉或不自觉地以考试成绩来评价学生的英语水平，导致学生的学习取向也着眼于考试。因此，教师应着眼于学生学习的情感、态度的评价，培养具有时代性的新一代世界公民的英语综合能力。

实验过程中缺乏科学的数据对比。目前，我们只采用了比较笼统的方法来进行数据的统计，缺乏科学性。应在实验准备阶段对学生的已有能力进行测验、记录，作为原始数据，在实验中作为对比之用，科学的进行试验统计。

（二）今后方向

1. 如何加强英语课内外的衔接，提高学生的综合运用英语的能力，彻底打破“哑巴英语”，使学生既能听、读，又能说会写，将是我们在今后的课题研究中不断探索的话题。

2. 进一步开展实验系列研讨和交流活动，拓宽和深化“新课程背景下小学英语写作教学”的研究，积极探讨新课标下提高学生英语的语言技能，努力提高我校的英语教学质量，将是我们今后努力的方向。

五、结语

英语写作能力是英语的“综合国力”，不能急于求成。写作是一个如何寻找最有效的语言进行思想感情交流的过程，是一个循环复杂的心理认知过程、思维创造过程和社会交互过程。写作能力的提高不是一蹴而就的，要从基础抓起，必须坚持从易到难，从少到多，从课本到课外，从慢到快的循序渐进的原则。在世界上，与外语阅读、口语教学理论研究相比，外语写作教学研究的历史比较短，20 世纪 70 年代才开始进行系统的研究（左焕琪，2002）。有中国特色的高中英语写作教学研究就更少了。如果教师能重视平时训练中存在的问题，尽可能采用多种方式和手段，不断改进教学方法，在教学过程中激发学生学习写作的兴趣和积极性，培养学生养成良好的学习方法和掌握英语写作技能，学生一定能写出出色的妙语佳作来。

参考文献：

1. 杭宝桐《中学英语教学法》（修订本）[M]. 上海：华东师范大学出版社，2000.

2. 季振动、阚怀未《英语写作入门》[M]. 北京：世界图书出版公司，2001.

3. 王笃勤.《英语教学策略论》[M]. 北京：外语教学与研究出版社，2002.

4. 左焕琪.《外语教育展望》[M]. 上海：华东师范大学出版社，2002.

5. 陈立平、李志雪 .《英语写作教学：理论与实践》[J]. 北京：解放军外国语学院学报，1999.

6. 黄树生 .《简论中学英语写作教学模式》[J]. 课程·教材·教法，1999.

7. 程经英 . 英语写作教学分析 [J]. 外语教学与研究，2004.

8. 向阳 . 中学英语写作教学原则与方法 [J]. 教育实践与研究（2），2003.

9. 周雪，陈冠英 . 中学英语写作教学探索 [J]. 基础教育外语教学研究，2003.

10. 韩金龙 . 英语写作教学：过程体裁教学法 [J]. 外语界，2001.

第三篇
单元整体教学实施

观“单元”课　悟“整体”道

——记两节整体教学示范课观后感

4 月 21 日，我有幸听了来自上海的吴敏昱、邓莉两位年轻老师带来的两节整体教学示范课，课后两位教师进行了说课。两位老师的课不仅耳目一新，更是理念上的冲击。

一、基于课标的目标设定

基于对教材的纵横向联系分析、解读本单元的教材和研究学生的实际情况，吴敏昱老师设定上海牛津版 5A-M1U3My future 的单元目标是“对自己的梦想职业做出思考，能用 I want to be…. want to… 说出自己的梦想职业是什么？为什么？”，围绕单元目标，吴老师设定了四个分课时目标，首先让学生“了解各种不同的职业”；接着让学生“了解不同小朋友的梦想职业”；为了进一步拓宽学生的思维，让孩子们更好地选择自己的梦想职业，吴老师把第三课时的单课目标设定为“了解不同人有不同的职业梦想”；通过“step by step”的推进过程，三个分课时目标的达成，最终在第四课时达成单元目标，让学生说出并写出自己的 dream job。吴老师虽然只上一个教时的单课，但是单课目标是在单元目标的统领之下，既基于单元目标又服务于单元目标，而单元目标是通过每个分课时的不断递进，逐步推进中达成。吴老师的目标设定体现了新课标强调的要整体设计目标，充分考虑语言学习的渐进性和持续性的课程理念。

二、基于思维的问题设置

问题是思维的向导，课堂提问是英语交际活动的催化剂。现在英语课堂尤其是英语阅读课，基本上都是以问题驱动，引导学生学习和理解文本，但很多问题是形同虚设，明知顾问的问题，如一般疑问句或直接能在文本找到答案的问题。邓莉老师在执教的 5B-M2U3My home 的第一课时，设置的大部分是以 W、h 开头问题，特别是 why 和 how。在 Pre-task 环节，学生欣赏各种类型的房子后，执教老师问了学生一个问题“Which one do you like, apartment, loft or a villa? Why?”，邓老师没有仅仅让学生选择自己喜欢的房子，而是进一步追问为什么，培养学生的独立思维能力。在 While-task，第一遍阅读语篇后，邓老师问学生“Which is Jill’s room? Why do you think so?”，既训练了本节课的核心句型 Because…，又让学生再一次细读文本，检测答案的准确性。接着等邓老师继续追问“How does Jill think her home? Why Jill think her home is nice?”，这样的问题贯穿整节课，通过问题一步一步引导学生深挖教材，培养思维能力。合适的课堂提问，往往能把学生带入一个奇妙的问题世界，使学生积极思考问题，寻求解决问题的途径和答案，从而培养学生分析问题、解决问题的能力，有效地提高英语课堂教学效率。

三、基于语义的板书设计

板书是课堂的组成部分，不仅语言要准确、内容要完整、重点要突出，更要凸显语言的意义，体现知识的建构过程，有助于语用整体输出。如吴旻烨老师的板书设计，不但突出本节课的语言知识点：pilot, singer…, 体现了教学过程，还通过 dream job, new job 和 what, why 将教学重、难点有效串联起来，体现语义功能，同时还牵带出情感体验：Dream what you want! Try it! Do what you can! Enjoy it! 让学生不仅仅学得：pilot, singer, lifeguard… 等语言知识，更学会用这些词或短语表达自己的 dream job，帮助学生有效地整体输出语言，达到最终的学习目的。

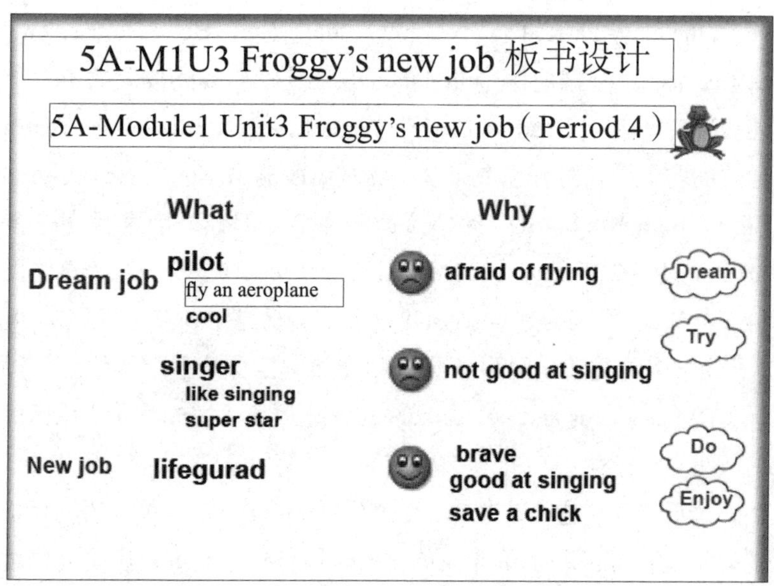

四、基于语用的过程推进

培养学生的综合语言运用能力是英语新课程的总目标。这目标的达成不是一蹴而就，而是贯穿英语学习的始终。基于这一理念，吴老师将 5A-M1U3My future 第四课时 Read a story Froggy's new job 要达成的语用目标设定为“能根据图片和板书，对故事进行复述；能在老师的启发下，说一说自己对梦想职业的新看法。”为了达成目标，吴老师在 Pre-task 设计了三个环节：step1.sing a song :Be what you want to be，复习本单元的有关职业的核心词汇。step2.look and say: Different job，复习第一课时的内容，再次复现本单元的核心词汇。step3. Homework check: My dream job，综合运用前三课的语言知识：He wants to be… He wants to…。Pre-task 环节既是复习又为 While-task 故事学习铺垫，虽然是复习本单元的核心单词和句型，但吴老师的复习单词和句型是基于语篇，为后面的语用打下扎实的基础。While-task 环节，吴老师以问题驱动，通过情感与内容两线并进，推进故事的学习。Step1.Watch and say：What does Froggy want to be? 问题驱动，整体感知故事的第一部分，同时在故事的语境中，借助文本带动词句的教学，落实本单元语言知识的学习；再通过自主阅读，读图读句读文本，整体感知故事。Step2.Group discussion: Why can't he be a pilot or a singer? 深入理解文本，在语境中学习语言知识，使语言知识的学习始终沉浸在故事语境中。Step3. Retell the story Part1, Froggy wants to be… He… He… He tries but he can't to be a… because… 根据前两个环节的问题，让学生复述故事的第一部分，为整体复述做准备。Step4. Read and say “What's Froggy's new job?” 细读第二部分故事，通过问题引导，打开思考维度，尝试语段输出。Step5. Read and underline “Why can he be a lifeguard?” 整体阅读故事第二部分，培养阅读技能。Step6. Retell the story Part2, Froggy becomes a…because…He enjoys…, 整体回顾故事第二部分，尝试语用，为最后的 retell 准备。最后是 Post-task 环节（既语用环节），为了让学生能复述出故事，吴老师先让学生分角色朗读故事，然后让学生根据板书的 key words and key sentences 复述故事，完成单课语用目标；通过 Froggy 的故事，让学生明白并不是所有的梦想都能实现，但你不去尝试就肯定不能实现，最后让学生进一步思考自己的 dream job，达成单元语用目标。吴老师设计的教学过程都是基于单课或单元的语用目标，而不仅仅是完成语言知识的学习。正如 Task-based leaning 教学理念：Learning it by doing it.

五、基于语境的语言学习

依照传统的教学，第一课时的重点是教授核心单词和句型，邓莉老师上的 5B-M2U3 My home 的第一课时，没有孤立、机械地学习本单元的重点单词：east, south, west, north，和句型 …faces…，而是创设语境，在介绍 Jill's home 和 Amy's home 中学习本节课的重点词汇和句型，将单词和句型的学习融入语境中，运用语境来理解言语的意义，将词、句与语境整合起来进行教学，凸显单词教学中的语用作用。吴旻烨老师在故事中引出本节课的新单词 lifeguard 后，没有机械地跟读、复读、朗读和齐读单词，而是通过师生问答 Do you want to be a lifeguard? Why? How to be a lifeguard? 以及阅读辅助文本 What is a lifeguard, 既让学生接触、体验和理解了真实语言，同时借助文本带动词句的学习，操练、复现和巩固单词 lifeguard。

六、基于学生的文本再构

新课程要求教师要建立课程资源意识，要有整合教材的能力，要依据学生的实际情况对教材进行二度开发和使用，提供贴近学生、贴近生活、贴近时代的英语学习资源。吴旻烨老师执教的上海牛津版 5A-M1U3 My future 的故事部分 *Read a story Froggy's new job*，是陈述性的故事文本。相比对话性的文本，陈述性的文本显得单调，不利于调动学生的阅读兴趣。吴老师基于对教材的深入解读和对学生的充分了解，巧妙地在每幅图中增加了对话，增加了文本的趣味性，同时通过体验故事情景，揣摩角色的情感，培养学生良好的语音和语调。正如吴老师所说：没有哪一套教材能适合所有的学生。

（原教材的第一幅图再构成三幅图）

以“Typhoon”一课例析整体教学法理念

摘要：传统的语言教学常割裂语言学习的“听、说、读、写”四个部分，整体教学法认为语言的学习是一个整体，是不可随意分割的。在语言教学过程中，应注重凸显语言的交际性，强调语言的完整性，突出语言的综合性。整体语言教学法的优势在于它能使一个主题概念多角度、多层次、多场景的复现，能让学生将已有经验与新知识去结合与重组，这对学生的语言学习具有很重要的作用与价值。

关键词：整体语言教学法；词汇教学；英语教学

我们通常认为语言教学主要包括“听、说、读、写”四个部分，并常常在课堂中专门拎出某一块来进行具体的课堂教学活动，教师在教学过程中刻意的割裂语言的这四个部分，往往就难以达到让人满意的教学效果，学生的语言学习也就感到困难重重。实质上，这四部分是不可分割的整体，而且整体的意义是大于简单的部分相加的。语言学家肯古德曼就认为“整体的意义总是超过各部分加起来的总和”，并据此进一步提出“整体教学法”的概念。[1]本文便是尝试在小学英文单词教学过程中实践与转化这一理念，具体以小学五年级“Typhoon”一课为例。在我们传统的教学里，这一课主要是以教授词组“go inside/safe; not go outside/ dangerous; put plants and pets inside/ not leave outside;close windows and doors; not stand near windows; use mobile phone/ not use homephone”为主，偶有教师考虑到用重点句型“we should”把以上词组串联起来教学，但还是缺乏整体教学思维，未凸显语言学习的这一特点。以下笔试尝试以整体教学法的理念去重新构建与呈现这堂课的教学过程。

一、凸显语言的交际性

本节课教学开始前，教师应是以复习学生刚刚掌握的知识为主。比如，本节课就可以用天气这个话题导入，营造课堂氛围。教师可以询问学生“What's the weather like today/yesterday?”，并进一步引导“Can you tell me more words about weather?”从而激活了以前所学过的有关天气的单词，如“hot, cold, cool, warm, rainy, windy,cloudy, and sunny”等，并把这些单词的复习融入到一定的语言实践中。紧接着教师可以设计一幅天气预报图，让学生通过句型来表达不同城市的天气情况。这样通过“生生对话”不仅能进一步巩固学生已学的单词，又能培养学生的语言运用能力，为新知学习做好充分的铺垫。

整体式语言学习是指一个“完整的学习者”在一个“完整的情境”中学习“完整的语言”。在复习以往学过的词汇环节，授课教师便可以尝试舍弃以往传统单词拼读或跟读的教学方法，通过这种方式创设较为真实和完整的生活情景，去让学生在语言运用过程中复习单词，进而真正地实现学以致用。

二、强调语言的完整性

由于本课例是在深圳地区开展的，这里我们就需要考虑深圳地处台风带，而本地学生对台风的气候和标准都已非常熟悉，根据这一学情，在上述播报各地天气时，通过询问深圳的天气来导出“typhoon”这一新单词及本节课主题。随后开展“头脑风暴”，具体教学内容如下：

T: (Displaying some pictures) What will happen when typhoon is coming?

Ss:(Watching and speaking) It will rain heavily. It will be strong wind. Trees will fall down. Windows will be broken. People may die.

T: Yes. Typhoon is very dangerous. Dangerous means not safe

T: (Writing the word on the board) dan/ger/ous, sa/ei/fe (Teach the pronunciation of these two words.)

T: Typhoon is dangerous. It’s not safe. What should we do and what shouldn’t we do in typhoon weather?

S1: We should go inside. We shouldn’t go outside.

S2: We should put plants and pets inside. We shouldn’t leave them outside.

图 1

在这个过程中，教师可以采用对视觉冲击比较大的一些图片帮助学生完成此任务（如图 1），并让学生把自己回答的句子板书在黑板上。这样，既能检测学生的书写和记忆能力，又发挥了学生在学习中的主观能动性。传统教学中，教师习惯于从局部到整体，先解决单词，句子再到语篇，单词学习是独立的，是脱离语言情境和语言运用的。本节课便是试图通过创设真实的言语交际活动，让单词学习中既渗透了语音知识，又能让学生在理解和使用中学习单词与句子，努力突出语言的整体性。

三、突出语言的综合性

在上述的学习基础上，这一阶段主要就是以练习为主。比如可以通过设置几条规则，让学生选择正确的台风规则（如图 3）。

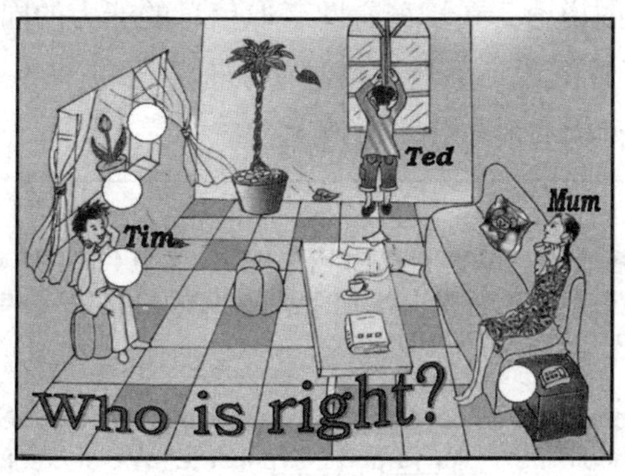

图 2

由于前面已经基本搭建好语言的框架，回归教材文本就水到渠成了。下面就可以通过具体场景，让学生去训练刚刚学到的知识。具体教学过程与内容如下：

T: Typhoon is very dangerous. We should remember these rules. Look at Ted's family. They did different things in typhoon weather. Who is right? And why?

S1：Ted is right. When typhoon is coming, we should close the window.

S2: Mum is wrong. We shouldn't use the home phone when typhoon is coming.

1. We should go outside.
2. We should go inside.
3. We should put plants and pets inside.
4. We should put plants and pets outside.
5. We should open the windows and doors.
6. We should close the windows and doors.
7. We should use home phone.
8. We should use mobile phone.
9. We should stand near the windows.
10. We shouldn't stand near the windows.

图 3

整体语言教学原则认为教学中要为学生创造大量的自然语言环境，使其口语得到充分的练习，注重培养他们的语言运用能力、思维能力及创新能力。本环节教师设计的看图说话，在培养看图获取信息的能力的同时亦提高了学生口语表达能力。除了看图说话，还可以通过其他场景来训练学生刚刚学到的知识。比如以填空邮件内容的形式，如图 4。

Dear mum and Tim,
Typhoon is very dangerous. When there is a typhoon, trees fall down. Windows will be broken.People may die.We should remember the typhoon rules.
1.inside safe
2.We shouldn't go outsid . It's dangerous.
3.We should put plants and Dets inside. We shouldn't leave them outside
4.We should close the windows and doors.
5.We shouldn't stand near the windows.
6.We should use mobile phone. We shouldn't use home phone.
Please remember these rules and keep safe.
Love
Ted

图 4

以上是笔者结合具体课例对整体语言教学理念做出的一些实践探究，上述课例并非完整的课堂教学内容与过程，主要是想通过具体的示例来呈现笔者所理解的整体教学理念。我们教师一定要时刻谨记，语言的学习是为了让学生能掌握这门语言，是为了能在实际生活中去与人交流，而不是为了简单的追求单词量、阅读量、写作技巧等。整体语言教学法的优势在于它能使一个主题概念多角度、多层次、多场景的复现，能让学生将已有经验与新知识去结合与重组，这对学生的语言学习具有很重要的作用与价值。

参考文献：

[1] 陈建华 . 试论整体教学法在英语教学中的应用 [J]. 长春教育学院学报，2015,31（23）：71–72.

[2] 吴琼 . 媒介语在初级汉语二语教学中作用的实证研究 [J]. 语言教学与研究,2018（06）：48–57.

例谈指向核心素养的小学英语多维单元目标制定

一年级 In the zoo 单元教学设计

一、教材分析

（一）教材内容

本单元来自于上海教育出版社出版的小学一年级英语教材 Unit 11 In the zoo, Module 4, Book 1，由 Let's talk/Let's learn/Ask and answer/Let's play/Let's enjoy 五个部分组成，其中 Ask and answer 部分是对前一单元 Unit 10 On the farm 出现的句型 What's this/that? 的复现，其余四个部分则是围绕着四种新学动物的名称 panda/tiger/bear/monkey 及以 be 动词引导的一般疑问句 Is this/that a... 展开话题。

（二）教材的地位

本单元是第 4 模块的第 2 个单元，也是前一个单元 Unit 10 On the farm 中的单词 cow/pig/chick/duck 以及句型 What's this/that? 知识延伸，更是第 4 个单元 Unit 12 In the park 的预热和铺垫。

有关于动物的内容和知识分散于小学英语教材的不同位置，本单元是小学生学习本套教材过程中，第二次遇到关于动物的话题，是前面知识的升华，更是今后进一步学习运用英语更深入地谈论动物话题的基础。

二、整合思路

（一）在前面的几个单元中，学生已经学习过使用 fat、thin 等形容词和 sing、dance 等动词来描述外貌和表示动作，此外他们还学了部分动物的名称，如 cow/pig/chick/duck，并结合 What's this/that? 等句型进行简单的交流，这些语言知识之间既是分散的，又是紧密联系的，通过对本单元的教学内容进行整合和设计，使得本单元的各个课时之间体现出逐层递进并相互联系的关系。

（二）为了把这些零散的语言知识变得完整而有意义，我们创设系列情景将本单元的两个课时紧密联系在一起：第一课时为新授课，将本单元的第 2 部分 Let’s learn 和第 3 部分 Ask and answer 两部分，再结合前面学习过的 What can you do? I can … 结合起来，创设一个讲述 Danny, Kitty, Eddie 三个小朋友去动物园看动物的情景，并在本课的结尾设下悬念“What animal does Danny/ Kitty/ Eddie like?”，为第二课时埋下伏笔；第二课时为对话课，将第 4 部分 Let’s play, 第 5 部分 Let’s enjoy 和第 1 部分 Let’s talk 联系起来，并结合上一课时学习过的知识，创设 Danny, Kitty, Eddie 三个小朋友带着没有去动物园的 Alice 去动物园寻找 Panda 的情景，将第一课时学习过的知识进行复现的同时，又为后面的 Unit 12 In the park 做好预热铺垫。

三、教学文本

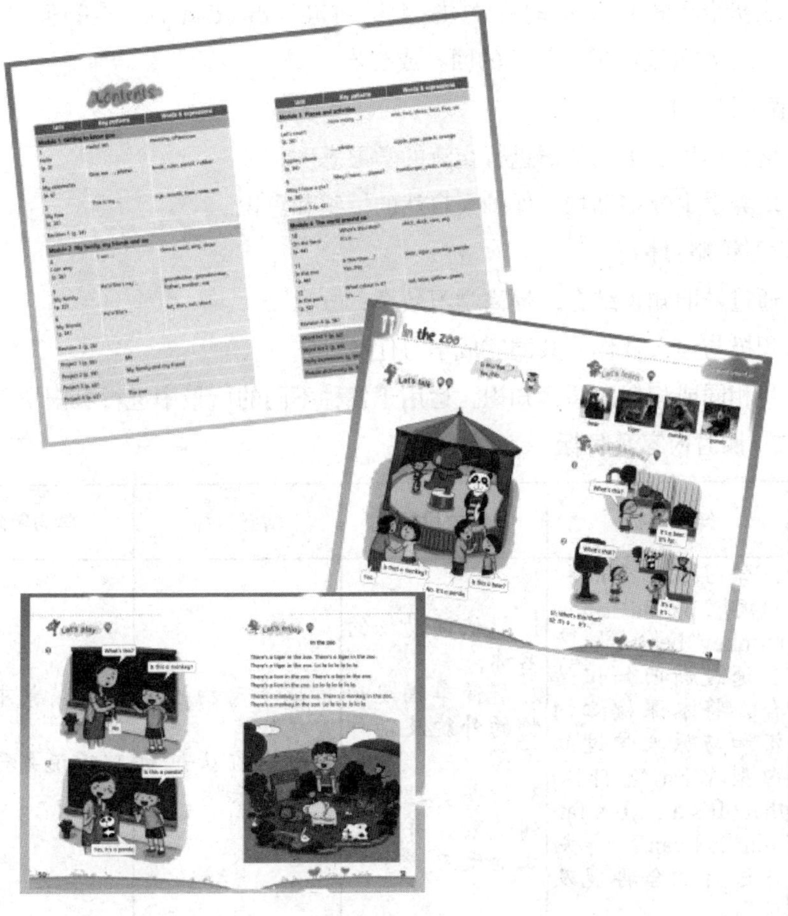

四、教学目标

（一）单元教学目标

【能力目标】

1. 能用英语简单介绍动物的名称及它们的外貌特点等；

2. 能听懂、理解一些指令，并根据指令做出相应的动作；

3. 能结合情境，进行简单的交流或表演。

【知识目标】

1. 能听、说及认读本单元的核心词汇 panda/tiger/monkey/bear 等单词；

2. 通过新旧知识结合，对 What's this/that? It's a … It's fat/thin/… I can … 等知识进行再现巩固；

3. 能初步听懂由 be 动词引导的一般疑问句 Is this/that a …? 并能运用 Yes./No. It's a … 在情境中进行简单的回答或交流。

【情感目标】

1. 培养学生乐于用英语进行交流的学习态度；

2. 培养学生爱护动物、保护大自然的情感和意识。

【学习策略目标】

1. 通过新旧知识结合，提高学习效率；

2. 积极与他人合作，共同完成学习任务

3. 将相同或相似的语言知识，运用于各种不同的情景中进行巩固学习。

（二）课时内容及目标

	知识目标	能力目标	情感目标	学习策略
第一课时	1. 学习本单元的核心词汇 panda/ tiger/ monkey/ bear 等； 2. 通过新旧知识结合，将本课核心词汇和与原来学过的句型 What's this/that? It's a … It's fat/thin/… I can … 等知识进行综合再现及巩固。	1. 能认读动物的名称； 2. 能简单描述动物的外貌及动作等； 3. 能基本理解系列情景，并做出正确反应。	1. 感受动物的可爱之处； 2. 体会在认识动物中的乐趣。	1. 在情景中学习英语； 2. 听说先行、视听结合。

续表

	知识目标	能力目标	情感目标	学习策略
第二课时	1. 复习再现本单元的核心词汇 panda/ tiger/ monkey/ bear 等； 2. 初步听懂由 be 动词引导的一般疑问句 Is this/that a …? 并能运用 Yes./No. It's a … 在情境中进行简单的回答或交流。	1. 能听懂、理解一些指令，并根据指令做出相应的动作； 2. 能结合情境，进行简单的交流或表演。	培养学生乐于用英语进行交流的学习态度。	1. 通过新旧知识结合，提高学习效率； 2. 积极与他人合作，共同完成学习任务。

Period 1 seeing animals in the zoo

一、教材分析

（一）教材内容

本单元来自于上海教育出版社出版的小学一年级英语教材 Unit 11 In the zoo, Module 4, Book 1，共由 Let's talk/Let's learn/Ask and answer/Let's play/Let's enjoy 五个部分组成。

本课时是第 1 课时，主讲 Let's Learn ,Ask and answer, Let's enjoy 三个部分：经过单元整体设计，通过 3 个小朋友参观动物园认识动物的方式，在 What's is/that? It's a… 的句型中呈现 4 个新单词 monkey/bear/tiger/ panda。并融入学过的句子 ,It's fat. What can you do? I can… 等，实现语言的灵活运用。

（二）教材的地位

本课时是本单元的重点，主要是教授本单元的重点单词，以及结合之前几个单元知识的复现，也是对本单元重点句型的教授，操练与运用。

二、教学目标

【能力目标】

（一）学生能够在参观动物园，认识动物的语境中，学会 4 个动物的表达，并能用简单对话来描述动物的特征；

（二）学生能够在参观动物园，认识动物的语境中，能理解本课故事，尝试表演小对话。

【知识目标】

学生在参观动物园的语境中，学习本单元的 4 个核心单词。

【情感目标】

（一）学生能够在参观动物园认识动物的语境中，认识动物的基本特征，感受动物的美好；

（二）学生能够在参观动物园认识动物的语境中，了解动物的可爱，体会在认识动物中的乐趣。

【学习策略目标】

（一）在情景中学习英语；

（二）听说先行、视听结合。

三、教学重点

核心单词：monkey bear tiger panda

核心句型（旧知）：What's this/that? It's a …

四、教学难点

（一）正确辨认 4 个核心单词；

（二）继续学会区分指示代词“this”和“that”表示近距离与远距离的指代用法；

（三）小组合作表演小对话。

五、教学方法

故事教学法

六、教具准备

单词卡、课件、头饰

七、再构文本

（一）Danny: Kitty, Kitty! What's this?

Kitty: It's a monkey.

Eddie : Haha…It's thin.

Danny: Monkey, monkey, what can you do?

Monkey: I can count.

Danny, Kitty, Eddie: Wow, how nice!

（二）Danny: Kitty, Kitty! What's that?

Kitty: It's a bear.

Eddie : Haha…It's fat.

Danny: Bear, bear, what can you do?

Bear: I can dance.

Danny, Kitty, Eddie: Wow, how nice!

（三）Danny: Kitty, Kitty! What's this?

Kitty: It's a tiger.

Eddie : Haha…It's big.

Danny: Tiger, tiger, what can you do?

Tiger: I can run.

Danny, Kitty, Eddie: Wow, how nice!

（四）Danny: Kitty, Kitty! What's that?

Kitty: It's a panda.

Eddie : Haha…It's fat.

Danny: Panda, panda, what can you do?

Panda: I can sing.

Danny, Kitty, Eddie: Wow, how nice!

八、教学过程

Procedures	Contents	Methods	Purposes
I.Pre-task	Warming-up	1.Greetings 2.Sing a song：Phonic song 3.Review 4 sounds: C D T N. 4.New sound "Ff". 5.Review farm animals.	通过师生间的亲切问候、歌唱熟悉的歌曲创设和谐轻松的学习氛围。复习所学过的字母发音，并学习Letter Ff的发音。为新课导入做好铺垫。
	Leading -in	Look at the zoo. Who's coming? Danny, Eddie, and Kitty. They are seeing animals in the zoo. Let's go with them! Ok?	通过3个小朋友参观动物园引出本课的话题，Seeing animals in the zoo.

续表

Procedures	Contents	Methods	Purposes
II. While-task	Getting to know the story	Watch the cartoon for the first time. Answer the general idea: What animals can they see in the zoo?	整体感知文本，回答总问题。
	The first part of the story	Listen and watch the first part. Learn the dialogue. Act to read the whole part in groups and pairs.	通过讲述对话，一步步引出核心单词以及核心句型，并以两人对话及小组表演等方式操练和使用句型。
II. While-task	The second part of the story	Listen watch the second part. Ask: What's that? Is that a monkey, too? Follow to read. Learn new word: bear Act to read the whole part in groups.	继续推进核心单词以及核心句型，并实现对新学句型以及之前所学知识的运用。
	Make a short summary of the first and second part of the story by a song.	Teach and sing the song together.	通过一首学生歌曲复习重点句型及单词，帮助理解。
	The third part of the story	Listen to a voice. Ask: What's this? Is this a bear? Answer: Maybe it's a… Listen and watch the third part. Ask: What's this ?How is the tiger? What can the tiger do? Read by themselves.	继续推进核心单词的学习，训练学生的听力以及朗读能力以达到知识输出的目的。设置一些开放性问题，培养学生的发散思维。
	The forth part of the story	Show the picture of the forth part of the story. Ask Ss to tell how to ask and how to answer.	除了对核心单词进行操练外，还让学生自己生成了第4个小对话文本。

续表

Procedures	Contents	Methods	Purposes
III. Post-task	Read the whole text.	Look at the black board to read the whole story.	巩固所学知识，培养学生朗读能力。
	Act the story.	Four in one group. Act one of parts of the story.	表演对话中提升学生的口语表达能力。
	See these four animals and other animals in the zoo.	Look and say.	让学生在认识动物中找到乐趣，并感受动物的可爱。
	Let's sing.	Sing the song together. (In the zoo)	表达在认识动物中的快乐。
IV.Assignments	1.Read the book in P49 and P51. 2.Read the storybook.		
VBoard-designing	B1-M4U11P1 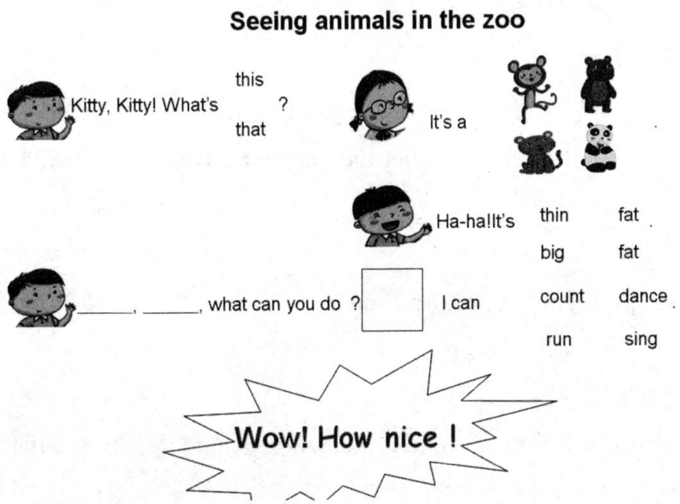 Seeing animals in the zoo Kitty, Kitty! What's this / that ? It's a Ha-ha!It's thin fat big fat . _____, _____, what can you do ? I can count dance run sing . Wow! How nice !		

Period 2 Finding the panda in the zoo

一、教材分析

（一）教材内容

本单元来自于上海教育出版社出版的小学一年级英语教材 Unit 11 In the zoo, Module 4, Book 1，共由 Let's talk/Let's learn/Ask and answer/Let's play/Let's enjoy 五个部分组成。

本课时是第 2 课时，主讲 Let's talk 和 Let's play 两个部分：经过单元整体设计，通过讲故事的方式，呈现新句型 " Is this/ that…", " Yes./No."。并融入学过的句子 "It's fat. Here you are." 等，实现语言的灵活运用。

（二）教材的地位

本课时是本单元的重点，不仅结合第一课时教授的本单元的重点单词，更结合了之前几个单元知识的复现，更是对本单元重点句型的教授，操练与运用。

二、教学目标

【能力目标】

（一）学生能够在 finding the panda 的语境中，用新学句型猜测动物；

（二）学生能够在 finding the panda 的语境中，能理解本课故事，尝试表演故事。

【知识目标】

学生在 finding the panda 的语境中，学习本单元的核心句型 "Is this/ that…?" "Yes./ No."。

【情感目标】

（一）学生能够在 finding the panda 的语境中，体验和朋友一起玩耍学习的快乐；

（二）学生能够在 finding the panda 的语境中，了解动物的可爱，唤醒他们保护动物和动物做朋友的意识。

【学习策略目标】

（一）在情景中学习英语；

（二）听说先行、视听结合。

三、教学重点

核心句型 “Is this/ that…?” “Yes./ No.”。

四、教学难点

（一）区分指示代词 “this” 和 “that” 表示近距离与远距离的指代用法；

（二）小组合作表演故事。

五、教学方法

故事教学法

六、教具准备

单词卡、课件、头饰

七、再构文本

（一）Alice: Is this a panda?

Kitty: No. It's a bear.

Eddie: Ha ha! It's fat.

Danny: It can dance.

Alice: Wow! How nice!

（二）Alice: Is that a panda?

Kitty: No. It's a tiger.

Eddie: Wow!wow! It's big.

Danny: It can run.

（三）Alice: Wow! How cool!

Kitty: No. It's a monkey.

Eddie: Hee!hee! It's thin.

Danny: It can count.

Alice: Wow! How nice!

（四）Alice: Is that a panda?

Kitty: Yes! It's the panda.

Eddie, Danny: Yeah!yeah! It's the panda.

Alice: Wow! It's fat. It can sing. How cool!

八、教学过程

Procedures	Contents	Methods	Purposes
I.Pre-task	Warming-up	1.Greetings 2.Phonics learning 3.Revision. Watch the cartoon and read the short paragraphs in the first period. 4.Review 4 new words leant in the first period.	1. 通过师生间的亲切问候、歌唱，熟悉的歌曲。 2. 常规训练：语音复习，实现对语音Ff在小情境下帮助学生对已知的单词句子进行巩固，并为新课做好铺垫。 3. 复习第一课时的文本内容。 4. 复习第一课时的新授单词。
	Leading -in	1.We can see different kinds of animals in the zoo. What animal do you like? What can it do? How is it? 2.Guess! What animal does Danny like? What animal does Kitty like? What animal does Eddie like? (listen and answer Qs.) 3. Is Alice happy? What animal does Alice like? Let's go to the zoo and find the panda with Alice, ok? (guess, listen and answer Q)	1. 小组自由讨论：I love ... It's...It can... 引导学生用旧句型说出自己想表达的话。 2. 听录音看图片，回答问题。 3. 看图片，听录音，正式引入课题。
II. While-task	Getting to know the story	Watch the cartoon for the first time. Answer the general idea: Does Alice see the panda? Is she happy to see the panda?	整体感知文本，回答总问题。

续表

Procedures	Contents	Methods	Purposes
II. While-task	Learn the story	1.Listen to the first part of the story and learn the sentence: Is this a panda? No, it's a bear. 2.Listen to the second part of the story and learn the sentence: Is that a panda? No, it's a tiger. 3.Make a short summary of the first and second part of the story by a song. 4.Look at the picture and ask the students to think out the key words in the key sentence: Is this a panda? Yes, it's a monkey. 5.Look at the picture and ask the students to think out the key words in the key sentence: Is that a panda? Yes, it's the panda. 6.Make a short summary of the third and fourth part of the story by a song.	1. 听故事第一段，学习重点句型：Is this a panda? No, it's a bear. 2. 听故事第二段，学习重点句型：Is that a panda? No, it's a tiger. 3. 通过一首学生耳熟能详的歌曲复习故事，帮助学生总结理解。 4. 让学生看图片听录音，想出句子的关键词：Is this a panda? No, it's a monkey. 5. 让学生看图片听录音，想出句子的关键词 Is that a panda? Yes, it's the panda. 6. 再次通过那首学生耳熟能详的歌曲复习故事，引导学生自己总结理解。
III. Post-task	Read the story	1. Read the story in groups. 2. Act out the story. 四个小组选择喜欢的一幅图进行表演。	1. 运用正确的语音语调学习模仿朗读。 2. 表演故事。
	Extension activity	1.Brainstorming: there are so many animals in the zoo? Do you like the animals? How do you like them? 2.Animals can be very lovely. Look at more pictures about lovely animals. Love the animals and be their friends.	珍爱我们的朋友：动物。

续表

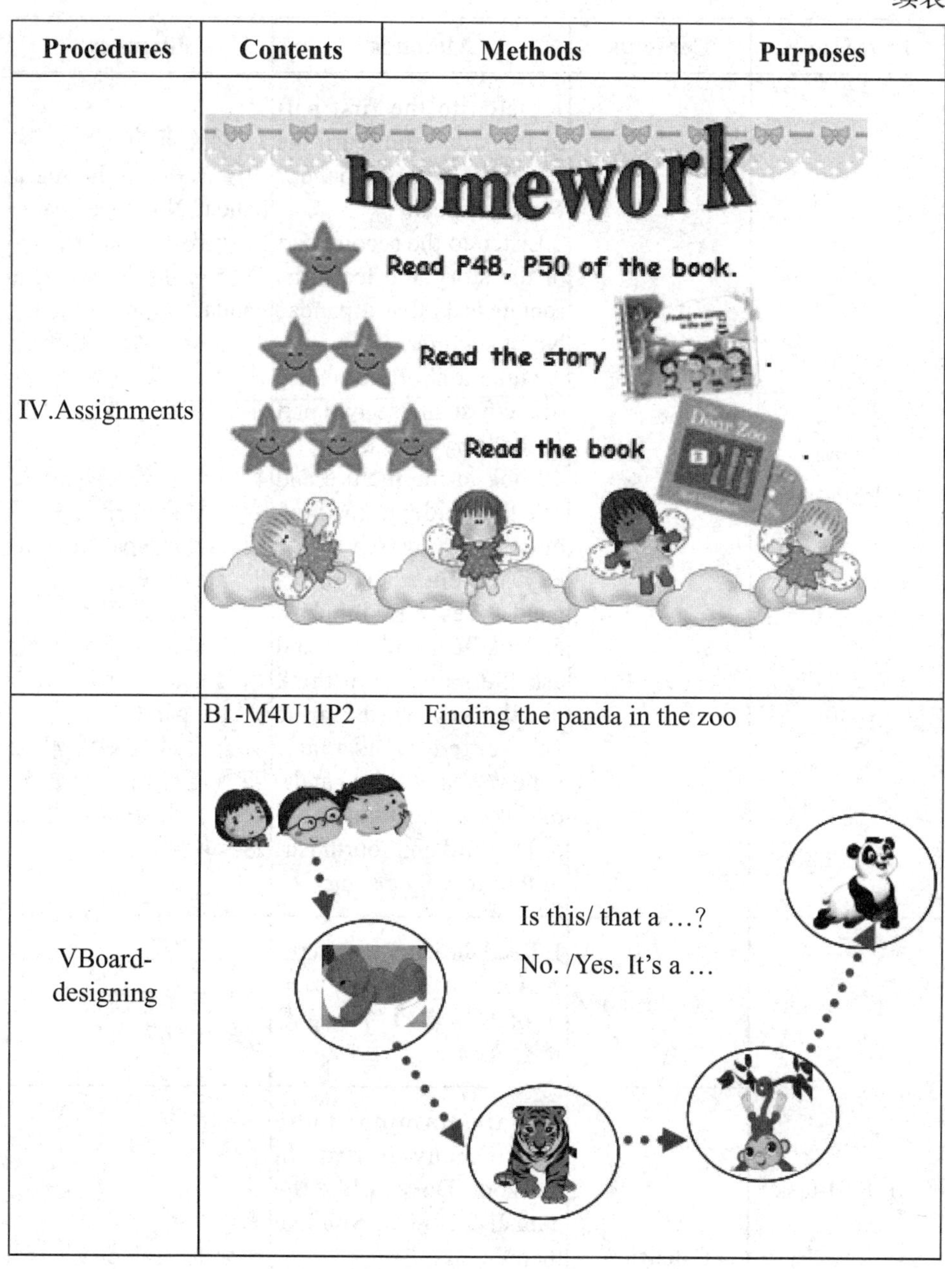

Procedures	Contents	Methods	Purposes
IV.Assignments	homework Read P48, P50 of the book. Read the story . Read the book .		
VBoard-designing	B1-M4U11P2 Finding the panda in the zoo Is this/ that a …? No. /Yes. It's a …		

（作者：宝安区第二学区小学英语教研团）

二年级 Traffic rules 单元教学设计

一、学情分析

本单元的教授对象为二年级的学生。学生活泼好动，爱模仿、爱表现自我，对英语学习有很高的兴趣，有较强的英语表达愿望。通过将近两年的英语学习，学生们已经逐渐形成了良好的英语语感，学生具备初步掌握阅读并获取关键信息的能力，能进行简单的英语表达，喜欢歌谣和进行英语对话表演。

二、教材分析

牛津英语（深圳版）二年级下册 Module 3 的教学主题是:Things around us，共三个单元。本单元是第二个单元:Traffic rules。

通过本单元的学习，学生能运用核心词汇和句型描述看到的交通信号灯颜色及信号所指示的交通规则，对其进行问答和描述。本单元的教学内容作为体现单元主题 Things around us 的载体，让学生能根据身边不同的场所和相应主题下的场景运用语言、初步表达。

学生在二年级上册中已学过与 rules 相关的话题内容:Don't pick the flowers in the park . Don't run too fast in the park. Don't climb the tree. 本学期学生在 M1U1 中已经学习了句型:I can see.../ What colour is it? What colour are they? 因而，在本单元的文本推动中，我们在 park, garden, playground, snack bar 等相关情境中复现这些学过的语言内容和语言知识，使学生的语言输入更加丰盈，也为后续学生的语用输出做更好的铺垫。

本单元的主题是Traffic rules，情景简单，语言知识单一，比较局限，板块与板块之间的内容衔接性欠缺。为了能更好地达到语用的目标，我们在主题语境下，设定了相关的分话题，每个课时的话题都滚动复现了与主题相关的旧知，同时增加更多的交通知识：the light is blinking, wait等使整个单元的语言内容更丰富。同时我们对各教学板块的顺序和场景进行了整合，建构出基于单元话题的两个分话题：Traffic rules we learn， Rules we follow。学生从learn到follow，从rules in the park, rules in the playground, rules at the snack bar 自然过渡到traffic rules ，再从traffic rules进一步延伸到rules这一个过程中，让学生在不同的情境中不断地感知、体验不同的交通规则及其他场所的规则。同时，通过在语境中创设的各类语言活动，由浅入深地理解、尝试使用语言。让孩子能在语境中正确理解并表达运用核心词汇wait, stop, go以及与规则相关的词汇，能根据不同的交通灯信号，运用核心句型Look at the light. It’s…Let’s…对交通规则进行描述。而在第二课时中，除了对第一课时的相关内容进行复习外，我们还拓展更多其他场景的规则和交通规则让孩子去应用：zebra crossing, traffic light, please don’t smoke, don’t run too fast….最终，让学生在语用体验中意识到遵守交通规则的重要性，达到语用的功能，体现育人价值。

三、单元设计整体思路和依据

本单元是 2B Module 3 Things around us 中的第二个单元，单元主题为 Traffic rules。基于对教材的理解，结合对学生学情的分析，我们从单元整体教学思想的角度，从语义理解、语用功能的实现以及育人价值、情感推进的过程来设计教学内容和过程。

我们结合学生的旧知和已有的生活经验，对单元和单课文本进行了再构，设计出围绕主题Traffic rules的两个分课时话题以及相应的情感体验主线：1. We learn the traffic rules —To keep us safe. 2. We follow the rules—To make our life better.

第一课时的话题：Traffic rules we learn。我们大量地复习了旧知 in the park\in the playground\at the snack bar 不同场景的规则，并创设了孩子们去游乐园玩 car game 的语境。通过 car game 这样的故事情境第一次接触 traffic rules 并学习交通信号灯规则，初步让学生体验要做一个遵守交通规则的好孩子。

第二课时的话题： Rules we follow。我们以爸爸送 Tom 去上学，Tom 教爸爸遵守交通规则的故事情境，进一步巩固学习核心词汇 stop/wait/go 和句型 Look at the light. It's…\The light is…Let's…. Cross the road. 同时，我们还让学生通过表演，游戏、制作 poster 等活动，巩固掌握所学的核心单词及核心句型，进一步提高学生的语用输出能力。在表演和任务中进一步体验、学习规则，懂得规则。明白规则让生命更安全，规则让生活更愉快。在了解更多交通规则和生活规则的同时，也丰富了学生对交通规则的认识并提升了语言表达的能力，孩子们在故事中体会到 Follow the rules to make our life better. 的情感。最后，学生能观察图片，读取图片信息，并根据不同场景完成相应规则的 poster，实现语用输出。

两个课时是一个完整的过程，对知识的教学从感知、体验，到运用，是一个循序渐进的，由浅入深的过程。两个课时的教学活动，能有效帮助学生完成语用输出及情感体验，让学生意识到生活中遵守规则的重要性。

四、单元话题安排

Theme：Traffic rules

Period 1:Traffic rules we learn (We learn the traffic rules, know the traffic rules to keep us safe.)

Period 2: Traffic rules we follow (We learn the rules, know the rules and follow the rules to make our life better.)

五、单元目标

●语言知识目标

（一）在 Traffic rules 的语境中，学生能学习、理解并运用核心词汇：wait, stop, go. 学生能理解拓展

词汇：blinking, zebra crossing, cross the road.

（二）在 Traffic rules 的语境中，学生能感知理解并运用核心句型：Look at the light. It's…The light is…

Let's…

●语言技能目标

（一）学生能整体感知理解文本内容，初步运用核心词汇和句型，进行角色扮演。

（二）学生能运用本单元核心词汇和句型对交通灯信号进行描述，并能使用 Look at the light. It's.... The light is… Let's.... 给出交通行为指令。

（三）学生能在角色扮演、游戏和语用体验等语用活动中正确运用语言。

●学习策略目标

（一）学生能通过 chant, song, act, role-play 等形式巩固核心内容，并以问答、表演、做海报等形式实现语用输出。

（二）学生能主动与老师、同桌和小组成员使用英语开展活动，进行交际。

（三）学生能积极与小组成员进行合作学习，共同完成 poster 的制作。

●情感态度目标

（一）在 Traffic rules we learn 语境中，学生能明白遵守交通规则可以保障我们的安全。

（二）在 Traffic rules we follow 语境中，学生能明白规则让我们更安全，规则让生活更愉快。

六、单课目标

	语言知识	语言技能与运用	情感态度	学习策略
第一课时	1. 单词： （1）在语境中初步感知单词：stop, wait, go. 初步建立音义形的关系 （2）在语境中初步运用这本课时中所学的单词 2. 句型： 初步感知并运用本单元核心句型：Look at ...\It's ...\ Let's...	1. 学生能在语境中听懂再构文本，有感情地朗读再构文本，并能体会文本的情感。 2. 学生能读懂故事文本，结合故事内容，能根据交通灯信号做出正确行为。 3. 学生能理解再构文本，在老师的帮助下尝试表演故事片段。	通过 Alice/Danny/Tom 在卡丁车乐园里开车学习交通信号灯规则，让学生体验交通规则的重要性，并在学习中明白遵守交通规则会让我们的生活变得有秩序。	故事引入、整体呈现；感知文本、输入为主；听读带动、重在渗透。
第二课时	1. 单词：复习巩固单词：stop, wait, go （1）在语境中熟练运用这前一个课时中所学的单词； （2）在语境中感知、理解 blinking/zebra crossing/cross the road 的音、义； 2. 句型：熟练运用句型： （1）The light is... 描述交通灯信号； （2）能运用句型表述交通规则：Let's wait. / Let's stop. / Let's go. Let's cross the road.	1. 学生能在语境中，听懂再构文本，有感情地朗读再构文本，并能体会文本的情感。 2. 学生能读懂故事文本，结合故事内容，能根据交通灯信号做出正确行为。 3. 学生能理解再构文本，在老师的帮助下尝试表演故事片段。 4. 学生能够根据制作的 Rules poster，在活动中多说多做。	通过 Tom 和 Danny 三次过信号灯路口这一故事语境，让学生深刻感受遵守交通规则的重要性。同时通过表演、制作 poster 等语用输出活动让学生深刻体验在生活中“规则让生命更安全，规则让生活更愉快”。	复习巩固、关注输出、体会感悟、情感体验。

七、具体教学设计

●文本再构说明

第一课时的文本基于话题 Traffic rules we learn 再构，整合了课文 Let's talk\Let's learn\Let's play 的相关内容，并在学习文本之前大量复习一年级和二年级学过有关 rules 的内容。通过文本的学习，学生能初步感知本单元的核心词汇 go\stop\wait, 和核心句型 Look at the…It's…Let's… 学生能够在语境中听懂再构文本，能读懂故事文本，结合故事内容，能根据交通灯信号做出正确行为。

第二课时的文本基于话题 rules we follow 再构，整合了课文 Let's talk\Let's act\Let's enjoy 的相关内容，在对第一课时复习的基础上，再次通过文本的学习，帮助学生熟练掌握本单元的核心词汇 go/stop/wait, 和核心句型 Look at the…It's…Let's… 通过本课时文本的学习，学生还掌握了描述交通灯的另外一种表达方法 The light is…，学习另外的交通规则用语 Cross the road.

●再构文本

1. Traffic rules we learn

(Scene 1)

Alice：I can drive, I can drive, I can drive a car. I can drive, I can drive, I can drive a car.

Danny：Look at the light. It's red. Stop! Stop! Let's stop!

Alice：Oh! I know, I know.

(Scene 2)

Danny：Look at the light. It's yellow.

Alice：Go！ Go！ Let's go！

Danny：Oh no! Wait！ Wait！ Let's wait！

(Scene 3)

Danny：Look at the light. It's green. Go. Go. Let's go.

Alice：Hooray! Let's go,go,go!

Alice & Danny：I can drive, I can drive, I can drive a car. I can drive, I can drive, I can drive a car. Hahahahahaha.

2.Rules we follow

(Scene 1)

Tom and Daddy are on their way to school.

(Scene 1)

Daddy: Come on, Tom.

Tom: Oh, no. Look at the light, Daddy. The light is blinking. Wait, wait. Let's wait.

Daddy: Oops!

(Scene 2)

Daddy: Come on, Tom.

Tom: Oh, no. Look at the light, Daddy, The light is red. Stop, stop. Let's stop.

Daddy: Sorry!

(Scene 3)

Daddy: Come on, Tom. Look at the light. The light is green. Go, go. Let's go. Let's cross the road.

Tom: Good boy.

Daddy: Good teacher.

八、教学过程

Period1 Traffic rules we learn

环节	具体步骤	目的	教师活动 / 方法	学生活动 / 学法
Pre-lesson	Warming up	通过歌曲 *Hello song* 激起学生学习兴趣，营造轻松、亲切的课堂教学氛围，为下面新知的学习做良好的开篇。	The teacher is going to play the song and lead the students to sing and do the actions.	The students are going to sing and do the actions.
I.Pre-task	Free talk & classroom rules	通过 Free talk 和学生互动，列出上课的 classroom rules 并为本课学习 traffic rules 做出铺垫。	The teacher is going to ask questions around the topic.	The students are going to answer the questions.
	Revision	Review the rules in the park 帮助学生复习旧规则，感知新规则。	The teacher is going to show some pictures in the park and ask what the rules are in the park.	The students are going to look at the pictures and answer the questions.

续表

环节	具体步骤	目的	教师活动 / 方法	学生活动 / 学法
I.Pre-task	Revision	Review the knowledge in the playground 帮助学生复习旧规则，感知新规则。	The teacher is going to show some pictures in the playground and ask what the rules are in the playground.	The students are going to look at the pictures and answer the questions.
		Review the knowledge in the snack bar 帮助学生复习旧规则，感知新规则。	The teacher is going to show some pictures at the snack bar and ask what the rules are at the snack bar.	The students are going to look at the pictures and answer the questions.
		创造 Danny/Alice/Tom 吃完小吃继续去玩 car game 学习交通规则为教学情境，引出本课要学的主题 Traffic rules。	The teacher is going to create the context of this period: Danny, Alice and Tom are playing car games in the amusement park. Then the teacher is going to leading in with the topic-Traffic rules.	The students are going to look at the pictures and understand the context. They are going to know the topic for this lesson.
II.While-task	Leading-in	以 Danny/Alice/Tom 吃完小吃继续去玩开车游戏学习交通规则为教学情境，初步感知核心单词 stop\wait\go 和句型 Look at the light.\ It's...\Let's... 以听的方式学生先整体感知故事文本，回答问题，培养学生信息提取能力。	The teacher is going to play the flash and ask: Does Alice know the traffic rules?	The students are going to watch the flash and answer the question: No. Alice doesn't know the traffic rules but Tom knows.

续表

环节	具体步骤	目的	教师活动 / 方法	学生活动 / 学法
II. While-task	Scene1 learning	观看故事第一部分，巩固并学习核心单词及句型 Look at the light. It's red. Stop, stop. Let's stop. 学生由听到说，有利于学生的语言输出。	1.The teacher is going to play the first part of the flash and ask question: What colour is the light? 2.Then the teacher is going to show the teaching aids and teach the students the content: Look at the light. It's red. Stop, stop. Let's stop.	1.The students are going to watch the first part of the flash and answer the question: The light is red. 2.The students are going to learn the content with some actions. They are going to blend the word 'stop' with phonics.
		归纳故事第一部分：通过师生角色扮演第一部分巩固所学知识，提高学生兴趣	The teacher is going to act out the first part story with the kids.	The students are going to act out the first part story with their teacher.

续表

环节	具体步骤	目的	教师活动 / 方法	学生活动 / 学法
II. While-task	Scene 2 learning	观看故事第二部分，巩固并学习核心单词及句型 Look at the light. It's yellow. Wait, wait. let's wait. 学生由听到说，有利于学生的语言输出。	1.The teacher is going to play the second part of the story and ask question: What colour is the light now? Can we go? 2.Then the teacher is going to show the teaching aids and teach the students the content: Look at the light. It's yellow. Wait, wait. Let's wait.	1.The students are going to watch the first part of the flash and answer the question: The light is yellow. No, we can't go. 2.The students are going to learn the content with some actions. They are going to blend the word 'wait' with phonics.
		归纳故事第二部分：通过分组学生角色扮演第二部分巩固所学知识，提高学生兴趣	The teacher is going to lead the students to act second part of the story in different groups.	The students are going to act the second part of the story in different groups.
	Scene 3 learning	看图第三部分，巩固并学习核心单词及句型 Look at the light. It's green. Go, go. Let's go. 学生由听到说，有利于学生的语言输出。	1.The teacher is going to play the second part of the story and ask question: What colour is the light now? Can we go? 2.Then the teacher is going to show the teaching aids and teach the students the content: Look at the light. It's green. Go, go. Let's go.	1.The students are going to watch the first part of the flash and answer the question: The light is green. Yes, we can go. 2.The students are going to learn the content with some actions. They are going to blend the word 'go' with phonics.

续表

环节	具体步骤	目的	教师活动 / 方法	学生活动 / 学法
II.While-task		归纳故事第三部分：通过生生角色扮演第三部分巩固所学知识，提高学生兴趣	The teacher is going to lead the students to act third part of the story with their partners.	The students are going to act the third part of the story with their partners.
III. Post-task	Read and act out the story	1. 通过课本里面的chant巩固所学的交通规则 2. 在分段学完三个场景的内容后，再次让学生整体感知故事，为下面演出整个故事打下基础。 3. 分层次让学生同伴练习整个故事的表演情景，然后展示表演，有利于维持学生的学习兴趣，提升学生的语用输出能力。	1.The teacher is going to show a chant about traffic rules. 2.The teacher is going to help the students to read with right pronunciation, proper tones and sounds. 3.The teacher is going to act the whole story out with some students as a modeling for the class.	1.The students are going to read the chant with music. 2.The students are going to read correctly and fluently. 3.The students are going to practice to act our the story by themselves. Later they will perform.
	Summary	总结归纳本节课的学习内容，帮助学生回忆体验因为学习了交通规则，然后懂得了交通规则。引出Blinking，为下一节课做铺垫。	The teacher is going to make a summary of period 1 and leading in for the second period.	The students are going to sum up what they learn in period I and think about one question: What can we do when the light is blinking?
Homework	*1.Listen and read the dialogue. **2.Try to act the dialogue with your friends.			

Period2 Rules we follow

环节	具体步骤	目的	教师活动 / 方法	学生活动 / 学法
I.Pre-task	Warming up and check the traffic rules learnt in the first period	带领学生复习交通灯的规则。	The teacher is going to take the teaching aids- ‘a traffic light model’ and turn the light to check whether the students have known the traffic rules or not.	The students are going to say out the traffic rules according to the traffic lights.
	Chant	活跃课堂气氛并让学生在律动中复习交通灯规则。	The teacher is going to chant with the kids.	The students are going to chant together.
	Review the traffic rules	PPT 展示 Danny 在睡梦中复现上一节课的故事文本，让学生通过看动画、表演，巩固上一节课所学习的交通规则，并为第二课时的学习做铺垫。	The teacher is going to read and act out the story with the kids. Then the teacher is going to lead in to the second period.	The students are going to read and act out the story with their teacher.
II.While-task	Leading in	以爸爸送 Eddie 去上学，跟 Eddie 学习遵守交通规则为教学情境，进一步巩固学习核心单词 stop/ wait/ go 和句型 Look at the light. 以听的方式让学生先整体感知故事文本，回答问题，培养学生信息提取能力。	The teacher is going to play the flash for the second period. Then she is going to ask one question to help the kids to catch the main idea of this lesson: Does Tom follow the traffic rules in his daily life?	The students are going to watch the tape and answer the question: Yes, Tom follows the traffic rules in his daily life. But Dad doesn’t.

续表

环节	具体步骤	目的	教师活动 / 方法	学生活动 / 学法
II.While-task	Scene 1 learning	观看故事第一部分，巩固并学习核心单词及句型 The light is blinking. Let's wait. 学生由看和听到说，有利于学生的语言输出。	The teacher is going to play the first part of the flash with one question: Does Danny follow the traffic rules? The teacher is going to show the teaching aids to help the kids understand what 'blinking' means. Then she is going to teach the word 'blinking'. The teacher is going to teach the kids the content: The light is blinking. Let's wait.	The students are going to watch the first part of the flash and answer one question: Danny doesn't follow the traffic rules. The students are going to learn the word 'blinking'. The students are going to learn the content: The light is blinking. Let's wait.
		归纳故事第一部分：通过师生角色扮演第一部分巩固所学知识，提高学生兴趣。	The teacher is going to act out the first part story with the kids.	The students are going to act out the first part story with their teacher.
	Scene 2 learning	观看故事第二部分，巩固并学习核心单词及句型 The light is red. Let's stop. 学生由听到说，有利于学生的语言输出。	The teacher is going to play the second part of the story and ask question: What colour is the light now? Can we go? Then the teacher is going to teach the students the content with actions: The light is red. Let's stop.	The students are going to watch the first part of the flash and answer the question: The light is red. No, we can't go. Let's stop. The students are going to learn the content with some actions. The light is red. Let's stop.

续表

环节	具体步骤	目的	教师活动 / 方法	学生活动 / 学法
II.While-task		归纳故事第二部分：通过全班学生角色扮演第二部分巩固所学知识，提高学生兴趣。	The teacher is going to lead the students to act second part of the story in different groups.	The students are going to act the second part of the story in different groups.
	Scene 3 learning	观看故事第三部分，巩固并学习核心单词及句型 Look at the light. The light is green. Let's go. Let's cross the road. 学生由看和猜到说，有利于学生的语言输出。	The teacher is going to ask a question: What colour is the light now? What can we do? The teacher is going to play the third part of the flash without subtitle and help the kids to think out the content. The teacher is going to help the kids to learn the third part of the story by themselves: The light is green. Let's go. Let's cross the road.	The students are going to answer the question: The light is green. We can go now. The students are going to watch the third part of the flash and think out the content. The students are going to learn the third part of the story by themselves: The light is green. Let's go. Let's cross the road.
III. Post-task		归纳故事第三部分：通过生生角色扮演第三部分巩固所学知识，提高学生兴趣。	The teacher is going to lead the students to act third part of the story with their partners.	The students are going to act the third part of the story with their partners.
	Retell the story.	在分段学完三个场景的内容后，再次让学生整体感知故事，为下面演出整个故事打下基础。	The teacher is going to lead the students to retell the story according to the black-board writing.	The students are going to retell the story according to the black-board writing.

续表

环节	具体步骤	目的	教师活动 / 方法	学生活动 / 学法
	Act the story.	让学生同伴练习整个故事的表演情景，然后展示表演，有利于维持学生的学习兴趣，提升学生的语用输出能力。	The teacher is going to act the whole story out with some students as a modeling for the class.	The students are going to practice to act our the story by themselves. Later they will perform.
III. Post-task	Talk about the pictures. Judge others. Sum up and make a poster	让学生先观察路面情况，看图说出交通规则。 给出一些其他交通规则的图片，让学生们观察并判断，他们有没有遵守交通规则。 总结归纳本节课的学习内容。让学生在活动中多说，多听别人说。增强语用输出的能力。	The teacher is going to show more pictures about traffic rules and ask the students different questions with different situations. The teacher is going to show some pictures to the kids and ask them to judge whether those people do it right or nor. The teacher is going to sum up this lesson and help the kids to finish a poster.	The students are going to look at the pictures and answer the questions. The students are going to judge according to the pictures. The students are going to make a rules poster in groups.
Homework	1. Listen and read the story. 2. Make a poster.			

（作者：宝安区第二学区小学英语教研团）

三年级 At the fruit shop 单元教学设计

深圳市宝安区西乡街道教研中心　谢宽平

深圳市宝安区西乡海港小学　阮瑜、刁艺姗、冯云开

一、学情分析

本单元的教授对象为三年级的学生。三年级学生的年龄在九到十岁左右，生性活泼好动，喜欢直观形象思维，有着极强的求知欲和表现欲，模仿能力强。经过两年多的英语学习，学生已经逐渐形成了良好的英语语感，能进行简单的英语表达，喜欢歌谣和对话表演，大部分学生具备初步阅读并获取关键信息的能力。

在本单元学习之前，学生已经学习了关于食物和水果的一些词语，并能够用简单的句子进行购物。语言技能方面，学生能听懂基本课堂指令，做动作，完成相关的教学任务。

二、教材分析

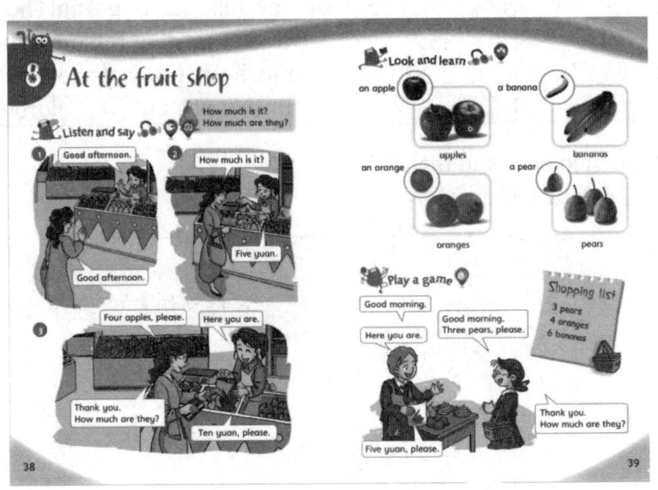

牛津英语（深圳版）3A-Module 3 的教学主题是 Places and activities，分为三个单元，本单元为第二个单元 At the fruit shop。通过本单元的学习，学生能运用核心词汇和句型询问物品价格及完成购物体验。本单元的教学内容作为体现单元主题 Places and activities 的载体，应实现学生在不同场所和相应主题下的语言学习、语言运用和初步的语言表达能力的提升。因此，本单元的学习，将涉及到过去学习的相关知识的滚动复现。

在本单元的学习之前，就购物话题，学生在一年级上册 U8、U9 学过购买食物，下册 U4 购买玩具，已学过的购物功能句型有：Pears, please. How many pears? Six pears. Can I help you? I like … May I have a …, please. Here you are. Thank you. 对于本课出现的水果单词，在一年级上册 U8 已学习过，本课我们将会在文本的推动中复现水果、食物、数字等内容，涉及到如下相关旧知：一年级上册 U8、U9，下册 U3、U5；二年级上册 U3，下册 U5、U12。对学生现有知识储备来说，只有询问价格的表达是新知。在本单元的文本推动中，结合感恩节，我们能在 Making a shopping list for Thanksgiving Day, Shopping for Thanksgiving Day, At the Thanksgiving Day Party 相关情境中复现这些学过的语言内容和语言知识，使学生的语言输入更加丰富，也为后续学生的语用输出做更好的铺垫。

根据三年级学生的年龄特征和学情分析，本单元新的语言知识比较少，但购物和食物话题相关旧知较多，为了能更好地达到语用的目标，我们在感恩节主题语境下，设定了相关的分话题，每个课时的分话题以时间纵向设定，在情节的推进中滚动复现与食物、购物主题相关的旧知，同时强化学生不定冠词的区别和单复数的用法，在感受节日氛围下，体验从制作购物清单、购买食物、聚会上分享食物过程中不断感知、体验购物的快乐，升华对他人的感激之情。

三、单元设计整体思路和依据

本单元是 3A-Module 3 Places and activities 中的第二个单元，单元主题为 At the fruit shop，基于对教材的理解和对学生的学情分析，从单元整体教学思想的角度，从语义理解、语用功能的实现以及情感的推进来设计教学内容和过程。我们重新设计了三个递进式的话题（每个话题为一个课时），以 Shopping for food 为主线，通过为准备感恩节聚会制作购物清单，去商店购买食物和感恩节聚会上分享食物三个真实的场景来习得语言。设计依据以教材内容为语量基础，以整体内容为语境基础，以主题内容为语用基础的原则，内容整体的原则，体现循序渐进的学习规律。课时安排如下：

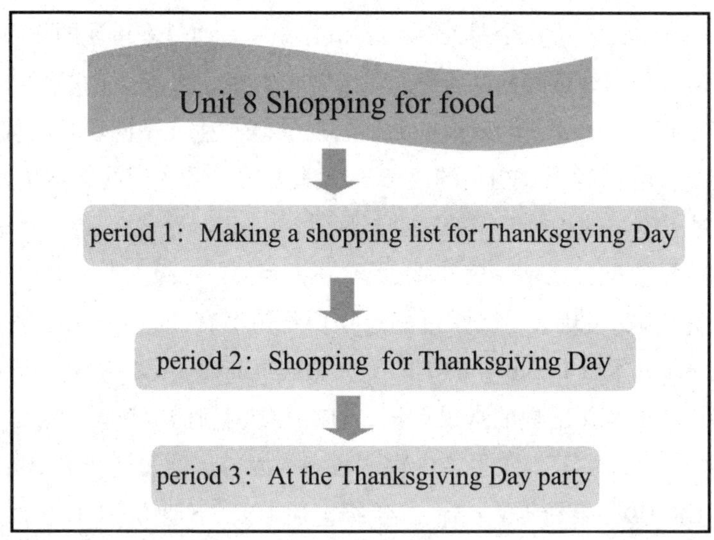

第一课时的话题：Making a shopping list for Thanksgiving Day，创设感恩节情景，通过妈妈问 Peter 感恩节聚会要邀请哪些朋友，为什么邀请他们，他们喜欢吃什么食物，根据家里已有食物，再给家里缺少的食物列购物清单，最后学生为感恩节聚会制作自己的购物清单。在本课时滚动复现关于食物的旧知，通过制作感恩节聚会购物清单，为第二课时购买食物做好前期铺垫，渲染感恩节节日气氛，推进情感体验：Nice food and nice thanks for nice friends.

第二课时的话题：Shopping for Thanksgiving Day，延续第一课时感恩节情境，在总结上一课时列出的购物清单后，开始到水果店以及小吃店购买食物，把以前所学有关购物的功能语言结合起来用于购买水果、食物中，重点突出问询价格：How much is it? How much are they? 通过各种方式的朗读和表演，让学生形成用英语购物的能力，在购物同时，情感体验得到进一步深化：Great food and great thanks for great friends.

第三课时的话题：At the Thanksgiving Day Party，在总结上一课时购物成果的基础上，场景变换到 Peter 的好友到他家里参加感恩节聚会，聚会上好友们竞相表演节目，与第一课时 Peter 邀请好友原因相呼应，同时引出孔融让梨的故事，在感受孔融谦让的情感中，孩子们分享食物，分享相互的感恩之情：Wonderful food and wonderful thanks for wonderful friends.

三个课时是一个完整的、逐步递进的过程，对知识的教学也是从感知、体验，到运用，是一个循序渐进的，由浅入深的过程。通过三个课时的教学活动，最终实现学生的语用输出及情感体验，学生能从制作购物清单、购买食物和分享食物过程中感受对食物、家人、朋友的感恩之情。

四、单元教学安排

本单元共分为三个课时：

第一课时：Making a shopping list for Thanksgiving Day

第二课时：Shopping for Thanksgiving Day

第三课时：At the Thanksgiving Day Party

五、单元目标

（一）语言知识目标

1. 在为感恩节准备聚会购物的语境中，学生能够学习、理解并运用核心词汇 apple, banana, orange, pear. 能理解拓展词汇 watermelon, queen, pumpkin pie, turkey…

2. 在为感恩节购物的语境中，学生能够感知理解并运用核心句型：How much is it? How much are they?

（二）语言技能目标

1. 在准备感恩节，为感恩节购物以及感恩节聚会的情景中，学生能整体感知理解文本内容，初步运用核心词汇和句型，进行角色扮演。

2. 在为感恩节购物的语境中，学生能够运用本单元核心词汇和句型完成购物体验，并能使用 How much is it? How much are they? 询问物品价格。

3. 在准备感恩节，为感恩节购物的语境中，学生能在角色扮演、制作购物清单、分享购物成果等语用活动中正确运用语言。

（三）学习策略目标

在准备感恩节，为感恩节购物以及感恩节聚会的语境中，学生通过整个单元的学习能以对话性文本、语篇带动核心词汇和句型的感知和理解，以 chant, song, act, role-play 等形式巩固核心内容，并以问答、表演、改编等形式实现语用输出。

（四）情感态度目标

1. 在感恩节制作购物清单、购买食物、感恩节聚会的语境中，享受购物的乐趣，树立正确的购物观念。

2. 在准备感恩节，为感恩节购物以及感恩节聚会的语境中，学生能够感知感恩节主体思想，懂得感恩家人、朋友，体会与他人分享的快乐和重要性，常怀感恩之心，拥有阳光心态。

（五）文化意识目标

学生能在感受西方节日感恩节感恩的情感中，迁移到孔融让梨故事中谦让的情感，体验中西方不同文化中共同的正面价值观，实现兼容并蓄的跨文化意识。

第一节：会话教学课，第一课时

3A–M3U8P1 Making a shopping list for Thanksgiving Day

冯云开

一、教学内容: Look and learn. Play a game. & Learn the letters.

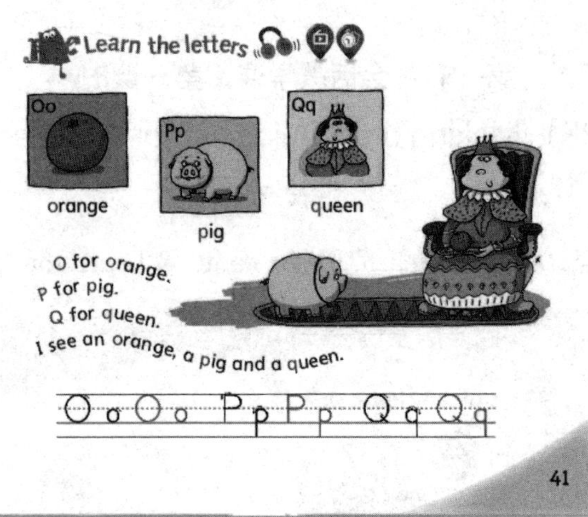

二、教学目标：

（一）知识目标

1. 初步感知字母 O、P、Q 在单词中的发音，正确朗读并理解含有 O、P、Q 发音的单词。

2. 在 “Making a shopping list for Thanksgiving Day” 的语境中，感知、理解核心词汇。

3. 在计划邀请好友参加感恩节聚会的语境中，通过听、阅读提取信息，并学习用 “We have .../ We need ...” 来表达已有的和需要的食物。

4. 通过 Peter 制作购物清单的语境中，理解 watermelon, delicious, turkey, pumpkin pie, invite, share 等拓展词汇，理解以下的表达：I want to invite Alice.

（二）能力目标

1. 学生能在听力材料和阅读材料中获取关键信息。

2. 在老师的帮助下，根据关键信息输出小语段。

3. 能制作购物清单。

（三）情感目标

通过本课时的学习，在感恩节邀请好友参加聚会的语境中，让学生体会朋友间的友谊，对身边他人常怀感恩之心。此外，通过制作购物清单，体验购物的乐趣和有计划购物、适当购物，树立正确的购物观。

三、教学重难点：

（一）能在语境中熟练并正确运用本单元核心词汇和区分不定冠词 a/an 的用法。

（二）制作购物清单并用英语进行描述。

四、教学过程：

步骤	目的	教师活动 / 方法	学生活动 / 学法	条件 / 手段
一、组织教学及复习	1. 初步感知字母O、P、Q在单词中的发音。 通过看图猜词游戏，初步感知字母O、P、Q在单词中的发音和字母写法指导。	教师播放PPT，引导学生说出单词，总结字母O、P、Q的发音和写法指导。	学生看图、猜词，初步感知字母O、P、Q的发音和书写方法，欣赏歌曲。	播放PPT，歌曲
	2. 创设感恩节情境。 通过图片、歌曲等创设感恩节情境，营造节日气氛，为接下来的三个课时做好情境铺垫。做感恩树，提出激励机制。	教师利用PPT展示图片、播放歌曲，介绍感恩节的日期、习俗等。 提出制作感恩树任务，展示教师的感恩叶。	学生观看图片、欣赏歌曲，感受节日气氛，了解节日习俗。	播放PPT，歌曲感恩树
二、新知识的呈现与归纳	Task1:Listen and answer questions 通过听一听Peter要邀请哪些同学参加感恩节聚会、他们喜欢吃什么，复现旧知，推进情节，为准备感恩节聚会做铺垫。 通过句子填空的方式，根据图片，说出小语段，培养学生通过文本提炼关键信息、根据关键信息输出小语段的能力。	教师布置任务，播放录音。通过以下问题进行引导学生总结Peter邀请好友的原因及他们喜爱的食物： 1.Who is Peter going to invite? 2.Why does he invite Alice, Kitty,Danny and Eddie? 3.What do they like?	学生听录音，在教师的指导下回答问题，并根据关键信息：What、why、输出小语段：Peter is going to invite Alice, Kitty,Danny and Eddie. Alice can skip the rope. She likes pears. Kitty can sing and dance. She likes pizzas.Danny can play football. He likes colas. Eddie can read books. He likes ice creams.	播放PPT

续表

步骤	目的	教师活动 / 方法	学生活动 / 学法	条件 / 手段
二、新知识的呈现与归纳	Task 2: Look and listen. Make a shopping list for Peter. 通过听 Peter 和妈妈的对话，为 Peter 完成购物清单。初步感知文本，并通过问题引导，让学生理解、掌握文本。	教师展示对话，问题引导学生找出对话中关键信息： 1.What do they have? 2.What do they need?	学生听对话，回答教师问题： They have … They need …	播放 PPT
	通过完成购物清单，为第二课时购物做好准备，通过总结购物清单，培养学生根据信息表输出完整语段的能力。	教师引导学生完成购物单内容，并引导学生语言输出，总结购物单。以问题引导： 1.What do they need? 2.How many?	学生根据文本内容完成购物清单。通过购物单信息，输出完整的语段。 They need one pizza. They need ninc pears. They need one watermelon. They need ninc ice-creams.	播放 PPT 板书
三、新知识的巩固与活用	Task 1: 朗读教学文本。 通过朗读文本，巩固有关食物的旧知。进一步推进对文本的理解和掌握。	教师指导学生朗读的语音语调。	学生朗读文本。	Paper sheet
	Task 2: Make a shopping list for Thanksgiving Day Party. 通过创设感恩节聚会的情景，为学生创造了语言使用的真实情景，也为第二课时的购物做好铺垫。	教师营造节日氛围，提出感恩节聚会计划，以问题引导学生完成各自小组的购物清单： 1.What do we need? 2.How many?	学生小组合作完成购物清单的制作并展示。	播放 PPT Paper sheet

续表

步骤	目的	教师活动 / 方法	学生活动 / 学法	条件 / 手段
四、小结	通过总结 Peter 是个 nice and thankful boy。紧扣感恩节主题，升华情感体验。	教师总结本课情感线：Nice food and nice thanks for nice friends.	学生体验对朋友的感恩之情。	歌曲 板书
五、作业布置	1. Watch a video about Thanksgiving Day, know more about the festival.（看感恩节由来视频，了解节日习俗。） 2. Read the dialogue between Peter and Mum.（朗读本课教学文本。）			

五、板书设计：

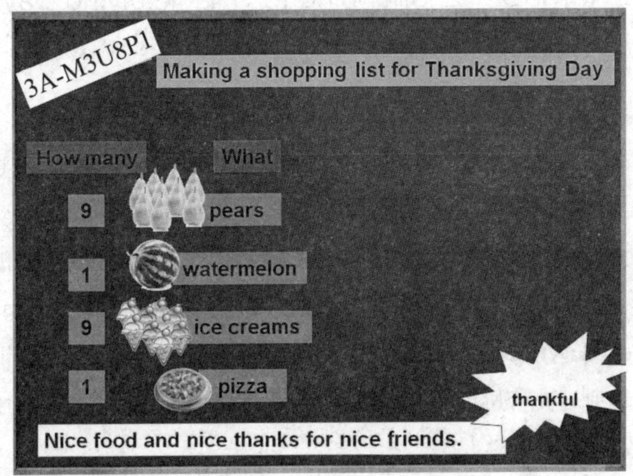

六、教学后记：

本节课是本单元教学的第一课时，在备课时，如何创设真实而又有意义的语境？本课核心词汇都是学生学过的单词，怎么体现新授？如何为第二课时的购物做好购物清单的前期铺垫？如何滚动复现旧知，并让情景更连贯、更真实？针对这些问题，在本课教学过程中，主要采用语境和任务推进教学，以达到学生语言输入量大和语用输出的最终目的。

本课时，我先创设了本单元整体的语境：Thanksgiving Day，通过图片和歌曲让学生感受节日氛围，为接下来的整个单元教学做好语境铺垫。在教学过程中，以情节推进，以任务驱动，让学生在 Listen and answer, Make a shopping list 任务中，语言知识和语言技能由浅入深，层层递进地实现提升。在各个任务中，特别注重学生通过听或阅读小语段找出关键信息，在此基础上通过信息表或关键词输出小语段，从而实现学生综合语言运用能力质的提升。在形式多样，环环相扣的活动中，学生情感也得到升华，感知感恩节内在意义，感受对朋友的感恩之情。全语境式的教学过程，能体现语言输入的情景性和整体性，同时体现三个课时语境的层次性和递进性，丰富了学生的语言输入量，为学生真实、有意义的语言输出奠定了坚实的基础。以情景推动的语言输入很好地滚动复现旧知，帮助学生建构系统的知识体系，有利于学生真实、有意义的语言输出。

第二节：会话教学课，第二课时

3A–M3U8P2 Shopping for Thanksgiving Day

刁艺姗

一、本节与上节相关性分析：

（一）情境相关性分析：第一课时，Peter 和妈妈讨论，准备为感恩节举办一场聚会。于是，Peter 告诉妈妈他打算邀请哪些朋友来参加聚会，并向妈妈介绍了这些朋友所喜欢吃的食物。最后，他和妈妈根据家里已有食物的情况，列出了为感恩节聚会进行采购的购物单。在第二课时，学生围绕 Thanksgiving Day 能够说出 Peter 将邀请哪四个朋友出席 party 以及为什么要邀请这四个朋友。此外，Pete 将带着制定好的 shopping list，到水果店和零食铺购买好了感恩节聚会所需要的一些食物与饮料。

（二）语言相关性分析：在第一课时，学生已经初步感知字母 O,P,Q 的字母音、字母形以及代表单词。本节课将实现小语段的输入。通过第一课时的学习，学生已初步学习了 apple，pear，orange，banana，peach，pizza，cola，ice cream，pie 等食物词汇，并能够区分食物的单数与复数。复习了已学句型 He/She can …He/She likes…We have…We need… 在本课时，希望学生能在 Peter 为感恩节聚会购物的情境中展开购买所需食物的对话练习，以及学习询问价格 How much is it? It’s…yuan. How much are they? They are…yuan. 的语境运用，并能区分在此场景中食物的单数与复数。

二、教学内容：

（一）原教材内容

（二）整理后文本：

Good morning. Welcome to Happy Fruit Shop.
Good morning.
Can I help you?
May I have some pears, please?
Look at the pears. They're sweet and juicy.
How much is it?
1 yuan a kilo. How many pears?
9 pears. How much are they?
9 yuan, please.
Ok. I want some watermelons, too.
Look at the watermelons. They're red and yummy.
How much is it?
10 yuan a kilo. How many watermelons?
1 big watermelon. How much is it?
20 yuan, please.
Ok. Here's the money.
Thank you. Goodbye.
Goodbye.

三、教学目标：

（一）知识目标：

1. 学生能够在 Shopping for Thanksgiving Day 的语境中，学会运用本单元的核心句型:How much is it? How much are they?

2. 学生能够在 Shopping for Thanksgiving Day 的语境中，实际运用不同食物的单数与复数。

3. 学生能够在小语境中完成字母 O,P,Q 在语段中的学习。

（二）技能目标：能够在 Shopping for Thanksgiving Day 的语境中，运用所学去购物。

（三）情感目标：

1. 学生能够在 Shopping for Thanksgiving Day 的语境中，真实运用本单元购物的相关交际用语以及体验其整个过程的逻辑顺序和交际礼貌；

2. 学生能够在 Shopping for friends for Thanksgiving Day 的语境中，感受感恩的可贵。

四、教学重难点：

针对不同食物的单数以及复数使用相关的询问价格的句型:How much is it?

How much are they?

五、教学过程：

步骤	目的	教师活动 / 方法	学生活动 / 学法	条件 / 手段
一、组织教学及复习	1.Phonics learning about letter O, letter P and letter Q 在第一课时语音初步感知 O,P,Q 字母形，字母音以及代表单词的基础上，实现小语段的输入学习。	教师通过 PPT 创设一定的情景并有助于学生理解其学习内容以及其学习的语音知识。	学生在教师语言的引导下以及 PPT 的帮助下，能够说出第一课时 O,P,Q 字母形，字母音以及代表单词。同时在教师建立的场景的帮助下，能够流利朗读小语段。	1. 教师言语； 2. 课件 PPT；
	2.Review what we learnt in the first period: Making a shopping list for Thanksgiving Day 对第一课时所学 Making a shopping list for Thanksgiving Day 进行复习巩固。	教师将利用 PPT 以及言语重新回顾第一课时的情景： Peter is going to make a shopping list for the Thanksgiving Day. 同时，教师将引导学生回顾以下四个问题： 1.Who are going to attend Peter's party? 2.Why does Peter invite these four little friends? 3.What can we eat or drink at Peter's party? 4. What is Peter going to buy on his shopping list?	学生将看着 PPT 上重现第一课时的场景并在教师言语的帮助下回答出相关的问题： 1.Eddie, Alice, Kitty and Danny are going to attend Peter's party. 2.Because Eddie can read books with Peter at school. Alice can sing and dance with Peter at school. Kitty can jump the rope with Peter at school. Danny can play football with Peter at school. They are nice friends. 3.We can eat so many things at Peter's party, such as… 4.Peter is going to buy 9 pears, 1 watermelon, 1 big pizza and 9 small ice-creams.	1. 教师言语； 2. 课件PPT; 3. 第一课时的板书。

续表

步骤	目的	教师活动 / 方法	学生活动 / 学法	条件 / 手段
		教师指着 Peter's shopping list 引导学生回答：Why does Peter need only 1 watermelon for 9 people? Why does Peter need only 1 pizza for 9 people? 并带着孩子学习 share。	学生在老师的引导下回答出：One for you and one for me. We can share. 学生跟着老师学习 share。	1. 课件； 2. 食物模型；
二、新知识的呈现与归纳	Learning the main part of this period: Shopping for Thanksgiving Day 学习本课时的主要内容：在水果店 Shopping some fruits for Thanksgiving Day	教师将提出疑问：Where can Peter buy these things? What fruits is Peter going to buy? 然后，教师将播放相关的动画视频：Peter is shopping at the fruit shop。随后，教师教授 the fruit shop, 9 pears, 1 watermelon。	学生将观看动画视频并回答教师提出的问题：Peter is going to buy 9 pears, 1 big watermelon at the fruit shop. 学生随后学习 the fruit shop, 9 pears, 1 watermelon.	1. 第二课时的动画视频； 2. 板书；
		教师第二次提出问题：How much are the pears? How much is the watermelon? 随后，教师教授核心句型：How much is it? How much are they?	学生第二次观看视频，能够回答出：They're 9 yuan. 和 It's 10 yuan. 随后，学生学习核心句型：How much is it? How much are they?	1. 第二课时的动画视频； 2. 板书。

续表

步骤	目的	教师活动 / 方法	学生活动 / 学法	条件 / 手段
二、新知识的呈现与归纳		教师引导孩子们说 fruit shop 其他水果的价格，让学生继续操练：How much are the …? How much is the …? 同时，教师渗透 a 与 an 的区别。	学生看着课件的 fruit shop 的场景，回答不同水果的价格。学生在老师的引导下能够初步区分 a 与 an。	PPT
		教师将对板书出现的内容进行简单的小结。随后，教师将引导孩子们跟读 Peter 在水果店买东西的对话，让学生注意买东西的语气语调以及相应的逻辑顺序和交际礼仪。	学生将模仿动画音频的发音，并练习买东西的语气语调以及相应的逻辑顺序和交际礼仪。	第二课时的动画视频；
		教师将引导学生在四个小组内进行演读的训练：Group 1&2: shop assistant; Group 3&4: Peter; 老师会注重身体语言和手势的教授。	学生将在四个小组内进行演读的训练，并练习运用正确的身体语言和手势：Group 1&2: shop assistant; Group 3&4: Peter;	PPT

续表

步骤	目的	教师活动 / 方法	学生活动 / 学法	条件 / 手段
三、新知识的巩固与活用	1.Self-learning about shopping some snacks at the Snack Bar. 对第二课时学习的核心内容 How much are they? How much is it? 进行固定语境下的运用。	教师将提问 Where can Peter buy the pizza and the ice creams? 引导学生看着 snack bar 的场景，操练本单元的核心句型：How much are the …? How much is the …? 同时，教师有意渗透 a 与 an 的区别。	学生看着课件的 snack bar 的场景，回答不同零食的价格。同时，学生在老师的引导下能够熟练区分 a 与 an。	PPT
		教师将用课件和言语引导学生思考：Can you help Peter buy 9 ice creams and 1 big pizza? 随后，教师将给出情景以及本课时对话的框架让学生在两人小组内自由练习扮演。	学生将围绕在 Snack Bar 买 1 big pizza, 9 small ice-creams 的情景下，按照老师给的框架和句子提示，在两人小组内自由完成对话并扮演。	PPT 板书
	2.Developed learning. 对第二课时的核心学习内容 How much is it? How much are they? 进行运用。	教师引导孩子们拿出第一课时制作的小组 shopping list 并进行描述，运用句子：We need …We have …We need …We can share…	学生围绕他们在第一课时制作的 shopping list 并进行描述。	第一课时制作的 shopping list

续表

步骤	目的	教师活动 / 方法	学生活动 / 学法	条件 / 手段
三、新知识的巩固与活用		教师引导孩子们进行小组自行构成购物的对话。随后，在教师准备好的 Family Mart 的场景中运用，真实购买小组为感恩节准备的食物。	学生在教师引导下进行小组自行构成购物的对话。随后，在 Family Mart 的场景中运用，真实购买小组为感恩节准备的食物。	Family Mart 的场景布置
四、小结	Summary: checking out the shopping list for Thanksgiving Day. 对本节课的内容与知识进行回顾，并联系第一课时的东西给第三课时做好铺垫。	教师将引导学生看着板书总结本节课所学，并回顾第一课时的 shopping list，给第三课时做好铺垫。	学生将看着板书回顾本节课所学，并温故第一课时的 shopping list，为第三课时的学习做准备。	板书
五、作业布置	1.Read the dialogue twice. 2.Try to buy one thing for Thanksgiving Day using English at the Flea Market.			PPT

六、板书设计：

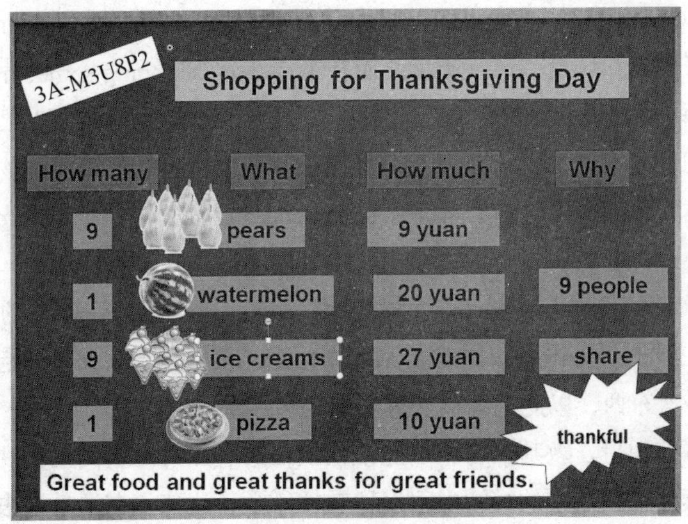

七、教学后记：

本节课的重难点是学生能够围绕着 Shopping for fruits and snacks for Thanksgiving Day 的话题，针对不同食物的单数以及复数使用相关的询问价格的句型：How much is it? How much are they? 按照上课教师的观察以及学生课后的效果来看，本节课的学习能够突破重难点，学生能够围绕着主题展开与相关情景真实的交际，并能注意交际过程中的语气语调，以及购物中的逻辑顺序和相关的交际礼仪。

本节课首先借助于第一课时对语音 O,P,Q 字母形、字母音和代表单词的学习，引入语音小语段的朗读。朗朗上口的句子能有效帮助学生对语音进行预感的习得。接着，教师重现第一课时的语境 ——Making a shopping list for Thanksgiving Day，并围绕着话题帮助学生针对 Who are going to attend Peter's party? Why does Peter invite these four little friends? What can we eat or drink at Peter's party? What is Peter going to buy on his shopping list? 四个问题，有效帮助学生巩固复习第一课时的所学，并能够按照逻辑顺利按故事情节发展引入第二课时的学习。

在本节课学习的主要环节部分 ——Shopping for Thanksgiving Day，老师巧妙地把学习内容分成两个部分：shopping some fruits at the fruit shop 和 shopping some snacks at the Snack Bar。在第一部分 shopping some fruits at the fruit shop，教师运用视频、跟读、演读、小组角色扮演以及班级展示，利用四个问题 What fruits is Peter going to buy at the fruit shop? Why does Peter need 9 pears but only 1 big watermelon? How much are the pears? How much is the watermelon? 详细帮助孩子们熟知场景，熟练所学。而在第二部分：shopping some snacks at the Snack Bar 中，则采取让学生在搭建好的框架下，让学生与同桌自己完成。同时，在学习完核心内容后，老师构建了 Family Mart 这个真实的购物区，帮助孩子语用体验，并提供更多的 words 和 sentences 让孩子们在小组内自由发散思维，创建小组自身的购物情景，并在情景中运用所学。

最后，教师又回归到板书总结本节课所学，并联系第一课时的 shopping list，为第三课时做好准备。同时，家庭作业则是希望孩子与父母一起到商场利用所学买一次东西，以此训练孩子真实的购物体验。

上完本节课后，教师认为本节课不仅仅在第一课时的基础上实现了对相关内容的延续，也在话题的继续中很好地教授所学，让孩子在情景中去学习，去体验，去合作。唯一美中不足的是在课堂拓展部分 shopping some snacks at the Snack Bar 中，教师给予的材料多从课本中截取，如果能给更多真实购物情景中的材料，学生创编的对话一定更精彩。同时，在作业完成上，也无法保证孩子能顺利运用所学实现一次真实的购物体验，毕竟学校跳蚤市场条件有限，课堂外的购物因素，如各年段的孩子是否能完成英语买东西卖东西的对话，我们无法保证。或许，我们只需要孩子在家里实现与家长的角色扮演即可。

第三节：活动交际课，第三课时

3A-M3U8P3 At the Thanksgiving Day Party

阮　瑜

一、本节与上节相关性分析：

（一）情境相关性分析：第一课时，Peter 和妈妈讨论，准备为感恩节举办一场聚会。于是，Peter 告诉妈妈他打算邀请哪些朋友来参加聚会，并向妈妈介绍了这些朋友喜欢吃的食物。最后，他和妈妈根据家里已有食物的情况，列出了为感恩节聚会进行采购的购物单。在第二课时，Peter 已经按照 shopping list，到水果店和零食铺购买好了感恩节聚会所需要的一些食物。在第三课时，Peter 和他的家人、朋友们开心地举行了一场感恩节聚会，大家在聚会上进行才艺展示，开心地分享美食。

（二）语言相关性分析：通过前两个课时的学习，学生已经学习掌握了 apple，pear，orange，banana，peach，pizza，cola，ice cream，pie 等食物单词，并能够熟练掌握句型 How many…? 来询问物品数量，并能根据物品的数量，运用 How much is it? 或 How much are they? 来询问价格。在第三课时，学生巩固已学单词和句型的同时，学习运用学过的形容词来描述水果等食物的外形、颜色等，并运用核心句型 “Here are/is…for you. This is a big….It’s for you. This is a small….It’s for me.”，学会如何与他人分享食物。而在 letters and sounds 的学习上，在前两个课时，学生已经初步掌握含有字母 O [ɔ]、P[p]、Q[kw] 发音的单词、句子和儿歌。本节课将拓展含有 O [ɔ]、P[p]、Q[kw] 发音的其他单词。

二、教学内容：Enjoy a story, Listen and enjoy& Learn the letters.

三、教学目标：

（一）知识目标

1. 复习巩固字母 O、P、Q 在单词中的发音，正确朗读并理解含有 O [ɔ]、P[p]、Q[kw] 发音的单词、句子和儿歌。

2. 在回顾 “Shopping for Thanksgiving Day” 的语境中，复习核心词汇和句型。

3. 在 “孔融让梨” 的语境中，学习阅读提取信息，并学习用 “This is a big… It's for you. This is a small…It's for me.Here are/is…for you.” 来分享食物等。

4. 通过主人公与小伙伴们分享食物的语境中，理解 thankful, share, wonderful friend 等拓展词汇，理解以下的表达：Thanks a lot! We can share. You are my wonderful friend。

（二）能力目标

1. 学生能读懂 “孔融让梨” 的故事，并结合故事内容，能运用学过的形容词来描述水果等物体的外形、颜色等。

2. 熟练运用核心句型 Here are/is…for you. This is a big…It's for you. This is a small…It's for me.，与他人分享食物或其它物品。

（三）情感目标

通过本课时的学习，在“孔融让梨”的故事语境中，让学生懂得在日常生活中要主动与他人分享，体会与人分享的快乐与重要。此外，通过学习 Peter 在 Thanksgiving Day Party 上与小伙伴们分享食物，表达感谢之意，从而达到让学生常怀感恩之心，拥有阳光心态的教育目的。

四、教学重难点

能在语境中熟练并正确运用本单元核心句型 :Here are/is…for you. This is a big… It's for you. This is a small…It's for you.

五、教学过程：

步骤	目的	教师活动 / 方法	学生活动 / 学法	条件 / 手段
一、组织教学及复习	1. 复习巩固字母 O、P、Q 在单词、句子、儿歌中的发音。 通过三个课时的语音学习，学生能正确朗读并理解含有字母 O、P、Q 的发音的单词、句子和儿歌。此外，适当拓展含有 O [ɔ]、P[p]、Q[kw] 发音的其他单词。	教师通过 PPT 中的图片创设情境，让学生借助图片，复习巩固本单元的语音知识。 此外，拓展含有 O [ɔ]、P[p]、Q[kw] 发音的单词。	在教师创设的语境中，正确朗读含有 O [ɔ]、P[p]、Q[kw] 发音的儿歌。 学生在老师的引导下，能够正确朗读出含有 O [ɔ]、P[p]、Q[kw] 发音的词。	播放 PPT2—5
	2. 复习第二课时所学的核心词汇与句型。 以头脑风暴、问题引领的形式，根据第二课时的板书，复习巩固第二课时的教学重、难点，起到承上启下的作用。	教师通过语音部分的 pumpkin pie，引入： Today is Thanksgiving Day. What's Thanksgiving Day? What do people eat on Thanksgiving Day?	学生进行头脑风暴，在图片的引导下，说出人们在感恩节常吃的食物。	播放 PPT6

续表

步骤	目的	教师活动 / 方法	学生活动 / 学法	条件 / 手段
一、组织教学及复习	2. 复习第二课时所学的核心词汇与句型。 以头脑风暴、问题引领的形式，根据第二课时的板书，复习巩固第二课时的教学重、难点，起到承上启下的作用。	T: Peter is going to have a party for Thanksgiving Day. So he went Shopping for the party yesterday. What did he buy? 教师引导学生根据第二课时的板书，复习上一课时学习的内容。 1. How many? 2. How much? 3. Why?	学生将根据第二课时的板书，复习 Peter 已经为感恩节的聚会准备了哪些食物。 S: Now, they have 9 pears. Because they have 9 people. They are nine yuan.	播放 PPT7—8 第二课时板书
		带领学生复习第二课时的购物对话。	学生分角色读第二课时的购物对话。	播放 PPT9—10
二、新知识的呈现与归纳	1. 创设 At the Thanksgiving Day Party 的语境。 通过 Peter 和小伙伴们在聚会上进行才艺展示，为引出“孔融让梨”的故事做铺垫。此外，引导学生学会对朋友、家人谦让，并对他们表达感恩之情。	1. 教师利用 PPT 创设出 Thanks-giving Day Party 的语境。引导学生欣赏 Peter 和小伙伴们的才艺展示。 2. 引导学生如何用英语对朋友、家人表达感恩之情。	1. 学生在教师的引导下，欣赏 Peter 和小伙伴们的才艺展示。并齐唱歌曲‘What are we thankful for’，齐读‘Listen and enjoy’中的儿歌。 2. 学习与理解辅助文本： Thank you, Kitty. You can sing and dance with mc. You are my wonderful friend.	播放 PPT11—16

续表

步骤	目的	教师活动 / 方法	学生活动 / 学法	条件 / 手段
二、新知识的呈现与归纳	2. 学习“孔融让梨”的故事。引导学会阅读并提取信息。	在“才艺展示”的情境中,Eddie 讲述了“孔融让梨”的故事。教师播放“孔融让梨”的视频。 提出问题: 1.What does Kong Rong's Dad have? 2. How are the pears? 3. Which pear do you like? 4. Which pear does Kong Rong choose? 5. Why does Kong Rong give the big pear to his elder brother?	学生观看完“孔融让梨”的故事后,回答老师提出的问题,进而理解故事大意。 在老师的提示下,总结出:Kong Rong is a good boy. He is thankful. He can share.	播放 PPT17—23
	3. 跟读,模仿单词、句子的正确读音。	教师再次播放“孔融让梨”的故事。	学生跟读故事,模仿单词、句子的正确读音。	播放 PPT24

续表

步骤	目的	教师活动 / 方法	学生活动 / 学法	条件 / 手段
二、新知识的呈现与归纳	4. 通过替换练习，巩固本故事中的核心语言知识。	引导学生强化运用核心句型 This is a big …It's for you. This is a small …It's for me. 让学生初步建立谦让、分享的概念。	学生看图。PPT 中将出现一大一小两只香蕉、一大一小两个桃。操练故事中的核心句型 This is a big It's for you. This is a small It's for me.	播放 PPT25—27
	5. 通过观看 Peter 与小伙伴的对话，引导学生学习用 "It's for me/you. Here are/is …for you." 来分享食物或其它物品。	教师播放动画——Peter 与小伙伴们分享美食。并引导学生学会表达 A:Here are/is … for you. B:Thank you. It's … A:This is a… It's for you. B: Thanks a lot. It's …	学生观看视频，学习核心句型 A:Here are/is … for you. This is a …It's for you. B:Thank you./ Thanks a lot. It's yummy/nice/ sweet/ delicious.	播放 PPT28—34
三、新知识的巩固与活用	1. 听录音跟读，学习强化本课的核心语言知识。	教师播放 "Peter 与小伙伴们分享美食" 的对话，学生跟读。	学生听录音，跟读对话。	播放 PPT35—36
	2. 在 Our Party Time 的语境中，尝试运用本课的核心语言知识。	教师组织学生以小组为单位，利用食物图片，学习如何与他人分享食物。在学生分享食物前，老师先和其中一组学生做示范。	学生利用食物图片，运用句型 Here are/is … for you. This is a … It's for you. 与组员分享食物。	播放 PPT37 食物篮 食物图片若干
	3. 学生展示学习成果。	教师邀请一至两组学生展示与他人分享食物的场景。	部分学生将面向全班同学展示如何与他人分享食物等。	食物篮 食物图片若干

续表

步骤	目的	教师活动 / 方法	学生活动 / 学法	条件 / 手段
四、小结	对本节课的核心内容进行梳理、回顾，并通过图片等引导学生要常怀感恩之心，善于积极主动地表达自己的感激之情。	教师运用语言进行引导。 T: Kong Rong is a good boy. He can give the big pear to his brother. Peter is good boy. He can share food with his friends. He can say ‘Thank you!’ to his friends. Do you want to say ‘Thank you’ to your family or friends?	学生在老师的引导下，学会完成感恩卡，向他们的家人、同学、朋友表达感恩之情。	播放 PPT 38
五、作业布置	1.Listen and read the story ‘Kong Rong and the pears’. 2.Make a thankfulness card and give thanks to your families and friends.			

六、板书设计：

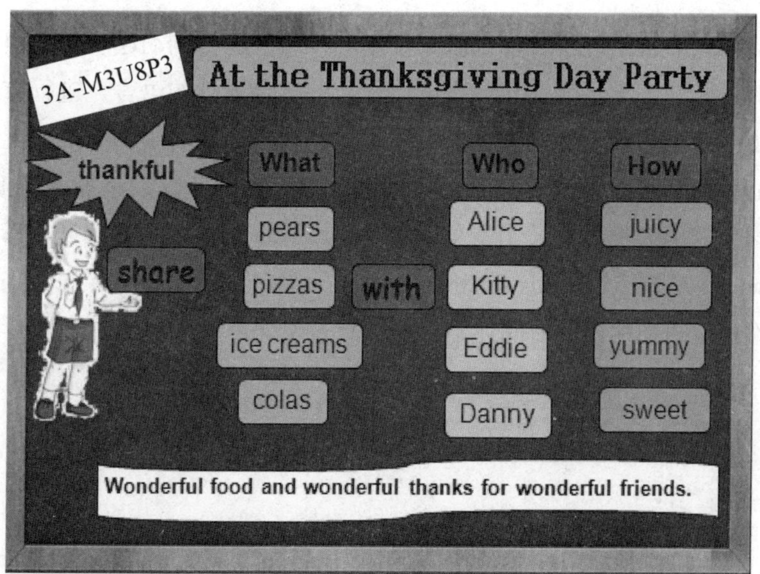

七、教学后记：

本节课是本单元教学的最后一课时，在备课时，我首先考虑的是如何结合一、二课时的内容创设语境，如何在一、二课时的基础上实现知识与情感的螺旋上升，以便于让学生在语境中巩固、复习本单元的核心语言知识，同时能在老师创设的语境中，用英语做事情。因此，在本课时，我主要采用故事和语境推进教学过程，以此达到完成本单元语用任务的目的。

本堂课，我创设了 At the Thanksgiving Day Party 的语境，学生在课堂中始终围绕这一线索，来一起学会如何表达与他人分享食物，向他人表达感谢之意。本课时的重点为学习“孔融让梨”的故事。在整个故事的学习中，我特别关注学生学习能力的培养：视听结合，获取信息；模仿朗读，理解句文的含义；合作表演，提升语境体验。在形式多样，层层递进的故事推进中，学生的情感也得到循序渐进的升华，从而引导学生学会与他人分享，做一个懂礼仪的孩子。让孩子利用食物图片进行“食物分享”，体现了从故事到生活，从感知到体验的语用升华。本课时的情感价值是在一个完整的语境中不断推进和升华的。课的最后，通过教师的语言引导，让学生体会到，向他人表达感谢之意不仅仅是在感恩节这天，而是要在日常生活中拥有一颗感恩的心，拥有积极阳光的心态。

全语境式的教学过程，可以激发学生的学习兴趣，调动起观察、模仿并获取信息的积极性，学生能够充分理解语义，并结合自己的语言，进行有品质的语用输出。今天的课堂中，学生在老师提供的故事和语境中，有效地巩固了已学的核心语言知识，此外，还学习了新的故事、新的儿歌以添加的辅助文本，扩大了学生的语言选择面，丰富了学生的语言。这堂课上的遗憾是，学生在运用 Here are/is … for you. This is a big… It’s for you. This is a small… It’s for me. 这几个句型进行语用输出的时间还不够长，有点匆匆带过，训练得还不够扎实。

第四篇
单元语音教学实施

基于目标的10分钟单元语音教学模式

一、一年级课型——语音说唱课

第一课时

Procedures	Contents	Methods	Purposes
Pre-task Revision	复习已学音素歌	跟音乐加动作齐唱字母音素歌	1. 通过演唱音素歌，复习字母在单词中的发音。 2. 感受音素歌的旋律，增强语感。
While-task Presentation and practice	学习新的音素歌	1. 整体输入——听 2. 整体输入——跟唱、做动作 3. 理解大意——回答问题 4. 总结发音——跟读单词 5. 配音乐加动作全班齐唱	1. 老师示范动作，帮助理解歌曲内容。 2. 老师配动作示范，让学生尝试模仿。 3. 用问题导出核心词汇，出示板书。 4. 感知字母在单词中的发音。
Post-task	欣赏绘本故事	整体感知故事——默读故事 整体感知故事——看图听故事	引入绘本，为下节课做铺垫。
Homework	1. 听、唱音素歌； 2. 听绘本故事，尝试自主阅读和跟读。		

第二课时

Procedures	Contents	Methods	Purposes
Pre-task Revision	复习字母音素歌	1. 跟音乐齐唱字母音素歌。 2. 分男女比赛跟唱字母音素歌等。	通过演唱字母音素歌，复习字母在单词中的发音、音素歌的旋律和歌词的句型。
While-task Presentation and practice	欣赏绘本故事	1. 学生听录音，整体感知故事。 2. 学生听录音，尝试跟读故事。 3. 教师讲故事，提炼故事支架。 4. 学生根据故事框架讲故事。	通过各种活动熟悉绘本故事，在故事中进一步巩固和掌握字母的发音。
Post-task	总结归纳	总结发音，并让学生尝试说出含有发音的其他单词。	自主总结发音并尝试拼读。
Homework	1. 跟读绘本故事，可尝试录音； 2. 在牛津教材里，找出学过的含有该发音的单词。		

二、二年级——解码拼读课

第一课时

Procedures	Contents	Methods	Purposes
Pre-task Revision	演唱字母音素歌	唱一唱，师生配乐演唱字母音素歌。	通过演唱字母音素歌，强化字母在单词中的发音以及音素歌的旋律。
While-task Presentation and practice	复习一年级已学绘本故事	1. 讲一讲，带着问题，回忆故事。 2. 读一读，模仿朗读，培养语感。 3. 说一说，复述故事，归纳发音，进行拼读训练。	整体复现故事，激活一年级的记忆，找出这些单词的发音规律，总结发音。
Post-task	拼读训练	拼一拼，借助拼读台历、卡片等，拼读带有字母发音的单词。	借助拼读台历、卡片等，让学生运用拼读规律，拼读生词或假词。
Homework	1. 尝试复述故事或讲故事； 2. 在牛津教材里，找出学过的含有该发音的单词。		

第二课时

Procedures	Contents	Methods	Purposes
Pre-task Revision	头脑风暴	说一说，说出含有相同音素的单词	辨别音素，学以致用，激发兴趣。
	演唱韵脚歌曲	看一看，观看视频 phonics kids song。	活跃气氛，为解码书的学习做铺垫。
While-task Presentation and practice	阅读解码书	1. 读一读，尝试自主解码，借助图片感知故事大意。 2. 说一说，说出韵脚相同的单词并板书。 3. 试一试，朗读解码书。 4. 跟一跟，跟读纠正。	利用解码书，提高学生的拼读解码和读图能力，培养学生对故事内容的整理理解。
Post-task	头脑风暴	说一说，说出牛津教材上已学的含有相同韵脚的单词。	发散思维，自主总结。
Homework	1. 听唱韵脚歌曲； 2. 朗读解码书。		

三、三年级——绘本阅读课

第一课时

Procedures	Contents	Methods	Purposes
Pre-task Revision	观察故事封面	看一看，观察绘本封面，猜测故事内容。	通过导入故事和观察封面，将学生带入学习故事的状态，同时培养学生的读图能力。
While-task Presentation and practice	自主阅读故事	1. 听一听，整体复现故事，并理解故事大意。 2. 读一读，深入理解故事，掌握故事细节。	通过自主读故事和听故事，整体感知和理解故事大意，培养学生在阅读中提取相关信息的能力。
Post-task	总结发音规律	3. 找一找，找出绘本故事中含有相同字母组合的单词，并归纳发音。	通过阅读绘本故事，总结发音规律，训练拼读能力。
Homework	1. 尝试流利朗读绘本故事书； 2. 以思维导图的形式，归纳出牛津教材已学的含有相同字母组合的单词，并用图片画出单词的意思。		

第二课时

Procedures	Contents	Methods	Purposes
Pre-task Revision	复习绘本故事和音素	1. 唱一唱，唱音素歌或韵律。 2. 读一读，朗读绘本故事。	通过唱音素歌和朗读故事，复习字母组合的发音规律，同时复习故事内容。
While-task Presentation and practice	拼读和辨音训练	1. 拼一拼，拼读含有相同字母组合的单词。 2. 辨一辨，听音辨出含有相同字母组合发音的单词。	通过拼和辨活动，进行拼读训练，同时检测学生的辨音能力。
Post-task	拼写和朗读训练	1. 拼一拼，尝试拼读含有音素的新单词。 2. 摆一摆，听音，用字母卡片摆出听到的单词。 3. 读一读，尝试自主朗读解码书	通过拼读新单词和朗读解码书，培养学生见词能读的能力；摆字母卡，培养学生听音能写的能力，为高年级的自主阅读奠基
Homework	1. 流利朗读绘本故事； 2. 尝试流畅朗读解码书。		

Fun with letter Ll 单元语音教学设计

《攀登英语阅读系列有趣的字母》

海港小学　叶枳汎 薛宁文

一、教材内容

Phonics Kids

Sound of Letter Ll, Letter Ll chant

Lazy lion, lazy lion,

What do you say?

I say Ll ,

Lazy, lazy lion.

Look! Look! Look!

中英文对照

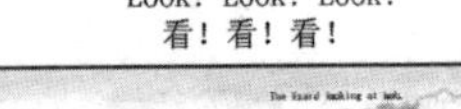

Look! Look! Look!
看！看！看！

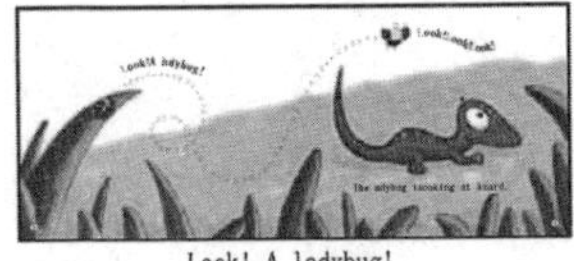

Look! A ladybug!
看呀！一只瓢虫！
Look! Look! Look!
看呀！看呀！看呀！
The ladybug is looking at a lizard.
瓢虫在看着一只蜥蜴。

Look! Look! Look!
看呀！看呀！看呀！
The lizard is looking at a lamb.
蜥蜴在看着一头小羊。

Look! Look! Look!
看呀！看呀！看呀！
The lamb is looking at a lion.
小羊在看着一头狮子。

Look out! The lion is looking at you!
小心！狮子在看着你呢！

二、教材分析

本课内容是围绕字母 Ll 展开，字母 Ll 可以说是辅音字母和元音字母衔接的桥梁。我们学校会结合牛津课本教学内容来进行字母的学习，字母 Ll 我们放在 In the Zoo 单元教学动物时交，这也是我们教学的最后一个辅音字母，所以字母 Ll 是压轴出场的辅音字母。本课教学我们会滚动复习其他辅音字母，主要以孩子喜欢的 chant 的方式进行，在复习旧知的基础上拓展新知，并整合进相关的教学资源如字母故事等，拓宽孩子知识面，为今后的学习打下良好的基础。

三、学情分析

一年级学生生性活泼好动，对韵律感强的歌谣尤其感兴趣。在教学中加入一些歌谣来调动学生的学习积极性，方便学生记忆，让学生能边学边动，能更好地激发学生的学习兴趣和热情。

大部分学生能够基本正确读出 26 个字母的名称音，能见字母读字母名。通过字母音素歌的学习，大部分学生能准确地读出字母音，能听字母名说字母音。

四、设计思路

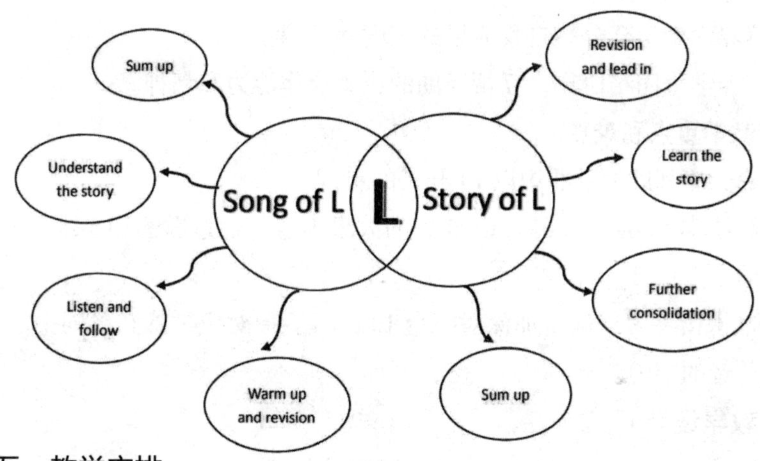

五、教学安排

围绕主题 Look！Look！Look！本单元共设计了 2 个课时

第一课时：Phonics Kids（Sound of Letter L）

第二课时：Story of letter Ll：Look！ look！ look！

六、教学目标及教学重难点

（一）教学目标

1. 语言知识目标

（1）通过字母语音歌谣感知字母 Ll 在单词中的发音。

（2）通过字母语音 chant 歌谣感受语言的音节和韵律。

（3）通过语音歌谣和绘本积累以 Ll 为起始音的单词。

2. 语言技能目标

（1）通过字母语音歌谣知道字母 Ll 在单词中的发音。

（2）通过字母语音 chant 歌谣感受语言的音节和韵律。

（3）能够正确说出以 Ll 为起始音的单词。

（4）知道单词是由音构成的，感知单词中的音素，能够识别单词首音 Ll，并有意识培养数单音节单词（CVC）音素的能力。

（5）能够耐心聆听故事，理解故事内容，对聆听的故事内容感兴趣。

3. 学习策略目标

通过听、说、读的方式，在图片的支撑下感知绘本，通过小任务引导，吸引学生自己打开绘本亲近文本，让学生在情境中感知音素、体会语言的运用。通过听音找字母、拼读练习，强化学生的音素意识，培养听音辨音的能力。

4. 情感文化意识目标

（1）培养学生学会分享自我成果的态度和意识。

（2）培养学生团结协作，互帮互助的小组合作能力和精神。

（二）教学重点和难点

1. 准确、流利朗读歌曲中以 Ll 开头的单词。

2. 理解绘本 Look！Look！Look！的故事大意，通过歌谣和绘本积累以 Ll 开头的单词。

3. 通过拼读练习，学生加深对字母 Ll 的音、形对应，感知单词中的音素，培养辨听首音的能力。

七、教学设计

第一课时

Fun with Letter Ll（Period 1）

《攀登英语阅读系列有趣的字母》

课型 时间：

新授课 10 分钟

教学内容：

Phonics Kids

Sound of Letter Ll, Letter Ll chant

Lazy lion, lazy lion,

What do you say?

I say Ll ,

Lazy , lazy lion.

Look！ Look！ Look！

中英文对照

Look! Look! Look!
看！看！看！

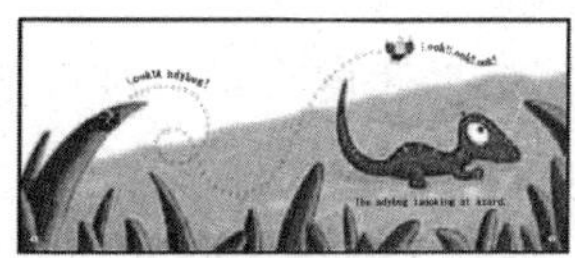

Look! A ladybug!
看呀！一只瓢虫！
Look! Look! Look!
看呀！看呀！看呀！
The ladybug is looking at a lizard.
瓢虫在看着一只蜥蜴。

Look! Look! Look!
看呀！看呀！看呀！
The lizard is looking at a lamb.
蜥蜴在看着一头小羊。

Look! Look! Look!
看呀！看呀！看呀！
The lamb is looking at a lion.
小羊在看着一头狮子。

Look out! The lion is looking at you!
小心！狮子在看着你呢！

整合资源：

《攀登英语阅读系列有趣的字母》,Phonics Kids

教学目标及教学重难点：

1. 教学目标

（1）通过字母语音歌谣感知字母 Ll 在单词中的发音。

（2）通过字母语音 chant 歌谣感受语言的音节和韵律。

（3）通过语音歌谣和绘本积累以 Ll 为起始音的单词。

（4）知道单词是由音构成的，感知单词中的音素，能够识别单词首音 Ll，并有意识培养数单音节单词（CVC）音素的能力。

（5）理解绘本故事的内容。

2. 教学重点和难点

（1）教学重点：音素 /l/ 在单词中的发音。

（2）教学难点：通过歌谣和绘本积累以 Ll 开头的单词。

（难点确定依据：由于一年级学生词汇量小，且对新单词的拼读能力不足，因此对于以 Ll 开头的新学单词不易完全掌握。）

教学过程：

Step1 Revision and lead in

1.Ask the whole class to chant after the video of phonics kids what they learned before.

2.Ask the students to read the letter name and letter sound which they have learned before on the PPT.

设计意图：①每节课课前都按例复习并检测学生之前学过的旧知。②语音的学习及复习是为以后单词的拼写及阅读做好准备。这有助于学生以后对新单词的学习及记忆。③复唱音素歌，激发学生的学习兴趣。

Step2 Presentation

1.Let students watch the video of Phonics kids : letter Ll and learn the letter sound: Ll.

2.Draw a mind-map of letter Ll on the blackboard. Then ask students to say about the words with letter sound Ll which they see from the video and they know.

3.Ask the whole class students to read again the words with letter sound Ll from the mind-map.

4.Introduce the main characters of the story: Look, look, look, for these characters are words with letter sound Ll.

5.Let students listen to the story with pictures but without any words on the ppt.

设计意图：①学习 Ll 的字母名和字母音。②头脑风暴开拓学生思维并积累有关字母音 Ll 的词汇，检测学生是否能够结合旧知总结出新知。③从学 Ll 的字母名和字母音过渡到故事 Look, Look, Look 的学习。

Step 3 Consolidation

1. After reading to the story, let students answer :

(1)What is looking at a lizard?

(2)What is looking at a lamb?

(3)What is looking at a lion?

(4) What is looking at you?

2. Let students read the chant video of letter Ll to review.

设计意图：①带任务听故事，理解故事大意。②复习字母 Ll 的发音。

Step4 Conclusion

1.Invite some students to be the little teachers to sum up the words with "Ll" they have learned.

2.Let other students read after them to have a review.

设计意图：通过学生当小老师来增强学生学习语音的信心，带动全班学生的积极性，复习字母 Ll 的字母名与字母音及相关单词。

家庭作业：

1.Recite the chant of letter Ll, and then say some words with letter sound Ll as much as you can.

2.Read the story Look, look, look, twice.

板书设计：

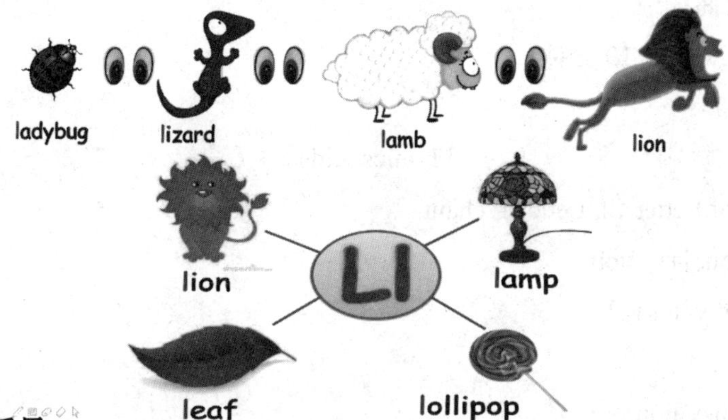

教学反思：

本节课的教授内容是 the sound of letter Ll. 根据教学目标，学生在一年级最重要的是感知音素，只要知道语音的发音和节奏即可。本课时大量输入语音，但对于绘本的输入只要求学生能理解故事，不要求学生有其他关于故事的输出。由于一年级的学生对于韵律感节奏感很强的歌谣非常感兴趣，因此我运用了 Phonics Kids 字母视频作为孩子感知音素 /L/ 的框架，让学生在富有韵律感的节奏中充分感知字母 Ll 的音素音。接着引导学生结合新知旧识说出含有首音 /L/ 的单词，运用思维导图的形式将孩子们说出的单词板书在黑板上总结起来。然后引入攀登绘本故事中带有音素 /L/ 的角色，既积累了首音为 Ll 的单词，又自然地过渡到了攀登绘本故事中去。孩子在音素 /l/ 的学习中欣赏并感知了故事 Look,look,look 的内容，并再次充分感知 /l/ 音素。最后以 /L/ 音素 chant 结尾，让孩子们在富有节奏感和韵律感的 Ll chant 中结束学习。

纵观本节课，音素 /l/ 的发音对学生来说不算难。学生也能在看过 Phonics Kids 视频后根据规律说出一些以音素 /l/ 为首音的单词。对于用思维导图让学生通过头脑风暴进行思维发散的形式，学生也非常积极地展示自己知道的单词。但是因为时间有限，且学生的学习能力及水平能力存在差异，并不是所有的学生都能掌握好思维导图中的单词。另外，由于本节课主要教授音素 /l/ 的语音，攀登英语绘本故事也只是初步感知为主，因此比较缺乏小组的合作与展示。

第二课时

Fun with LetterLl (Period 2)

《攀登英语阅读系列有趣的字母》

课型 时间：

复习 + 新授课 10 分钟

教学内容：

Phonics Kids

Sound of Letter Ll, Letter L chant

Lazy lion, lazy lion,

What do you say?

I say Ll ,

Lazy , lazy lion.

Look! Look! Look!

中英文对照

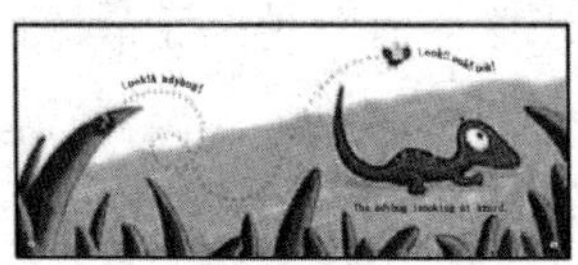

Look! A ladybug!
看呀！一只瓢虫！
Look! Look! Look!
看呀！看呀！看呀！
The ladybug is looking at a lizard.
瓢虫在看着一只蜥蜴。

Look! Look! Look!
看！看！看！

Look! Look! Look!
看呀！看呀！看呀！
The lizard is looking at a lamb.
蜥蜴在看着一头小羊。

Look! Look! Look!
看呀！看呀！看呀！
The lamb is looking at a lion.
小羊在看着一头狮子。

Look out! The lion is looking at you!
小心！狮子在看着你呢！

本节与上节相关性分析：

上一节课学习了 Letter Ll 歌曲的学习和感知了字母故事 Ll，本节课在复习和巩固字母歌曲基础上，深入学习字母故事 Ll，建立学生对字母 Ll 的音、形对应。因此，本节课是上节课学习的延伸。

整合资源：

《攀登英语阅读系列有趣的字母》、Phonics Kids、音素歌曲等

教学目标及教学重难点：

1. 教学目标

（1）通过复习 Ll 音素歌，进一步感知字母 Ll 在单词中的发音。

（2）感知单词中的音素，逐步培养学生数音素的能力；

（3）通过再次学习绘本故事，再次感知绘本，感知并积累绘本故事中以 Ll 为起始音的单词，如 look，ladybug，lizard，lamb 等。

（4）通过字母 L 的拼读训练，让学生建立字母 Ll 的音、形对应。

2. 教学重点和难点

（1）准确、流利朗读歌曲中以 Ll 开头的单词；

（2）理解绘本 Look!Look!Look! 的故事大意。

（3）通过拼读练习，学生加深对字母 Ll 的音、形对应，感知单词中的音素，培养辨听首音的能力。

教学过程：

Step1 Revision and lead in

1. Ask the whole class review the letter name and letter sound with letter cards.

2. Leading the students to sing the song of Letter Ll with actions, and encourage students to make a new song, for example:

Little Leo, Little Leo

What do you say?

I say Ll l,

Little Little Leo.

3.Reviewthe words begins with letter L and ask students to brainstorm more.

4.There is a word “lion”in the song of Letter Ll, and there is a picture of lion in the front cover of the story book, so I can lead in the learning of the story *Look! Look!Look!*naturally.

设计意图：①通过词卡复习旧知，调动孩子学习的积极性。②复习音素歌，并让孩子简单改编音素歌，激发孩子的学习兴趣。③头脑风暴，拓展孩子思维。④把歌曲中的“lion”和从故事封面的“lion”无缝衔接，自然导入故事的学习。

Step2 Presentation

1.Lead students to listen to the story with question：What animals can you see? This time，students will listen to the story by looking at the pictures only.

2.Ask Students to listen to the story one more time with questions: What are the animals looking at?What is the ladybug looking at? What is the lizard looking at? What is the lamb looking at?...and with these questions,I will tell the story picture by picture.

3. Ask students to read the story for the third time. This time,they will read by themselves and underline the words begins with Letter Ll, and I will walk around to assist if needed.

4.Teach the words: look，ladybug，lizard，lamb,etc with the students .

设计意图：让孩子通过初步整体感知文本，到带着任务进一步感知文本，到深入理解文本内容来学习故事文本。

Step3 Consolidation and Production

1.Ask the students to do the exercise according to the ppt.For example:listen and watch,circle two pictures with the same beginning sound.

2.Ask students to do the group work with papers which have words of Letter Ll on them. Teacher will make an example for students to follow.

3.Sum up the sound of Letter Ll.

设计意图：①通过做练习巩固语音学习。②小组合作培养孩子的合作精神。

Step4 Conclusion

1.Sum up the story and the words on the blackboard with the students.

2.Encourage the students to conclude by themselves as a little teacher.

设计意图：带着学生通过板书导图回顾整个故事，鼓励学生作为小老师进行总结。

家庭作业：

1.Listen to the tape and follow it twice and share the song and the story with your parents and friends.

2.Find more words including letter Ll and make word cards.

3.Try to create a new story.

设计意图：作业是课堂的延伸，在巩固课堂所学的同时，发挥主观能动性进行创造性的知识运用。

板书设计：

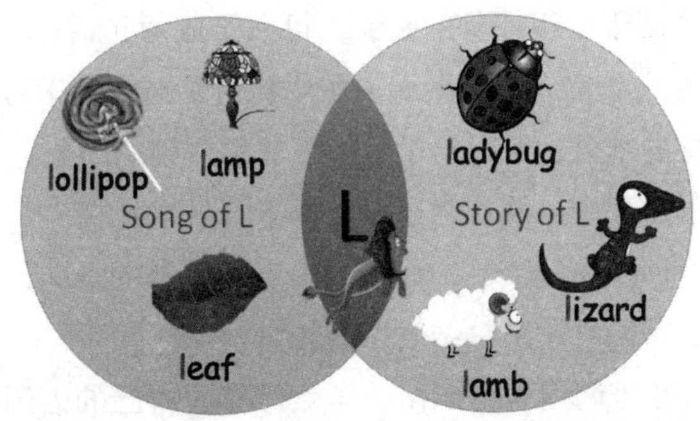

教学反思：

追求快乐、互动、有效的英语课堂，在快乐的情境中学英语，讲英语，给学生创造一个良好的语言环境，让学生乐讲、好讲，一直是英语教学的理想课堂。因为快乐的教学，让师生合谐互动，因为互动，让教学变得有效而直接。以下是我感觉做得比较好的地方：

1. 教学过渡自然，环环相扣

本课时是第二课时，接着上节课歌曲学习的基础上，先复习歌曲，巩固旧知。接着对歌曲进行灵活改编，拓宽孩子的思维，把 Lazy Lion 换成 Little Leo。Leo 不单是字母 Ll 开头，也是班上学生的英语名，因而学生的学习兴趣瞬间被点燃，有聪明的学生马上就能创编新歌，如 Little Linda, Little Linda, What do you say? I say Ll ,Little Little Linda. 紧接着，借助歌曲中单词 lion 对应故事封面的 lion 图片自然导入故事的学习。而故事的教学主要通过问题引领，让学生在思考中学习故事。

2. 学习方式多样，体现学生主人翁姿态

通过让学生与老师一起歌唱，一起改编，一起总结，增强师生之间的交流，同时培养孩子的参与意识；通过让学生两人共读一本故事书，互相督促的同时学会互相合作；通过让孩子根据导图复述故事，特别让优生做小老师进行榜样带头，引领其他孩子总结，鼓励更多孩子参与到课堂，敢于表现自己，展现自我！整节课通过唱一唱，做一做，看一看，听一听，说一说等多种活动形式，树立孩子的主人翁意识，培养学生的听说能力和语言表达能力。

3. 评价方式与情感目标相结合

在课堂上老师用于小组评价的磁铁，可以拼成两句话：Look!Look!Look!You are so good! 评价方式非常新颖，激起了学生积极参与课堂学习的愿望，同时评价方式与情感教育的结合，可以给学生留下非常深刻的印象。

在本课的教学过程中，我认为还存在以下不足之处：

（1）故事教学时可放慢步伐，让孩子多点儿思考的空间，可能孩子对故事掌握得更好，那么后面的输出总结效果更佳。

（2）学生的语音语调模仿不到位，学生停留在自己的语调的表达层次。在下一节课可以多花点儿时间加强学生对语音的模仿，这样，学生表达起来就更加有外语味。

P-the pig's backpack 单元语音教学设计

《攀登英语阅读系列有趣的字母》

黄田小学 徐晓蝶 姚晓楠

一、学情分析

课对象为二年级学生，他们经过一年的英语学习，对英语学习兴趣浓厚，尤其对英文绘本故事更是喜爱。上学期的期末语音测评结果显示，一年级的自然拼读渗透，孩子们已经基本上掌握了 26 个字母的 letter name，80% 以上的学生能把字母名和字母音准确对应，能听字母名说字母音，能够识别单词首音和尾音，熟悉用手指进行音素组合训练的方法，但是对于单词解码以及音素切分的能力还有待加强。

二、教材分析

（一）根据上学年一年级目标中的教学目标，学生在一年级已经非常熟悉音素歌曲，也初步感知过《攀登英语阅读系列有趣的字母》的绘本，所以这节课的绘本内容在学生掌握 Pp 发音的基础上进一步系统地让学生感知字母音，巩固字母发音，也为三年级学习常见辅音组合发音 pr 打基础。

（二）本节课的绘本故事是 *The Pig's Backpack*，讲述的是一只小猪精心为野餐准备食物，最后却全丢掉了。通过可爱的故事人物形象和有趣的故事情节，用简单的句型 "The pig puts ...in the backpack." 串起多个含有 Pp 的单词：pig, pink, pants, picnic, pear, peach, potato, peanut, opps, poor, backpack 等。这些单词中所含字母 Pp 发音相同，学生在一年级已经掌握了一些相关词汇如 pear, peach 等。故事内容幽默风趣，对学生吸引力大，难度相对简单，却能系统帮助学生积累更多含有音素 /p/ 的单词，逐步加强对含有音素 /p/ 的单词解码能力。

（三）本节课的学习让学生掌握 Pp 在字母中不同位置的发音，为以后学习部分常见辅音组合发音和培养初级的阅读策略奠定单词。

三、课时安排

课时	内容	时间
一	复习音素歌曲，学习绘本故事，感知和掌握发音。	10min
二	巩固绘本故事，渗透字母组合，提升解码能力。	10min

四、单元目标

（一）知识目标：

通过复习字母 Pp 音素歌和学习绘本故事，进一步感知字母 Pp 在单词中的发音。

（二）技能目标：

1. 学习绘本故事，进一步感知和掌握目标语音，培养朗读故事的语感。

2. 能够准确地将 CVC 结构的单词进行解码并拼读出来。

3. 渗透常见辅音组合发音 pr。

（三）学习策略：

1. 鼓励学生学会发散思维，以旧带新完成 Pp 字母系列认知，进行知识正迁移。

2. 培养学生掌握字母 Pp 的音形对应技巧和指读绘本故事的习惯，培养学生持续阅读的兴趣和掌握简单的阅读策略。

（四）情感目标：东西并不是越多越好，合适的才是最好的

五、教学设计

第一课时

P–the pig's backpack

《攀登英语阅读系列有趣的字母》

课型：

新授课 10min

教学资源：攀登阅读系列之有趣的字母 *the Pig's Backpack*, Phonics Kids

学习目标：复习音素歌和熟读绘本故事，感知字母 Pp 在单词中的发音。

教学重难点：

1. 教学重点：感知字母 Pp 在单词中的发音，掌握字母 Pp 的音、形对应，初步理解绘本故事内容。

2. 教学难点：自主解码朗读故事。

教学流程图：

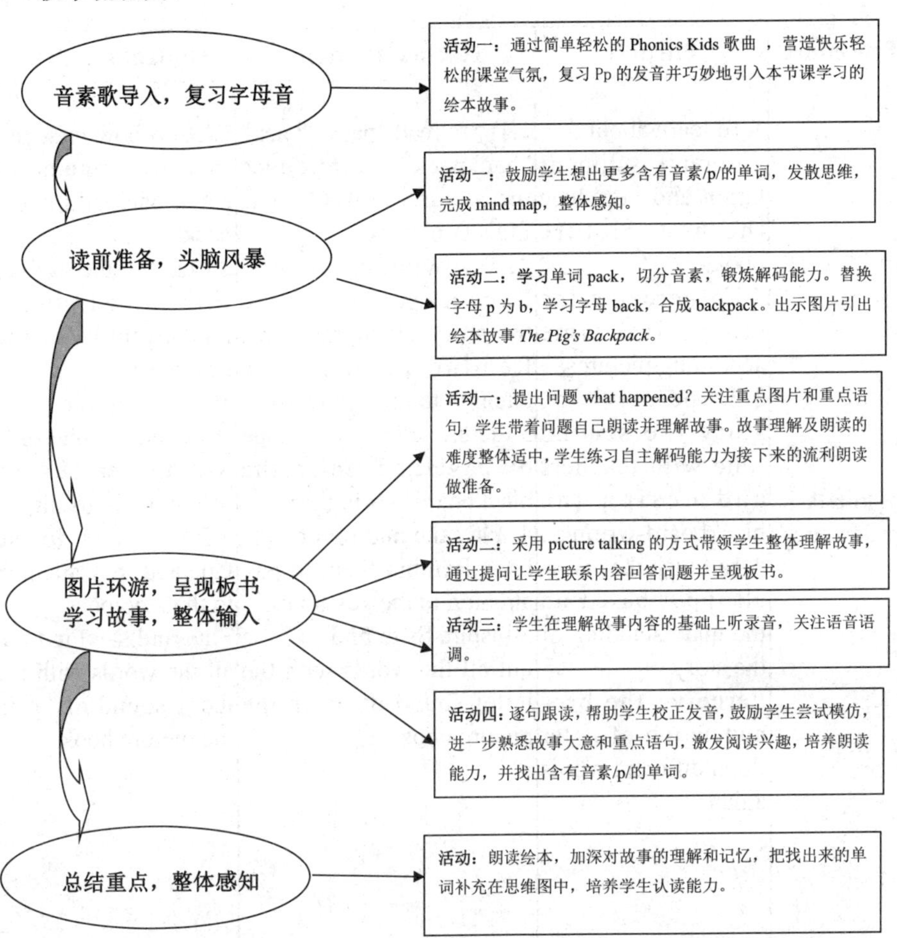

音素歌导入，复习字母音
活动一：通过简单轻松的 Phonics Kids 歌曲 ，营造快乐轻松的课堂气氛，复习 Pp 的发音并巧妙地引入本节课学习的绘本故事。
读前准备，头脑风暴
活动一：鼓励学生想出更多含有音素/p/的单词，发散思维，完成 mind map，整体感知。
活动二：学习单词 pack，切分音素，锻炼解码能力。替换字母 p 为 b，学习字母 back，合成 backpack。出示图片引出绘本故事 *The Pig's Backpack*。
图片环游，呈现板书
学习故事，整体输入
活动一：提出问题 what happened？关注重点图片和重点语句，学生带着问题自己朗读并理解故事。故事理解及朗读的难度整体适中，学生练习自主解码能力为接下来的流利朗读做准备。
活动二：采用 picture talking 的方式带领学生整体理解故事，通过提问让学生联系内容回答问题并呈现板书。
活动三：学生在理解故事内容的基础上听录音，关注语音语调。
活动四：逐句跟读，帮助学生校正发音，鼓励学生尝试模仿，进一步熟悉故事大意和重点语句，激发阅读兴趣，培养朗读能力，并找出含有音素/p/的单词。
总结重点，整体感知
活动：朗读绘本，加深对故事的理解和记忆，把找出来的单词补充在思维图中，培养学生认读能力。

教学过程：

Procedure	Purpose	Teacher's activity	Student's activity
Pre-task preparations	1.To arouse the students' interest and review the letter sound of Pp.	1.Play the part of Phonics Kids songs about Pp.	1.Listen to the song and follow it.
	2.Brain storm to stimulate the divergent thinking of Ss and make Ss to have the initial perception of letter sound.	2.Encourage Ss to think more words with the sound of letter Pp.	2.Think more words with the sound of letter Pp and add to the mind map.

续表

Procedure	Purpose	Teacher's activity	Student's activity
While-task procedures	1.To learn about the phoneme segmentation and introduce the new picture book. 2.To perceive the story first time according pictures. 3.To perceive the story the second time with teachers and design the blackboard-writing. 4.To finish the overall input based on the understanding of the story. Perceive the pronunciation of letter Pp in different words agian.	1.Try to read "pack""back" "backpack"and introduce the picture book of "The Pig's Backpack". 2.Ask:what happened Encourage Ss to read the story by themselves. Remind them to pay attenion to the key words. 3.Picture talking with page by page and finish the blackboard-writing. 4. Play the audition of the book.Remind them to pay attenion to the key tones. 5.Inspire Ss to find out all the words with the letter sound of Pp in the picture book.	1.Learn how to segment the phoneme of pack, back and backpack. 2.Read by themselves with the questions. Pay attenion to the key words. 3.Let's learn the story the second time with the teacher and blackboard-writing. 4.Let's listen to the tape and pay attenion to the key tones. Find and say:Find out all the words with the letter sound of Pp in the picture book.
Poat-task activities	To sum up and consolidate the sound of letter Pp.	Let's finish the mind map of Pp with the new words we've learnt from the book.	Finish the mind map and consolidate the sound of letter Pp.
Homework	1.To consolidate the sound of letter Pp. 2.To prepare for the next class.	assign homework.	1.Try to find out more words with the sound of letter Pp 2.To read the story.

板书设计：

The letter of Pp

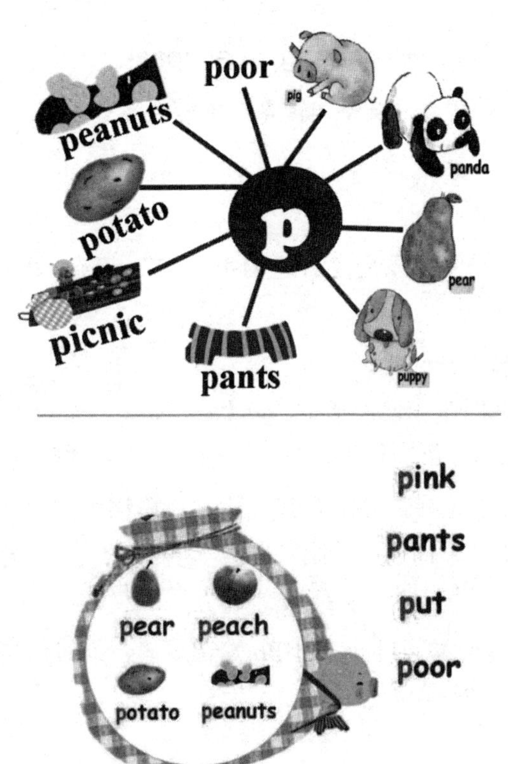

教学后记：

本节课在学生已有能力的基础上，以学生为主体，培养学生自主学习的能力和发散思维，复习完字母 Pp 的字母音后，学生能快速地说出已学过的含有 Pp 音的单词，通过这一环节的训练之后，学生巩固了 Pp 的发音，在总结发音规律后再根据原有的基础自主拼读新词，锻炼了学生的解码能力。只是在说出含有 Pp 字母音单词这一环节，学生回答踊跃积极，光这一环节就花了三四分钟，所以这一节课在第一次上课时没有在规定时间内完成。在经过一遍又一遍的听读之后，学生充分理解故事并能够跟着老师说故事。思维导图式的板书能够培养学生的归纳总结能力。由于时间有限，未能很好地实现教学目标，多音节新单词在这一节课里没有设计相关的活动去强化练习拼读，以至于学生对于 peanuts 和 potato 这两个新词还不能很好地掌握发音。另外对于二年级每节课应该达到什么具体的目标把握不准，以至于在设计课的过程想到很多需要解决的知识点，但碍于时间限制无法一一实现。

第二课时

P-the pig's backpack

《攀登英语阅读系列有趣的字母》

课型：

复习课 10min

教学资源：《攀登阅读系列之有趣的字母》*The Pig's Backpack*，Alphabet Blocks

与上一节课的相关性分析：

本节课在第一课时学生已经通过 *The Pig's backpack* 绘本故事感知了 Pp 的发音规律和逐渐熟悉 Pp 单词解码技巧的基础上，进一步加强对于 Pp 发音的语音的掌握，明白 Pp 不止在首音发音有规律，在单词中间，尾音同样也有发音规律可循。在解读 cvc 单词之后，同时渗透学生 pr 的发音，也更深入培养学生解码单词的能力。

教学目标：复习绘本，巩固字母 Pp 发音规律，通过解码书进一步加强单词解码能力，形成系统性输入。

教学重难点：

1. 教学重点：掌握绘本中重点单词的拼读和认读，能流畅地读出 *The Pig's Backpack*。

2. 教学难点：学生的知识正迁移能力不足，学习完 *The Pig's Backpack* 掌握 Pp 单词发音技巧后，如何形成系统解码能力并感知 pr。

教学流程图：

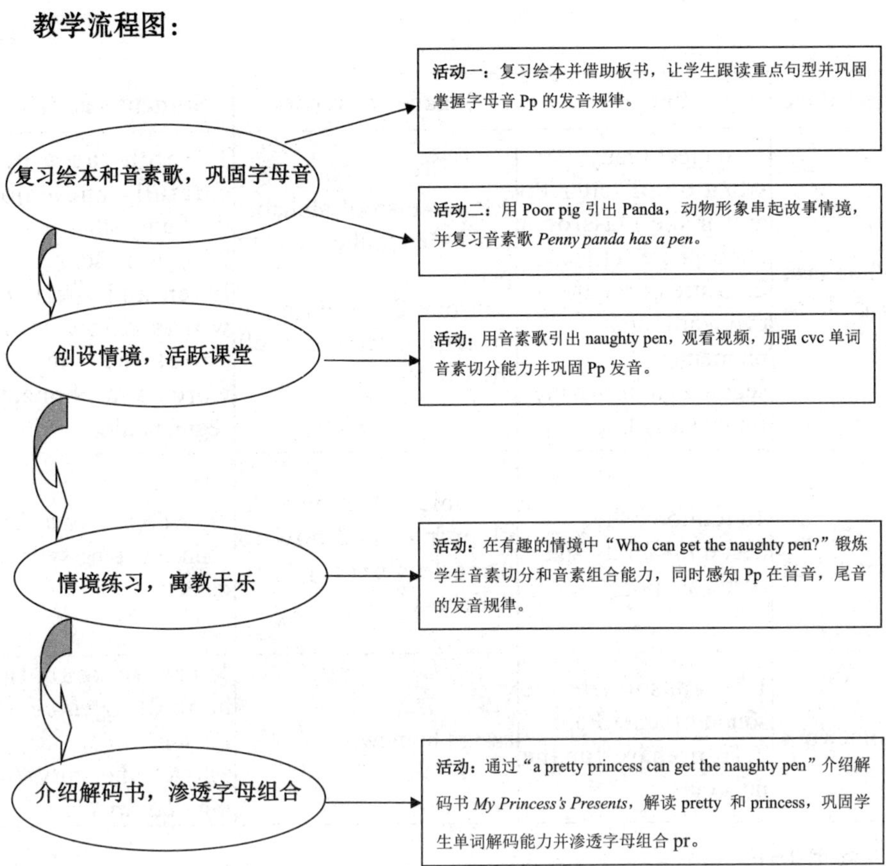

复习绘本和音素歌，巩固字母音
活动一：复习绘本并借助板书，让学生跟读重点句型并巩固掌握字母音 Pp 的发音规律。
活动二：用 Poor pig 引出 Panda，动物形象串起故事情境，并复习音素歌 *Penny panda has a pen*。
创设情境，活跃课堂
活动：用音素歌引出 naughty pen，观看视频，加强 cvc 单词音素切分能力并巩固 Pp 发音。
情境练习，寓教于乐
活动：在有趣的情境中"Who can get the naughty pen?"锻炼学生音素切分和音素组合能力，同时感知 Pp 在首音，尾音的发音规律。
介绍解码书，渗透字母组合
活动：通过"a pretty princess can get the naughty pen"介绍解码书 *My Princess's Presents*，解读 pretty 和 princess，巩固学生单词解码能力并渗透字母组合 pr。

教学过程：

Procedure	Purpose	Teacher's activity	Student's activity
Pre-task preparations	1.To arouse the students' interest and review the picture book. 2.To consolidate the letter sound of Pp.	1.review the story of *The Pig's Backpack* and try to encourage Ss to retell the story according to the blackboard design. 2.(Panda is poor pig's good friend.He wants to sing a song and make him happy.) Play *Penny panda has a pen.*	1.read the story and review all the key words. To retell the story. 2.Listen to the *Penny panda has a pen* with actions and deepen the understanding of letter sound of Pp.

续表

Procedure	Purpose	Teacher's activity	Student's activity
While-task procedures	1.To creat funny situation of letter Pp and make classroom atmosphere active. 2.To strengthen the cvc words and phoneme segmentation with the funny stroy line.	1.Play video of alphabet blocks about the naughty pen. 2.Inspire Ss to finish the exercise:listen and spell the words.	1.Watch the video carefully and enjoy the funny story. 2.Do exercise: listen and spell the words.Know more about the the cvc words and phoneme segmentation.
Post-task activities	To reinforce the decoding ability and permeate pr.	Syllable detection with clapping hand:how to decode "pretty"and "princess".	Try to decode "pretty"and "princess"using syllable detection.
Homework	1.To consolidate the sound of letter Pp. 2.To prepare for the next class.	assign homework.	1.Try to read the book *My Princess's Presents*. 2.Retell the story *The pig's backpack*.

板书设计：

The letter of Pp

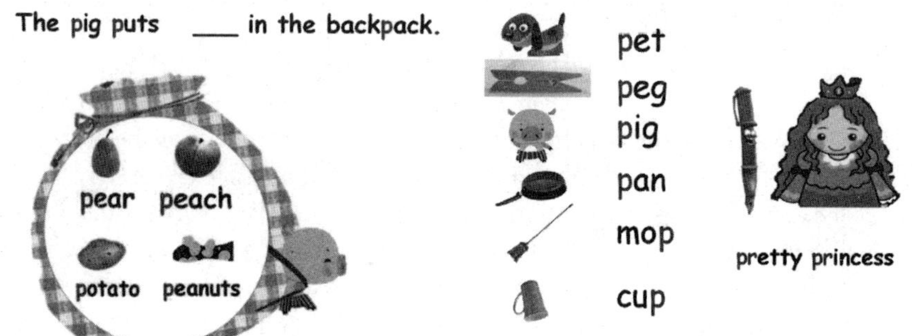

教学后记：

本节课最大的亮点是激发了学生的学习兴趣，有趣的故事和任务式的拼读活动，到最后的意想不到的结局都让学生乐在其中。通过拼读活动练习了对 cvc 单词的切分和组合，锻炼了学生的解码能力。第二课时原本设计的是在巩固学习完第一课时的绘本故事以后，尝试解码书，但是由于时间限制，选择的解码书又有一点难度，里面涉及到字母组合 pl 和 pr 的发音，最终完成不了解码书活动，于是修改了设计把解码书的任务设置在作业环节。在复述故事环节，由于第一课时没有很好解决多音节新词的读音，所以显得并不是十分顺畅，部分孩子不能很好地跟着完整复述。不过我相信在系统地不断地学习自然拼读的后续活动中，学生最终能够自如地掌握这些多音节词的准确读音。

ee- the Green family goes out 单元语音教学设计

《攀登英语阅读系列神奇字母组合》

黄麻布学校　程丹丹 张丽娥

一、教材内容

The Green family goes out

中英文对照

The Green Family Goes Out
格林一家去郊游

"One, two, three. Three sheep."
"一只、两只、三只。三只羊。"
"One, two, three. Three geese."
"一只、两只、三只。三只鹅。"

The Green family is going out in a jeep.
格林一家开着吉普车去郊游。

The jeep stops under a tree.
吉普车在树下停了下来。
"One, two, three. Three geese. One, two…"
"一只、两只、三只。三只鹅。一只、两只……"

"Where is the little sheep?!"
"还有一只小羊哪里去了?!"
"Little sheep! Little sheep!"
"小羊！小羊!"

"Little sheep!""小羊！"
They find the little sheep in a tree.
原来小羊跑到了树上。

The jeep stops under the tree.
吉普车又停在了大树下。

"One, two, three. Three sheep. One, two…"
"一只、两只、三只。三只羊。一只、两只……"
"Where is the little goose?!"
"还有一只小鹅哪里去了?！"

二、教材分析

The Green family goes out 是选自攀登英语阅读系列《攀登英语阅读系列神奇字母组合》的一个故事。这个故事讲述的是格林夫妇带着他们家的 3 只羊以及 3 只鹅坐着吉普车外出郊游。在外出的路上，他们先是丢了一只羊，于是他们开车返回找那只丢失的羊；找回了羊后，当他们继续往前走不久，却又发现

丢了一只鹅，于是他们又开着车返回找丢失的鹅。这是一个充满喜感的绘本故事，故事中的句式简单、语言结构重现率很高。故事中生词很少，含有字母组合 ee 的单词在故事中重现率很高，这样的故事非常有利于学生理解故事并且掌握字母组合 ee 的发音规律。

为了将牛津教材的内容与攀登英语阅读课更有效地衔接，我们在学习牛津教材 B5-M3U8 At the fruit shop 的学习初，间接的渗透了 ee 的发音，为第二课时的绘本故事学习埋下伏笔，以及打基础。

三、学情分析

（一）学生已经熟练掌握 26 个字母的 Letter name 和 Letter sound.

（二）本学期，学生还学习了辅音字母组合 bl,cl,fl,gl,pl,br,cr,gr,dr,sk,st,sp,sl。

（三）学生已具备对英语绘本故事的感知能力。

（四）学生知道单词是由音素组成的，能通过切分音素进行单词拼读。

四、设计思路

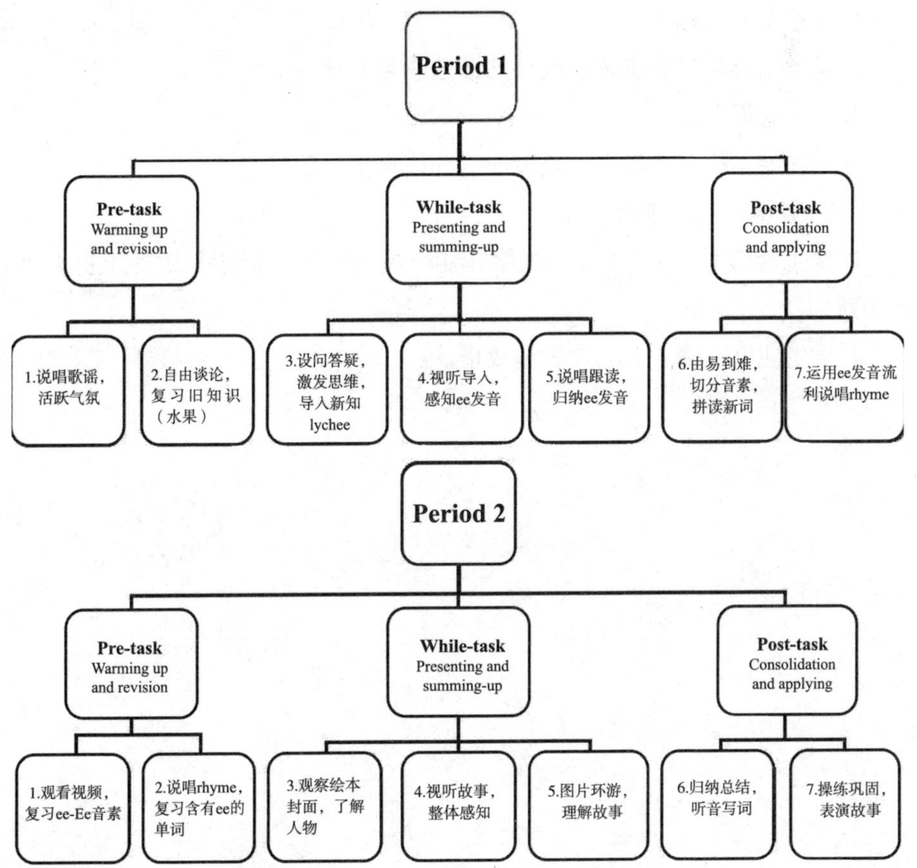

五、教学安排

围绕故事主题以及结合牛津教材，本单元共设计了 2 个课时：

（一）第一课时：B5-M3U8 At the fruit shop

（二）第二课时：*The Green family goes out*

六、教学目标及教学重难点

（一）教学目标

1. 语言知识目标

学生能在故事情境中，理解故事并感知元音字母组合 ee 的发音。

2. 语言技能目标

学生能在故事情境中，掌握字母 ee 在单词中的发音规律，并能对简单的单音节词含有 ee 单词进行正确拼写，提高阅读能力。

3. 学习策略目标

鼓励学生将新词进行解码并通过切分音素拼读单词。

4. 情感态度目标

激发学生英语自然拼读和故事阅读的学习兴趣。

5. 文化意识目标

学生在绘本故事情境中，热爱动物并体会生活的美好。

（二）教学重点和难点

1. 学生能够掌握 ee 的发音规律并能够灵活应用，拼读和拼写出更多含有 ee 的新词。

2. 学生能够准确、流利地表演故事。

七、教学设计

第一课时

B5–M3U8 At the fruit shop

《上海牛津小学英语 三年级上册》

课型 时间：

新授课 10 分钟

教学内容：

整合资源：

我们使用了上海牛津英语三年级上册 M3U8 At the fruit shop 以及 Phonic Kids 5A Unit5 The word family of “ee”。

教学目标及教学重难点：

1. 教学目标

（1）语言知识目标：学生能在情境中，初步感知元音字母组合 ee 的发音。

（2）语言技能目标：学生能在情境中，初步掌握字母 ee 在单词中的发音，并能对简单的单音节新词进行解码。

2. 教学重点和难点

（1）准确、流利说唱含有字母组合 ee 的歌谣。

（2）通过单词首音或尾音替换，学生能独立拼读出更多的含有字母组合 ee 的新词。

教学过程：

Step1 Warming up and revision

1. Greeting with pupils.

2. Do a chant about fruits.

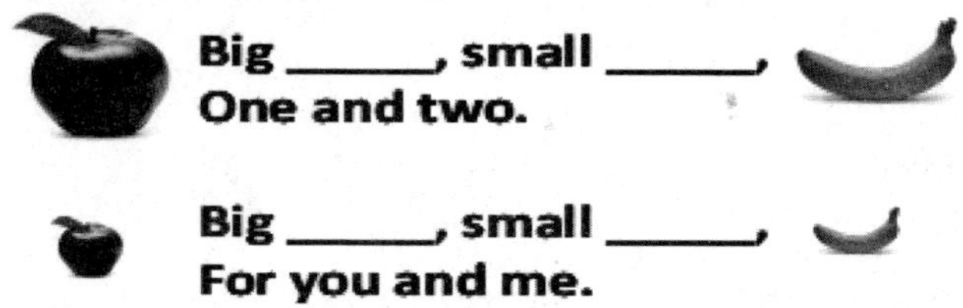

Big ______, small ______,
One and two.
Big ______, small ______,
For you and me.

3. Free-talk

教师在与学生的自由交谈中问学生：What fruits do you like? 引导学生用 I like…s. They're…(taste/colour/shape)来介绍自己喜欢的水果。

设计意图：通过师生问好、水果说唱来营造一个轻松得学习环境；通过师生自由交谈来引入学习主题并帮助学生复习之前已习得的相关水果名称。

Step2 Presenting and summing up

1. Try to guess.

呈现本节课的主人翁“Mrs. Li”并问：What fruits does Mrs. Li like? 鼓励学生大胆猜测她喜欢什么水果。用思维导图的形式来展现学生猜出的水果。

2. Chant and think.

学生猜出 Mrs. Li 喜欢 lychees 后，通过一段轻快的说唱来感知 ee 在单词中的发音。然后，请学生想想并总结 ee 在单词 lychee 中的发音是什么。

3. Video time. 播放音乐，请学生跟着音乐节拍来一段说唱。

Big lychee, small lychee,
One and two.

Big lychee, small lychee,
For you and me.

设计意图：激发学生的好奇心，鼓励学生大胆表达，初步感知 ee 在单词中的发音。

Step3 Consolidation and applying

1.Reading some words by syncopating the phonemes.

通过切分因素的方法，引导学生读一读 lychee 这个单词。

2. Try to read some other new words aloud with letter blend ‘ee’.

有了第 1 步切分因素的能力后，请学生尝试解码新词并大声读出来。

3. Video time.

观看 Phonic Kids 5A Unit5 The word family of ‘ee’ 的视频，并跟着视频一起说唱。

设计意图：巩固字母组合 ee 的发音，引导学生利用 ee 的发音规律拼读新单词。

家庭作业：

1. 跟唱视频 Phonic Kids 5A Unit5 The word family of ‘ee’ 两遍。

2. 用思维导图的方式，列举出你所知道的或者你想要知道的含有 ‘ee’ 的单词。

板书设计：

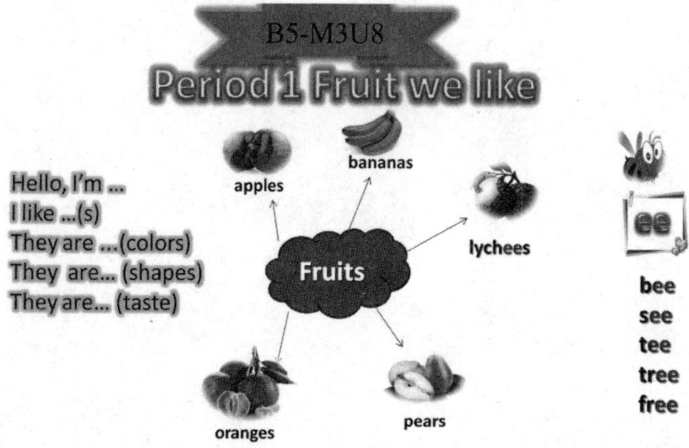

教学反思：

本课时教学内容为牛津教材 At the fruit shop 第一课时前 10 分钟教学内容。课堂上采取 TPR 教学方法，通过循序渐进的教学过程，结合演唱、说唱、问答和切分因素的形式，鼓励孩子在课堂上多听多说。在本课导入环节，首先通过说唱水果歌谣、自由谈论两环节为新课做好铺垫。在语音导入环节，先是通过鼓励学生猜老师喜欢什么水果来发散学生思维，然后呈现新词 lychee, 导入语音 ee。在过程中为了让学生充分感知 ee 发音，设置了水果替换说唱歌谣，视听结合说唱 ee 的环节，从一个音素到两个音素，从单个辅音因素到辅音组合因素来感知音素的切分，严格遵循由易到难的教学规律。在教学过程，也发现了一些需要改进的地方：

1. 学生自主切分因素的意识不强，需要在老师的带动下去做，一旦能正确切分因素，他们就能准确的把词拼读出来。所以，日后还是要适当学会放手，鼓励学生尝试自己对新词进行音素切分，增强他们拼读新词的信心。

2. 学生对于 CVC 结构的词基本能够做到听音写词，但是对于一些读音不唯一、多变的 double-vowel 的单词拼写还存在很大难度，因此需要在平时的教学中不断和学生一起总结发音规律，实现攀登英语的基本目标：见词能读、听音能写。

第二课时

The Green Family goes out

《攀登英语阅读系列神奇字母组合》

课型 时间：

新授课 10 分钟

教学内容：

中英文对照

The Green Family Goes Out
格林一家去郊游

“One, two, three. Three sheep.”
“一只、两只、三只。三只羊。”
“One, two, three. Three geese.”
“一只、两只、三只。三只鹅。”

The Green family is going out in a jeep.
格林一家开着吉普车去郊游。

The jeep stops under a tree.
吉普车在树下停了下来。
“One, two, three. Three geese. One, two…”
“一只、两只、三只。三只鹅。一只、两只……”

“Where is the little sheep?!”
“还有一只小羊哪里去了？！”
“Little sheep! Little sheep!”
“小羊！小羊！”

“Little sheep!”“小羊！”
They find the little sheep in a tree.
原来小羊跑到了树上。

The jeep stops under the tree.
吉普车又停在了大树下。

“One, two, three. Three sheep. One, two…”
“一只、两只、三只。三只羊。一只、两只……”
“Where is the little goose?!”
“还有一只小鹅哪里去了？！”

本节与上节相关性分析：

1. 教学要求的递进性。在教学要求上，在第一课时要求能正确跟读视频 chant，了解字母组合 ee 在单词中的发音，并能结合牛津课本 B5-M3U8 进行单词和句子的学习；在第二课时要求能正确朗读 ee/i:/ 音素和认读含有字母组合 ee 的单词，根据绘本内容正确朗读含有字母组合 ee 的核心词汇，并能说出音素 /i:/ 的在单词中对应的字母组合。从跟读到认读，从拼读到拼写体现了两个课时的递进性。

2. 内容的复现。在第一课时字母组合的发音和单词的认读会再次出现，贯穿教学内容，并在教学过程中循环往复，巩固语音知识、逐步提升阅读能力。

整合资源：

本节课，我们使用了 Phonic Kids 5A The word family of ‘ee’、《攀登英语系列神奇字母组合》*The Green Family goes out*。

教学目标及教学重难点：

1. 教学目标

（1）通过复习字母组合 ee 发音的 chant 视频和含有 ee 的单词，能正确朗读含有 ee 发音的其他单词；

（2）能正确朗读含有 ee 的核心词汇，如 sheep, three, Green, jeep, geese, tree 等；能听音说出和写出 ee 字母组合的其他单词。

（3）正确朗读并理解故事。

2. 教学重点和难点

（1）灵活运用 ee 发音规律，拼读新词。

（2）在理解绘本 The Green Family goes out 故事大意基础上，进行故事表演。

教学过程：

Step1 Pre-task

1. Watch the video.

观看视频 Phonic Kids 视频，请学生跟着视频一起说唱。

2. Play a game.

跟学生一起玩单词转盘游戏，引导学生用切分因素的方法来拼读一些 CVC 结构的单词。

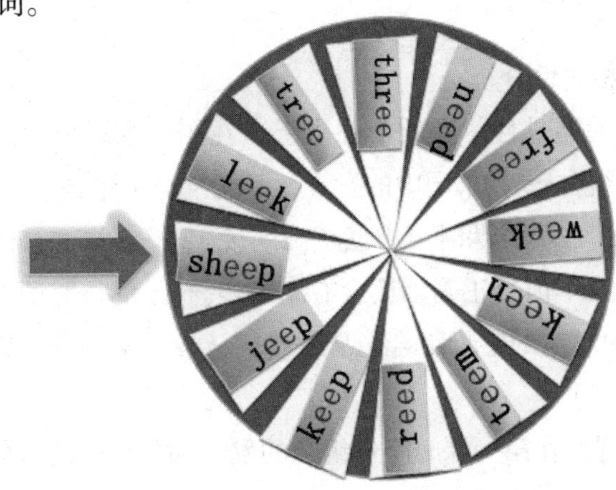

设计意图：通过跟唱视频，复习第一课时学习的 ee 的发音；通过转盘游戏，巩固学生运用切分因素拼读单词的能力。

Step2 While-task

1. Look at the cover of the story, try to answer questions:

请学生观察故事封面，并回答问题：Who are they? What are they going to do?

2. Look and listen to the story, find out the words with 'ee'.

请学生边听故事边翻看绘本书，并找出故事中含有字母组合 ee 的单词，然后进行切分因素拼读单词。

3. Read the story of page1—3 alone, answer the questions:

请学生独立阅读故事，并回答问题：How many geese are there? How many sheep are there? How do the Green family feel?

4. Read the story of page4—6 in groups, answer the questions:

请学生独立阅读故事，并回答问题：How many geese are there? How many sheep are there? How do the Green family feel?

5. Read the story of page6 together, answer the questions:

请学生独立阅读故事，并回答问题：How many geese are there? How many sheep are there? How do the Green family feel?

设计意图：通过观察故事封面，帮助学生提取故事信息，培养学生信息提取的能力；通过听故事找故事中 ee 的单词，巩固学生的拼读能力；通过分页读故事并回答问题，帮助学生理解故事，掌握故事发展脉络，提升学生独立阅读能力。

Step3 Post-task

Motivate students to act one part of the story.

请学生小组合作，演一演故事的某一部分。能力强的小组，可以尝试表演整个故事。

家庭作业：

1. Imitate and read the story twice.

2. Try to make a similar story book. (Work in group).

板书设计：

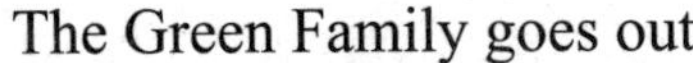

教学反思：

本课时教授内容为 the sound of letters ee, 通过循序渐进的教学过程，结合 chant、拼读、问答和表演的形式，鼓励孩子在课堂上多听多说。在本课导入环节，首先通过复习 chant 和 rhyme 进行语音复习，然后过渡到绘本教学环节。在绘本导入环节，通过观察封面引导学生思考 What does the Green family go out? How? Who? 在呈现和学习故事环节，先播放录音整体感知故事，然后逐句朗读理解故事，接着小组合作，师生一起找出含有字母组合 ee 的单词并尝试拼写。最后巩固环节，小组合作演一演。在学习过程中引导学生进一步复习巩固字母组合 "ee" 的发音和练习拼读拼写含有 "ee" 的单词，为培养学生阅读能力打基础。

在本课实际教学过程中，仍存在一些问题需要改进：

1. 学生学习完词汇后，大部分已经能流畅跟读，但是练习拼写词语环节对词语掌握不牢固，需要多次复习，并且在以后的教学中不断重复，所以每堂课都需要适当在教师语言中增加复习的环节，可以通过师生对话或者留白互动，让学生有更多思考和复习的空间。

2. 故事的情感渗透不够，导入情境没有很好的契机和实际的情境去让孩子感受、体验故事的情感。

3. 练习拼读拼写含有字母组合 ee 单词的方法比较单一，在以后教学中会探索更丰富多样的形式总结所学，让学生更牢固地掌握所学。

4. 以后还要多关注学生阅读流畅性，激发学生阅读兴趣。

第五篇 英语活动课实施

如何设计有效的英语游戏活动

著名的教育家陈鹤琴说过："小孩子生来就是好玩的，是以游戏为生命的。"目前游戏已被广泛运用于小学英语课堂教学中。有些教师确实发挥了游戏在教学中应有的作用，但是也有不少教师组织的游戏未能达到预期的效果。究其原因，就是一些教师在设计游戏时只注重游戏的趣味性和形式性，忽视了游戏的有效性，从而导致游戏流于形式，表里不一。因此，在小学英语教学中，如何设计有效的游戏是我们亟待解决的问题。下面结合自己的教学实践和思考，谈四点看法。

一、游戏的设计要有目的性，为教学内容服务

游戏是为教学服务的，必须与教学内容密切相关。如果设计的游戏活动脱离了教学内容，偏离了教学目标，那么再好的游戏活动也不能达到理想的教学效果。

案例 1：在教授"Who are you?"这个句型时，教师设计了"猜人物的游戏"，教师把一个学生的眼睛蒙住，然后悄悄把另一个学生叫到他面前，当他问"Who are you?"时，让在他面前的学生发出不同于平常的声音，蒙住眼睛的学生猜这个同学的名字。在玩游戏过程中，教师还复习了已学过的句型"Are you ....?"和"Is he/she ....?"。显然，这个游戏是围绕着本节课的教学内容开展的，让学生在玩中学，学中用，学用结合，在轻松愉快的氛围中掌握本节课的语言知识。

案例 2：在教授第十一册 Unit 3 Space Part A 这一课时，教师在完成单词（the sun \the moon\the Earth\stars\near\far）和重点句型（The sun is far from…\The moon is near to…）的操练后，设计了一个"Role-play"的游戏，教师组织全班学生唱 *Ten Indian boys* 的英文歌，一边唱歌一边随意挑选 10 个男孩到台前，其中一个男孩扮演"a little teacher"，其他 9 个分成 3 组，教师让每个学生进行自我介绍："I'm… . I'm 156cm. I'm 32 kg. I'm taller /heavier/stronger than …（和其他组员比较）。介绍完后，"The little teacher"分组进行采访："Who is younger than …? Who are the tallest ?…"。教师设计这个游戏的目的是让学生在情景中

进一步巩固本节课的教学内容。由于教师组织不当，使游戏变成复习 Unit 1 A healthy body 的教学内容，而与本节课的教学重难点完全脱离。设计游戏是为了激发学生学习英语的兴趣，但不能流于形式，也不能本末倒置。

二、游戏的设计形式要多变，要具有灵活性

小学生尤其是低年级的学生，注意力集中的时间较短，自制力较差，教学活动的多样化对保持他们的注意力十分重要。如果一位英语教师的课堂设计千篇一律，缺乏变化，学生就会感到乏味厌倦。因此，教师在设计游戏时，要充分考虑其趣味性及游戏形式的多样性。

案例 3：深港版教材第一册 Unit1 Saying hello，本单元的主要内容是“Hi, I'm … . How are you? Fine, thank you.”。在操练句型时，教师经常采用师生对话、小组对话、男女对话和开火车对话等游戏活动。刚开始学生也情绪高昂，声音洪亮，积极配合教师，慢慢地学生的声音就越来越小，心不在焉。原因是，游戏的设计形式单调，缺乏趣味性。教师可以考虑在设计对话游戏让学生基本熟悉句型后，设计“大拇指游戏”。做法是：左手大拇指代表教师，右手大拇指是老师的一位新朋友，教师邀请一位小助手和新朋友打招呼“Hello, I'm Pat. Who are you ?”，右手大拇指迅速热情打起招呼来“Hi, Pat. I'm Candy.”左手大拇指也不示弱，急忙招呼道：“How are you, Candy?”，右手大拇指回答：“I'm fine, thank you.”。这个游戏生动活泼，富有童趣，非常适合低年级的孩子，能让枯燥的对话操练焕发语言的活力。

任何游戏设计都有很多可以拓展的空间，教师只要用心思考、精心设计，就一定能做到触类旁通，机变百出，让英语课堂迸发出生命的活力。例如，我们可以给一些旧游戏巧立名堂，一点点的创新或许能使老游戏起到意想不到的效果。案例 4：魔术指——在操练 You are tall / thin / fat… 等句型时，教师可以选一个学生上台做魔术师，他有一根神奇的手指，只要他用手指指向同学们，说：“You are fat. 同学们就马上变胖（同学们用动作表示胖）。魔镜——在巩固 old / young 这两个单词时，可以把这两个单词卡做成“魔镜”，当“巫婆（学生扮演）”出示 old 卡片时，同学们一照魔镜，马上变老（动作表示），当“巫婆”出示 young 的卡片时，同学们马上变年轻（动作表示）。

三、游戏的设计要有梯度，要体现挑战性

游戏的设计要依据所学知识的难易程度，循序渐进，能给学生一种前进感，体现由易到难的原则。如果游戏太简单，没有挑战性，难以调动学生的学习热情；如果游戏太难，就难以实现面向全体学生，也难以激发学生的学习兴趣。

案例 5：在教学第四册 Unit6 My room B 部分时，为了活跃课堂气氛，让学生尽快进入学习状态，在 Warm up 环节，教师设计了 Listen and do 的游戏。教师说“Stand up”，学生就坐下；教师说“Sit down”，学生就站起来。组织这个游戏时，教师用的是一样的语速、一样的动作、一样的表情。刚开始，学生还饶有兴致地参加这个游戏，几遍以后学生就开始不耐烦，有力无气了。反思其中原因，就是游戏缺乏挑战性，太简单了。教师可以从三方面进行改进：1. 改变语速，从慢到快，不断增加游戏的难度；2. 改变动作，如说 stand up 时，教师的手势往下，如果学生精神不集中，很容易被教师的手势迷惑，这样一来，游戏就充满了挑战性。3. 教师的表情要富于变化，如像是要说 stand up，表情一变又说 sit down; 像是要慢慢说，说出来又是快的，让学生琢磨不透。总之，游戏的设计不能平铺直叙，要让学生能尝到“跳一跳，摘到葡萄”的乐趣，使课堂充满悬念与挑战，最大限度地激发学生的参与热情。

四、游戏的设计要尽量面向全体，激发学生参与的主动性

游戏的设计要尽量面向全体学生，要体现学生的参与性和合作性，英语课堂不能只是少数学生表演的舞台，而应该是“大家乐”舞台。

案例 6：在教学第五册 Unit3 My favorite things Part B 部分时，教师设计了“猜数量”的游戏来操练句型“How many…..do you have? I have … .”做法是：教师把“soft toys、badges、key rings、coin”分别放进袋子里，把学生分成 4 大组，每组选一个代表参与竞猜。教师叫一个学生代表到台面，问：“How many soft toys do I have?”，学生回答：“You have___soft toys.”。每一个学生可以猜三次，如果猜对了就给该组加分，没猜对则不加分。如此类推，共有 4 个学生参与了这个游戏，其他学生都是旁观者。游戏刚开始，学生还能积极参与，到第二组，其他学生开始“无事生非”了，台上是教师和个别学生在表演，台下的学生各做各的事，反正事不关己，教学效果可想而知。

这个游戏可进行如下改进：每组有五次竞猜的机会，每次一人，由教师随机选择，而且规定数字不能重复。为了让没有轮到竞猜的组的同学也能积极参与到活动中来，教师还可以每次给其他组各一到两次补充的机会。在这个过程中教师还可以给予适当的语言或体态提示，让游戏充满趣味性和挑战性，最大程度地调动学生的参与热情。这样，就能吸引全体学生的注意力，让他们始终关注整个游戏，达到全体参与的效果。教师应牢记:If I teach you, you will remember. If I involved you, you will learn。

有效的游戏活动能激发学生的学习兴趣，树立他们的自信心，培养学生初步用英语进行听、说、读、写的能力，使枯燥的学习变得生动活泼。教师只要遵循语言学习的规律、学生的生活经验和认识水平，用心领悟、用心钻研、集思广益，就一定能突破游戏设计的瓶颈，让英语课堂焕发生命的活力。

让操练活动充满含金量

——点评《Unit1 A healthy body》A

阮　瑜

众所周知，英语是一门实践性很强的学科。在课堂教学过程中，单词、短语、句型的学习都离不开操练。怎样设计和把握好操练环节，以提高任务操练的有效性，使课堂达到应有的质量和深度，同时也能保持学生对学习英语的兴趣，是我们每个英语老师一直关注和思考的问题。

今天，少敏老师来到凤岗小学借班上课，所执教的 *Healthy body* Part A 这节课，应该定位为一节公开状态下的家常课。既然是培训研讨，一线老师们都想看到的是一种常态下的真实的教学状态。下面，让我们回顾课堂，单就少敏老师在这节课上是如何设计操练活动，谈谈我个人的看法。

一、亮点

（一）注重拓展教材内容，充实操练活动

A 部分的教学内容是围绕“describe our body”这一话题展开的。少敏老师分析了教材内容后，发现 A 部分的内容只是涉及几个任务的身体状况描述，内容不够丰富，不能充分满足学生的学习需求。所以老师对教材内容做了进一步的拓展，设计了更为丰富的语言情境和多样的操练活动。

老师巧妙地利用了借班上课，学生对自己不熟悉这样一个契机，利用猜数字所表达的含义，适时地转入“describe body”这个话题上来。精美的多媒体课件对学生的视觉形成了强烈的冲击，既点明了话题，又激发了学生表达的欲望。在教完 heavy，centimeter，kilogram，exercise 等单词之后，老师通过和学生交流，问学生 How tall are you？和 How heavy are you？的问题，引导学生尝试输出所学知识，而且是句单位的输出，力图培养学生句篇表达的能力。但是这个环节我认为做得还不够细。老师只是问了一两个学生，其实可以以开火车的形式，使更多的同学得到操练的机会。此外，老师让学生之间互问互答 How tall are you？和 How heavy are you？大部分学生是只问没答，等于 cm，kg 这两个单词是没有操练到位的。

（二）操练活动紧扣教学目标，层次分明，层层递进

老师在这节课所设计的操练活动都能紧紧围绕用数字和形容词来描述自身或他人的身体状况这一目标，针对所呈现的教学内容进行语言技能的练习。这节课的操练可以分为三个层次。首先是机械操练。在教完新单词之后，运用了跟老师读、跟录音读、chant 等形式熟悉语言。其后，运用意义性的练习，如看图说话等，实现学生对语音义的熟悉。最后，运用交际性巩固，如 do a survey 这一活动，实现语言的形式、意义和功能的结合。三个层次的操练活动既包括听、说、读的内容，也涉及到全班、小组、同桌、个人等灵活多变的形式，由模仿到练习，由练习到运用，逐层递进，逐步培养和发展学生的语言运用能力。

（三）老师在操练中充分发挥了示范作用

在进行操练活动前，老师要做好示范，通过自身的演示，使学生明白该如何进行活动。如 do a survey 的环节，老师让学生拿出练习纸后，马上对学生说 Listen to me and look at me carefully。接着告诉学生该怎样做，再放手让学生去调查。但是在学生完成调查的时候，老师应该巡视全班，对有困难的学生给予及时的帮助。还有一个环节，在教完了 heavy, light 等几个形容词之后，老师先自己问 Who is young？然后让学生答 I am young., Who is tall? 然后让学生答 I am tall.。示范了三遍之后，请了位小老师来完成这个操练活动。

二、建议

所有的课，从不同的角度看，都会有这样那样的缺憾。不完美的课，才是真实的课！这节课也有一些缺憾。

（一）首先，这节课操练的面比较广，但是操练的实效性还有待提高。本节课有全班、小组、横竖排、同桌、个人等形式的操练，量比较足，但是量变没有引起质变。如, How tall are you? 和 How heavy are you? 两个问题，学生只问没答；单词 exercise 以横排为单位操练，乍一听学生似乎都读正确了，细细一听，该单词的尾音给学生们吞掉了。机械操练的目的是为了让学生掌握单词、短语或者句子的正确读法，所以在学生出现错误的时候，老师要及时纠正，而不要一味地追求速度、追求整齐，而忽略了质量。

（二）其次，刚才提到的一个环节，就是在教完了 heavy, light 等几个形容词之后，老师问 Who is young? 然后让学生答 I am young。这个操练活动，其实并没有达到老师预设的效果，实效性不强。我认为倒不如用一个最简便的方法，也就是老师出示一张单词卡，请学生快速地说出它的反义词。先全班操练，再进行小组比赛，一组说，其他三组认真听，听听有没有错误。我想这样的操练活动不仅更能激发学生的兴趣，操练的效果会更好，操作起来也非常简单。

（三）最后，本节课听和写的训练还不够。让学生看课文中的三幅图说话，我认为其中的一幅图可以换成听录音，选词填空，以训练学生的听力。填充完整后的语篇，可以作为另外两幅图的一个范例。有例子参照，学生会更大胆、更积极地开口说英语。

当然，上述“缺憾”，应当说，不是老师这节课所独有的，在我们的课堂上都或多或少存在着这样的问题。但是，瑕不掩瑜，这节课的价值，远远大于它在枝节上所出现的问题。

今天的“辩课互动”也非常精彩，辩课双方都紧紧围绕“课堂操练的有效性”这个主题进行了激烈的辩论，每位辩手都有自己深度的思考，大家妙语连珠、出口成章，表现了高超的辩论技巧。我想，辩课是为了越辩越明，并不是一定要辩出个输赢。如果我们过多纠缠在这节课的枝节问题上，而对整体的价值熟视无睹，那就是研讨的一种遗憾了。

有效的教学，是我们追求的目标；有效课堂的实现，需要我们全体教师一起去思考、实践、反思、提升。善于学习、善于总结、善于发现，我们一定能在有效教学研究与课堂教学实践中收获成功与喜悦。

言之有物 练之有效

——浅谈小学英语课堂操练的有效性

阮 瑜

一、厘清概念

（一）何谓操练？

操练巩固活动是指教师在呈现完新授的语言项目后，运用灵活多样的手段，建构具有趣味性、教育性、创造性、实践性的学生主体活动，以激励学生主动参与、主动实践、主动思考、主动探索、主动创造为基本特征，组织学生在完成“任务”中操练和运用所学知识，形成知识的迁移，将所学知识运用到实际生活中。

（二）何谓有效？

主要是指学生在课堂教学活动中所获得的具体的进步或发展。也就是说，学生有无进步或发展是课堂教学活动有没有效益的唯一指标。有效的课堂教学活动是顺利达到教学目标的可靠保障。如果学生没有什么收获，即使教师把活动开展得再热闹，也是无效或低效的。

（三）何谓课堂？

课堂教学也就是教师与学生的双边活动。教师既要传递语言知识，同时又要把知识活化，为学生的智慧和能力的发挥创造条件，提供不同学生进行选择的可能，注意学生特长和个性的健康发展。

目前，大部分小学每周只开设3—4节英语课，而我们的母语是中文，缺乏英语的语言环境和氛围，英语老师怎样在有限的课时里完成教学任务？学生又怎样才能够在有限的课时里比较牢固地掌握所学知识？我们老师到底要怎样做才能提高课堂教学的效率？小学英语教学发展到现在，探索出了很多新颖的教学方法，其中“五步教学法”是深受广大教师青睐、应用较为广泛的一种英语课堂教学方法。

五步教学法就是指复习或热身活动（Revision or Warm-up）、语言呈现

(Presentation)、操练(Drill)、练习(Practice)和巩固(Consolidation)这五个主要部分，我们在处理一堂新授课时一般都是按照这五个步骤来设计的。可以看出，五步教学法的中心环节是操练，它要求老师在对教材的处理上，操练占有较大的比重，而且必须富有变化，使课堂容量加大，节奏加快，时间紧凑，气氛活跃，才可收到事半功倍之效。操练在这里单独列为其中的一个步骤，但事实上操练作为小学英语课堂训练的最基本形式，它是贯穿于旧知铺垫、新知呈现、复习巩固、拓展运用等各个教学环节的。它是突破教学重难点，完成教学目标的重要手段。也就是说，教师在课堂教学中大部分时间要组织学生操练、使用英语，只有通过课堂操练，才能由知到能，由能到熟，使学生达到熟练运用、掌握语言知识的目的。

有些老师可能会觉得有点儿疑惑，这五步教学法中既提到了"操练"又提到了"练习"，两者是不是有所重复了呢？其实并非如此，"操练"和"练习"是有区别的。操练是让学生熟悉语言的形式或结构，强调语言的准确性；练习是让学生尽可能地运用语言表达实际意义，强调语言的流利程度。在操练环节，老师是一位组织者和指挥者，主要任务是在教师的控制下组织好学生，进行各种机械性的语言训练；在练习环节，老师是一位监督员、监听员和裁判员，主要任务是给学生提供尽可能多的实践机会，逐步减少对学生的控制，让学生尽量独立运用语言。可见，操练是练习的基础，练习是操练的提高。

课堂操练效果的好坏，将直接影响教学质量的高低。所以，老师们总是绞尽脑汁设计、组织各种各样的课堂操练，可结果却是课堂是"活"了，课后却"完"了，因为抽查学生时，不少学生还是一问三不知，不会读单词，不会用句型，评课的老师还附上一句"操练不够扎实"，究竟是怎么回事？

二、课堂操练无效或低效的原因

(一)重活动形式，轻活动目的

当前，"让学生动起来""让课堂活起来"的呼声高涨。在这样的大环境下，不少老师误以为一节好课应当是活动多多益善，在课堂上想方设法地开展一个又一个的活动，最后就出现了"教师教得累，学生始终动"的局面。这种教学思路从表面上看是遵循了新课标的理念，但如果我们认真、深入地审视每个教学活动，就会发现其中存在很多问题。

比如，很多老师在 Warming-up 的环节，喜欢设计类似 TPR, sing a song, chant 等等一些活动，只是为了营造热闹的课堂气氛，全然不顾这些 songs 和

chants 的内容与后面的 presentation 是否衔接、是否相关。这样的操练活动表面上看去活泼而热闹，却未达到本节课语言知识的目标。

（二）重个体活动，轻全体参与

设计操练活动要充分考虑每一位学生，能吸引全体学生参与学习活动，而不是只有能力强或水平高的学生才能完成。而在许多老师的课堂上，一些看似热闹的操练活动，细看才知道只有部分学生参与，而其他学生则成了观众。一位教师在教完 shopping 这一课后，设计了一个购物的情景对话：让一位学生当售货员，三位学生当顾客，操练所学的购物用语。虽然老师要求其他学生必须 listen carefully，但仍有一部分学生一副事不关己的样子。要想全班都能集中精神听，必定要给学生驱动力，老师可以要求其余的学生带着任务听。例如边听边填表格，谁要买什么（what），买多少（how many），多少钱买的（how much）。

（三）重机械操练，轻真实交际

机械操练是巩固新授知识的方法之一。老师用机械的方法教学生学英语，他们也完全可以靠模仿学到一些语言知识，却很难达到灵活运用的目的。为什么许多学生学了十几年英语，可是和老外交流起来却十分困难呢？关键原因是老师在教学中缺少让学生在交际中运用语言这一重要环节。

在我们的英语课上，经常会看到一些毫无交际意义的活动。例如：在练习 "May I have a look?" "Sure. Here you are." 的交际用语时，老师手中拿着一样东西，让学生对新授的句子进行操练，S1: "May I have a look?" T: "Sure. Here you are." 接着将手中的东西给该学生，还未等学生接过东西，老师就急忙走向另一个学生，让另外的学生继续问，老师继续答，继续"给"，而和几个学生对话完了之后，东西还是在老师自己的手里。课后，问几个学生是否明白了 "Here you are." 的含义，学生都误认为是"把东西给别人看了之后，又拿回来"的意思！

（四）重教材操练、轻拓展操练

操练巩固活动的内容上过多倚重学科知识，特别是课本上的知识，忽视了学生能力、创新精神、心理素质以及情绪、态度和习惯等综合素质的训练。课本不应该是教学的唯一。新课程提倡用教材教，而不是教教材，教材只是给了我们一个范例，老师应根据教材中的内容，设计一些贴近学生生活的活动，让学生将课本中学到的语言知识运用到真实的语言情境中。老师应善于以教材为核心，结合学生的生活实际，谈论与学生有关的事物、经历、爱好、思想和情感等，如果教师仅仅是处理教材中的内容，学生所学的知识就始终跳不出课本的局限。

三、课堂操练的设计原则

针对小学生的年龄特点和教学实际，课堂操练应坚持以下原则与方法：

（一）以学生为中心，面向全体学生的原则

学生是一切教学活动中的主体，因此，课堂操练必须坚持以学生为中心的原则。此外，强调全体学生共同参与，使每个学生都分享成功的喜悦，以体现教育的平等原则。

（二）循序渐进，全面发展的原则

课堂操练应以教材为依据，坚持循序渐进的原则，从语音、语调、词汇等基本内容入手，逐步操练巩固，进而让学生掌握句式、句型、句法等内容；手段上也要循序渐进，要注意机械性操练、意义性操练、应用性操练的结合及运用。同时，还要注意难点的分散，让学生步步为营，扎实牢固地掌握教学内容。

（三）形式多样的原则

坚持形式多样的原则，就是要激发学生兴趣，提高学生主动参与操练的意识。在操练时，教师要创造性地设计学生喜闻乐见、贴近学生生活的情景，这样有利于扩展他们的知识，最大限度地激发学生的动机和积极性，让学生在活动中灵活地运用语言，以达到良好的教学效果。

（四）反复操练的原则

心理学认为，重复是形成坚固联系的必要条件，反复的“刺激”有利于知识的巩固掌握。课堂操练也同样应该具有反复性，但是反复不是简单的重复，也不是简单的模仿，而要注重多种操练手段的运用，如：领读、朗读、听说、听写、听做或创设交际情景综合运用、口头表达、书面表达等，都可以单一或组合的采用。反复操练还要注意解决好学生练习和教师反馈的关系，一般可以采取操练—反馈矫正—再操练—再反馈矫正的途径，从而通过反复操练达到巩固所学内容的目的。

四、提高课堂操练有效性的策略

在课堂教学实践中，怎样提高任务操练的有效性，怎样设计和把握好操练环节，使我们的英语课堂达到应有的质量和深度，是我们一线老师一直关注和

思考的问题。

（一）注重操练的趣味性——使学生想练

只有学生对操练的内容、形式感兴趣了，才会主动来练，才能起到事半功倍的效果。在教学 PEC book11 Unit 7 International food A 部分的单词 , sweet/ spicy/ sour/ salty/ hot 等味道单词时，设计了“真真假假”的游戏任务。在五个黑色瓶子里，装有各种味道的水，请学生尝一尝，可以做出各种假相，再请其他学生来猜是哪一种味道。这个操练环节学生兴趣浓厚，参与的积极性非常高，学生们都抢着要说，操练的效果自然不言而喻了。

（二）注重操练的目的性——使学生该练

我们在设计各种操练活动之前，应该思考清楚它的目的是什么，哪些内容是需要练的，需要练到什么程度。操练必须紧紧围绕教材的重难点展开，才能更好地巩固和强化要求掌握的知识点。

例如，在教学 Book7 Unit 7 Eating out 的内容时，我先设计了一个 Make a Menu 的环节，让学生以书面形式巩固食物的单词 rice, fish, beef, noodles, bread, milk, chicken, hot dog, hamburger，接着让学生四人一组模拟进行“到餐馆用餐”的活动，一人扮演服务员，其余三人扮演顾客，操练句型 What would you like? Can I have some noodles, please? Sure. Here you are。以上这些操练活动目标十分明确，学生表述食品和要求食物的能力都得到了一定程度的发展，这样的操练是有效的。

（三）注重操练的层次性——使学生能练

一般来说，课堂的操练顺序安排要遵循由简单到复杂、由易到难、由理解到运用的原则。在设计操练时，要注重每个操练间的内在联系，努力做到上一个操练要为下一个操练服务，后一个操练是前一个操练的延伸和提升。一般地说，整个操练过程依次分为三个层次，即：机械操练，意义性操练和应用性操练，从而形成一个操练的系统。在这个操练系统中，每一层次上的操练形式在教学上都有其明确的目的和作用。

1. 机械操练

（1）模仿性操练

模仿是小学生学习外语的主要手段。模仿性操练是一种机械性的语言操练，也是操练中最初级、最基本的形式。而导读式操练是模仿性操练中使用频率最高的一种形式。导读式操练又可以分为学生集体跟教师朗读、分小组朗读、开火车读、男女生分角色朗读、有节奏地跟读、变换声调地朗读等等。在进行导读式操练时，要求学生们仔细听清老师或录音的发音，模仿时要做到语音、语调、语速、节奏的酷似。

（2）替换操练

替换操练的目的在于加深学生对句子、对话或某个语法现象的理解。通过这种机械替换，可以培养起学生举一反三、熟练套用句型、对话或语法点的能力。老师在实施替换操练时，应循序渐进，由浅入深地进行，以提高学习兴趣，保证操练的质量。

例如，在教句型“He does his homework every day.”时，要求学生对He进行替换，或者老师也可以直接给出替换词，如班里学生的名字，或其他人称代词，等等，学生套用句型说出句子。通过操练，学生掌握了本句型，同时复习了主语是第三人称单数及非第三人称单数动词的形式，还复习了形容词性物主代词。在此基础上，老师还可以再要求学生根据原句自由发挥，利用所学知识，替换do homework, every day等，老师在一旁进行指导、评析，对讲得好的学生及时给予鼓励、肯定，对错误的句子及时纠正。这样做一方面调动了学生开口说话的积极性，另一方面还复习了旧知识，提高语言运用能力，同时还使课堂结构密度增高，知识容量增大，学生操练面增多，保证了操练的质量。

一提起机械操练，我们大概会想到无趣、乏味等一些词语。其实，机械操练也可以是趣味化、情感化、情境化、思维化的。

①趣味化

游戏巩固。儿童天生喜欢游戏，他们也喜欢在游戏中学习。利用游戏巩固句型，不仅能激发和保持学生学习的兴趣，同时又能让学生在课堂活动中得到放松。

②节奏化

编唱歌曲巩固。教师可以利用学生熟知的曲调，把重点句型编成歌曲，让学生在欢快的节奏中巩固重点语言。唱歌是一种很有效的操练形式，一来，能够调动学生积极性，做到“全民参与”；二来，能够整合知识点，以旧带新；另外，还能通过节奏培养学生的语音语调。

③情感化

将机械操练与情感训练相结合也是改变机械操练枯燥性的一种有效方式，鲁子问教授在青岛的一次评课中就提到了这种方式。在教学headache, toothache,a fever 之类单词时，所采用的操练方式为：一生做动作，其他学生问“What’s the matter?”, 然后做动作的这位学生回答“I’ve got a headache.”，这是一种很好的操练方式，有语境，有动作，有体验。但如果所有的单词都用这一种方式操练，那么操练就显得有点儿单调。为此鲁教授提出另外一种方式，即给所操练的单词添加一些简单的语气词，如一生做头痛动作，其他学生用疑问的口气问“Headache?”, 此生做痛苦状回答“Yeah! Headache! Ouch!!!”，不同的语气，不同的语调，不同的情感创设了不同的语境，使机械操练具有多样性、趣味性及实效性。

④情境化

在教学单词 colorful, pretty 时，我设计了一个让学生帮我买裙子的购物活动。进入 dress store 之后，先向学生展示 pretty dress 和 colorful dress。简单的几遍教读之后，立刻向学生提出问题“Which one do you like, the colorful dress or the pretty dress?”。学生依据自己的审美观做出选择，所做出的回答依然是对单词的重复，面对学生在重复过程中出现的错误，教师可组织学生进行有目的地帮读及齐读，这种帮读及齐读发生在一定的语言情境中，是有意义的，有效的。经过进一步的交流，学生们认为这两件衣服的样式和颜色都好，但并不适合我。接下来，我又出示几件裙子，每出示一件都要向学生提出问题“How do you think of the dress, colorful or pretty?”，借机在语言情境中再次操练单词。

⑤思维化

在教学单词 cheap 和 expensive 时，expensive 给老师和学生带来很大的困扰。记得一位老师曾教读了十几遍，仍然有很多学生不会读。我采取的措施是：提前准备了一些单词卡片，正面写单词，如 pencil case，bag, bike ,TV 等，反面写价格。在领读单词几遍后，拿出课前准备好的单词卡片，先向学生呈现单词如“pencil case”，再对学生提出问题“Cheap or expensive?”，学生纷纷用学过的单词 cheap 和 expensive 猜测。在这个过程中学生为了正确表达自己的观点，会很用心地倾听教师每次提出的问题“Cheap or expensive?”, 因为他们需要做的是从这两个单词中选出一个作为自己的答案，或者用心重复别人说过的单词。如果学生在重复中出错，教师会及时纠错，让学生做有效的齐读。思维的参与激发了学生参与操练的兴趣，学生在积极的思考中不停地做着有效的语言的重复，直至学会单词“expensive”。思考是课堂机械操练过程中的兴奋剂，它注入了学生无穷的乐趣和激情，提高了课堂教学的效率。

2. 意义性操练

意义性操练是学生从语言的理解到熟练再到掌握的重要环节，它通过对语言材料的深层结构的剖析，又通过反复强化训练，引导学生从对语言的机械认识转向理解识记，从而达到长时记忆的目的。常见的意义性操练有：

（1）角色扮演

体验角色是一种很好的教育方法，而体验角色行之有效的方式之一就是“演一演”。角色扮演能使所学的语言材料更加真实，对话更接近生活实际，使学生有身临其境的感觉，是进行听说操练的极好方法。如果老师也能够参与角色表演，会使课堂更加生动活泼，使师生关系更加融洽。

（2）情景表演

情景表演是小学生喜闻乐见的一种艺术形式，它集创新思维与口语表达为一体。学生在老师创设的语言情境中运用所学的句型，达到学以致用的目的。如在学完你最喜欢的食物后，教师可以让学生分别扮演服务员和顾客的角色，模拟在饭店或商场购物的情景；在学完了水果之后，可以用实物或图片，在教室里模拟野餐的情景；在学完了询问价钱的语句后，可让学生拿着文具等进行模拟买卖活动等等，从而培养学生的实际语言运用能力。

（3）看图说话

老师在课堂上对学生进行必要的语言知识和语言技能的训练后，给学生提供一些图片，然后给学生一定的时间，让学生同桌之间进行 pair work，或四人小组进行 group work，仔细观察图片的内容并运用所学的词句描述出图片所表达的含义。通过这样的操练，提高了学生对所学语言材料深层结构的了解和认识，达到了巩固语言知识的目的。

（4）主题演讲

这是一种有准备的自我表达思想的形式。在低年级的单词教学中，可以给学生一个 topic，然后围绕这个 topic，用三两句话展开描述。如，三年级上册 Unit3 My favourite things, 就可以让学生以 My favourite ... 为题，描述自己喜爱的东西。而在高年级，可以让学生将对话或故事，用自己的语言复述出来。在复述前，教师可以带领学生提炼关键词，梳理结构和内容。这样，不仅有助于巩固所学的单词和句型，还可以提高学生的口头表达能力。

（5）连锁问答

主要适用于个体学生的操练。在练习时，A 问 B 一个问题，B 回答后再问 C，

C 再问 D，以此类推。进行连锁问答时，提问的句型可以是随意的，也可以是不变的，根据课堂上所学的内容来定。连锁问答是在学生掌握句型后，为了训练学生的听力、口语，检验学生对新、旧句型的熟练程度，增加语言的复现机会、学习的趣味性而设计的。

3. 应用性操练

应用性操练是操练过程中最高层次的一种操练形式，实际上它是一种语言表达的训练。它的目的是通过引导学生学会综合各知识点和各种语言材料，从而培养学生能就具体情景正确应用语言的交际能力。

（1）做调查

“做调查”是最常用的应用性操练任务设计之一，它能培养学生用英语解决问题的能力。虽然小学阶段所学内容不多，但可以设计简单、易操作的调查，例如询问班级同学对体育运动的爱好，并按项目分类，填写好调查表；调查家庭成员和亲戚朋友的职业等。通过做调查不仅增强了学生之间的了解，也锻炼了他们的交际能力。做完调查之后重要的是要组织学生将调查结果进行比较交流，这样做能较好地培养学生的观察和总结能力。

（2）做采访。

（3）创编对话或故事。教师要求学生依照教材中对话的模式，联系学过的语言知识，创编新的对话或故事，进行自由表达。练习时，教师可以先编一段对话为范例，或提供替换词、词组等，引导学生即席进行。还可以让学生把对话编成一段话，让学生在同学面前像讲故事一样把它讲出来。

（4）讨论（discussion）或辩论（debate）。老师提出一个议题，要求学生就此提出议论；或把全班同学分成两个或更多的小组，先分组讨论然后推选一位代表陈述发言。

（四）注重操练的经济性——使学生易练

操练的经济性是指教师在设计操练活动时要尽量做到低成本、易操作，不需要花费老师、学生太多的时间和精力去准备。一位老师在上 What time is it? 的时候，让学生自己用卡纸做一个钟，并用自己的钟和同桌练习 What time is it? It’s ... 等到学生准备好卡纸，画好钟面，分出刻度，装好时针、分针的时候，已经快下课了，这种操练明显不“经济”。这位老师完全可以在上课以前让学生在课前就准备钟。最好是纸质的简易钟。这样学生做起来也简单，课堂上也就会有时间真正操练句型 What time is it? It’s ...

此外，在操练时我们往往很容易忽视身边的资源。其实我们的老师、学生、教室的桌椅、书籍、文具、门窗等都是很好的资源，老师要利用好眼前的资源或是根据眼前的资源进行合理的整合。

（五）注重操练的方法——使学生会练

在课堂教学中，老师要运用适合学生心理特点和认知水平的方法来操练，充分挖掘学生学习潜力，使学生会学，让每个学生都能享受到“成功之乐”，激发学生的求知欲。

例如，某位老师训练学生听口令：Touch your head with your right hand three times 做动作。学生对这么长的口令，一下子领会已经有一定的困难，别说还要做动作，操练到位。为了减轻操练的难度，老师可以分以下几个步骤：先让学生操练：Touch your ……（head 、foot ）等句型，反复几次。学生都能正确、迅速听命令做动作了，再让学生操练：Touch your…with… 的句型，等学生熟练后，最后进行 Touch your head with your right hand three times. 的完整操练。如此设计的操练，学生做起来容易上手，真正达到了巩固和加深本课重点知识的作用。

对于学生来说，再简单的新授内容，也需要通过朗读、释义、运用这一过程，才能真正掌握。拔苗助长、突飞猛进的教学过程可能导致学生产生自卑心理、学习兴趣下降等反效果。因此教师要注意由简到难，层层递进。例如单词教学中，只有当学生通过机械操练熟练掌握了单词的发音与意思后，才能要求学生进行相关的说句练习；等学生能准确地说句后，才能上升到说段练习。这种从简单到复杂的教学和操练方法，符合学生的学习习惯和特征，才能达到良好的操练效果。

案例教学内容：教授学生运用 How much 询问价格

片断一

教师示范：T: Here is a clothes shop. We can see some nice clothes here. Look at this coat. How much is it ? It is 125 yuan. How much is that sweater?

P: It’s 110 yuan.

T: Very good. Here are some nice socks. How much are they ? They are 20 yuan. How much are those shoes?

P: They’re 100 yuan.

T: How much is the scarf? How much is the hat? How much are the gloves?

How much are the pants?

教学说明：用 how much 提问价格这一内容看似简单，但由于中文与英语的差异，学生往往会忽视单复数形式，出现 How much is the socks? 的错误。因此在教授这一内容时，教师先出示单数形式，在学生基本掌握之后，再出现复数形式。在 Clothes shop 这一场景中，教师将操练内容定为师问生答，学生可以根据教师的提问辨别出使用单数或是复数形式，并且在教师的反复强调中区分两者差别。这样“扶着走”的操练形式能够增加学生参与操练的自信心，为接下来“独立行走”的顺利进行奠定基础。

片段二：

学生练：T: Where are we now?

P: We are at the supermarket.

T: Yes. There's so much food and drinks. Would you please find out the prices and practice with your partner?

教学说明：设计 Supermarket 这一场景主要是为了巩固 How much 句型。在这一环节中，教师采用了同桌操练的形式。较之前面的师问生答形式，难度增加了不少，因为学生在提问和回答时都要考虑单复数问题。但是由于有了前面的片段一，教学由简到难，有了适当的过渡，学生的操练准确率很高，对所学知识的掌握也更扎实了。

另外，要提一提在操练过程中容易被教师们忽略的几个事项。

首先，在操练过程中，教师应学会耐心等待，留给学生足够的操练时间。操练是为接下来的输出做准备，只有留给学生足够的操练时间，学生才有信心呈现他们的操练结果。40 分钟内需要完成的内容有很多，例如词汇、句型、语法等等，教师不得不快马加鞭才能完成这些教学任务，因此留给学生思考的时间往往非常有限。我们经常能够看到这样的情景，学生以小组形式进行操练，七嘴八舌讨论得正热烈时，教师却示意时间已到，学生们只得停下活动，但是当其他小组呈现操练结果时，他们又开始悄悄继续刚才未完成的内容，而忽略了倾听其他小组的回答。这样的操练活动是成功的吗？答案不言而喻。再比如师问生答时，教师刚出示完问题，立即请学生作答，由于没有思考的时间，部分学生可能无法回答，此时，大多数老师会另请其他学生。看似平常的举动，实则打击了学生的学习积极性。其实，教师可以重复一遍问题，或者多等五六秒，结果可能完全不同。你会发现，等待时间越长，举起的手越多，参与的面越广，操练效果越好。

其次，要注意纠错方式。有关调查显示，三分之二的教师有错必纠。这种极端做法导致学生不敢开口讲英语，生怕出错，最终导致学生英语学习的积极性下降。因此，教师应该把学生犯错看作语言学习中的正常现象，掌握好纠错的策略和艺术，分清错误性质，选择恰当的时机和场合，采取灵活妥当的纠错方式。

操练过程中，教师既是组织者也是指挥者，因此，教师应灵活运用操练手段，创设丰富合理的情境，注意由简到难，层层递进，努力提高操练效率。

（六）注重操练的量和度——使学生多练

老师在学生操练时，要把握“练”的程度，随时留意、观察学生的反馈情况。如果发现学生已经练会了，掌握熟练了，教师就应该停止操练，进入下一个教学环节。这就需要教师就“该收则收，该放则放”的操练艺术进行深入的研究。课堂教学中掌控了操练的“量和度”，就能让学生有更多的“练习”时间，从而使学生多练。

操练环节是小学英语课堂教学的核心所在。可以说，小学英语教学的过程就是教师组织学生进行各种操练的过程。教师组织和指导学生操练的有效度是提高课堂教学实效的重要因素。教师掌握了一定的有效操练策略，就向成功的课堂教学迈进了一步。作为英语教师，要通过有趣、有用、有效的操练达到教学目标，有效促进学生的发展。课堂操练还有更多的角度、更丰富的内涵需要我们去实践和思考。我们只有在学习后实践，在实践后反思，在反思后改进，在改进后再学习，不断改进我们的课堂教学，这样才能使我们的课堂真正成为孩子们学习的乐园！课堂操练技能是小学英语教师必须具备的基本教学技能之一，是指教师根据课堂上所介绍的新语言知识，组织和指导学生运用多种方法，对新语言结构进行机械性和意义性及交际性的练习，使学生能够通过这些联系初步准确地掌握新语言项目的语音、语调及其结构。

在情境中学，在活动中练，在生活中用

——Unit 3 Seasons B2 教学案例

一、案例背景

I. Content

Unit 3 Seasons B2, from Book 8 of Primary English for China

II. Analysis of the teaching material

Unit 3 Seasons is the continuation of Unit7 Weather, from Book5 of Primary English for China. Part B2 is the third period of the unit. It is a topic about a travel poster. Such a topic is related to our daily life. It aims at enabling students to describe the weather and activities in different seasons. It is also designed to learn to explain different choices.

III. Teaching aims

Basing on the analysis of the teaching materials, I set the teaching goals in two levels.

Knowledge and Ability Goals

Enable students to master the new phrases "fly kites, ride bikes, make a snowman" and learn to read the poster. And learn to make a conversation by using the sentence patterns: When do you want to go? Why?

Attitude and Emotion Goals

Enable students to love life, love our country and hometown. And their spirit of cooperation and exploration should be developed, too.

IV. Important and difficulty points

a. Important point: Master the new phrases and the new language structure "Why? Because I can…".

b. Difficulty point: Writing a poster.

V. Teaching Aids

Multimedia、PPT、poster、tourist coupons

二、教学过程

Step1 Warming up

（一）Sing a song *How is weather*?

设计思路：课前让学生唱与教学内容相关的歌曲，不但能活跃课堂气氛，使学生尽快进入学习状态，也为学习新知识做了铺垫。

（二）Do a daily report

学生用 B1 部分已学句型“Where are you from?”和“What's the weather like there in spring/summer…介绍自己家乡一年四季的气候。

设计思路：深圳的学生来自五湖四海，此活动不但复习、巩固了已学知识，增进了同学们之间的相互了解，也有助于培养学生灵活运用所学知识的能力。

Step2 Leading in

通过 CAI 创设“五一”节即将到来的情景。

T: Dear children, May Day is coming soon. My net friend Snoopy invited me to his hometown Beidaihe.

（教师出示 CAI）

T: Do you want to go with me?

S: Yes, we want to go with you.

T:（出示旅游优惠券）Snoopy is a tourist guide. If you want to go, he will give you some tourist coupons after answering his questions.

设计思路：俗话说：好的开始是成功的一半。借助多媒体为学习提供了一个较真实的情景；用旅游优惠券做奖品鼓励学生大胆尝试，提高他们学习英语的兴趣。

Step3 Presentation

(1) Listening Testing

教师通过 OICQ 和 Snoopy 网上聊天

T: Hello, Snoopy!

Snoopy: Hi, Ronda! Come to Beidaihe and have fun.

T: (转向学生) Do you know anything about Beidaihe?

S: No.

T: Let's listen to Snoopy carefully. He will introduce Beidaihe to us.

T: If you can answer the questions after listening, Snoopy will give you tourist coupons.

在听 Snoopy 介绍北戴河的短文之前，教师用课件呈现 Snoopy 的图片和需要学生回答的问题。

Questions: 1. What's the weather like there in autumn?

2. What can you do there in autumn?

3. What's the weather like there in winter?

4. What can you do there in winter?

5. What's the weather like there in spring?

6. What can you do there in spring?

设计思路：通过 A 和 B1 部分的学习，学生基本能听懂这篇短文。先把需要问答的问题呈现给学生，既能帮助学生理解短文，又有利于学生集中精力。

给回答正确的学生奖励优惠券，能调动学生积极参与教学活动的热情。

（2）Reading Comprehension

Activity1: Find out the unknown phrases

T：You are so smart. Now let's read the poster and find out the unknown phrases.

S: make a snowman / fly kites/ ride bikes（教师板书）

T: Please read after me.

Activity2: Sing a song

T: Let's sing a song, Ok?

Song

[It's spring. It's spring. Fly kites. Fly kites.

It's summer. It's summer. Go swimming. Go swimming.

It's autumn. It's autumn. Ride bikes. Ride bikes.

It's winter. It's winter. Make a snowman. Make a snowman.]

设计思路：运用小学生熟悉的“两只老虎”的旋律，把本节课的教学重点改编成歌曲，让学生在愉悦的氛围中掌握新单词，使枯燥的学习变得生动活泼。

Activity3: Make sentences

T：Can you use one of the phrases to make some sentences?

S: Yes!

S1: I can fly kites in summer.

S2: Do you like riding bikes?

….

Activity4: Learn to read the poster

T: Let's read after the tape.

T: Please read out the poster loudly. Then I will ask you some questions.

T: What can you do in spring /…?

设计思路：小学生的个性是好奇心强，争强好胜。四个活动，由浅入深，层层铺垫，层层推进，不但学习了新知识，学生的听、说、读的能力都得到了训练，也为下一步“写”做好准备。

（3）Quick Response

Snoopy: Is Beidaihe very fun? Do you want to go?

T: Yes!

Snoopy: When do you want to go?

T: I want to go in spring?

Snoopy: Why?

T: Because I can ride bikes then.

（教师板书重点句型，并教授新单词“why”和“because”。）

T: Do you want to go to Beidaihe?

T: When do you want to go?

S1: I want to go in winter.

T: Why?

S1: Because I can make the snowman.

…

T: Please practice in pairs.（学生两人一组对话。）

…

设计思路：教师通过“Quick response”活动，让学生在不知不觉中学习、掌握和运用新句型。

Step4 Practice and Extension

（1）Write posters

T: Children, Snoopy wants to develop some new tourist routes. Can you introduce your hometown to Snoopy?

S: Yes!

T: OK. First, please introduce your hometown in group. Then choosing a new tourist route in your group and filling the blank. If you want to make your group's poster more beautiful, you can draw some pictures in it.

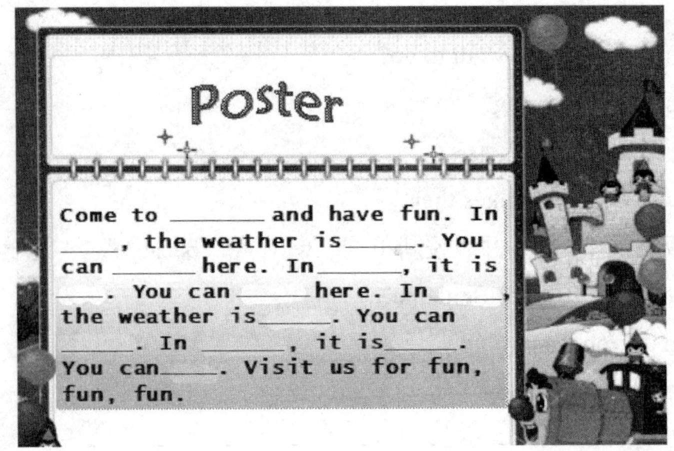

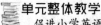

设计思路： 新课程要求在课堂上要面向全体，尽量让每位学生都有参与教学活动的机会。此活动由点到面，让每位学生都能参与到教学活动中，学生是活动的主体。该活动既锻炼了每个学生的听、说、读、写能力，也培养了学生的合作精神和促进了学科之间的渗透和交流。

（2）Talk about the posters

（After writing, each group sticks the poster on the wall）

T: Now, you can walk around the classroom and use your own words to talk about the posters freely. Be sure to mention “When do you want to go? Why?” questions.

S1: Come to Huizhou and have fun. In autumn, the weather is cool. You can climb the mountain….

S2: Welcome to Xi’an and have fun holiday! In spring, it’s warm. You can have picnic...

设计思路： 通过张贴 posters, 让学生在较真实的情景中学习语言和运用语言，培养学生的交际能力；通过让学生推广自己家乡实现情感教育的目的——热爱家乡、热爱生活、热爱祖国。

Step 5 Homework

Each student should choose one that he/she is sure to finish well

A: Make a beautiful poster.

B: Make sentences by using learnt phrases and structures.

C: Copy the poster once.

设计思路：学生根据实际选择适合自己的作业，有利于树立学生的自信心和学习兴趣。

三、教学反思

（一）在情境中学

Well begun is half done. 利用即将来临的“五一”假期，引出热门话题——旅游，调动学生的积极性和学习热情；通过小孩喜欢的卡通人物“Snoopy”介绍家乡北戴河，将教材内容生活化、儿童化，让枯燥的语言赋有活力。多媒体教学突破了时空的限制，为学生参与活动创造了最佳情景，使英语学习过程成为学生主动思维和主动学习的过程。

（二）在活动中练

在导入新课后，教师在呈现环节和操练环节设置了五个教学活动，让学生在活动中学习语言和运用语言知识。五个活动由浅入深，环环相扣，步步深入，让学生在体验、参与和合作中，轻松、愉快地学习与运用语言。学生的学习活动由传统的被动接受知识转化为在活动中主动获取知识，学生学得愉快，教师教得轻松。

（三）在生活中用

本节课教师把教材作为教学的载体，既依靠教材又超越教材，把本节课的内容与学生的生活紧密地结合起来，让学生学习生活中的英语。如在 practice 和 extension 环节，教师通过创设情境——拓展旅游路线，让学生体会到“学了就能用”的成就感；通过张贴 poster，进一步培养学生运用所学语言进行交际的能力。

对话教学简易“三部曲”

阮　瑜

众所周知，听说读写四项基本技能中最重要最常用的是交流。说能促进听的能力，也能提高写作能力。可见口头表达能力在四项基本技能中起着非常重要的作用。但是实际上，我们的学生成绩也许很高，就是不能说，上课时老师提问也能回答，要自己说时却怎么也说不出来。这就是所谓的“哑巴英语”吧。因此，我在课堂教学采用了知识滚动法，希望能提高学生的口语表达能力。

一、灵活教对话

我们知道书本的知识是死的，如果只按课本来教，照本宣科，那学生学到的也只能是不鲜活的东西。怎样才能把这“死”的东西变得鲜活呢？首先，我把课文的句子进行滚动，把新词加进旧句中。例如：Unit 2 Fire and safety 中的新词是关于消防安全的动词词组，对学生来说比较简单。我把 A 部分的句子扩充了一些，变成：

A: Hi, Tim! How are you?

B: I'm OK now but yesterday morning there was a fire at my building.

A: Really? Was everyone OK?

B: Yes, everyone was OK. The firemen came and put out the fire.

A: What should we do when there is a fire?

B: When we hear the fire alarm, we should get up quickly. We should leave the room. Don't take your things.

这样，学生们对新词就有了一个依托，而且很快就能运用了。在运用之前还要让学生把这对话背下来。背下来后，再请学生们用其他的词来替换划线的词语。这样这个对话的内容就充实了。

在教授第二课时的时候，我再把新课的新句 What happened? What did you do then? Did you…? 加进昨天的对话中，使对话变成：

A: Hi, Tim! How are you?

B: I'm OK now but yesterday morning there was a fire at my building.

A: Really? What happened?

B: It was about _____ o'clock when I heard a loud noise. I got up quickly. When I __________, I __________.

A: What did you do then?

B: I _______________. I didn't _______________.

A: Did you …?

B: No, I ….

这样一个对话里面就把整课的新词和新句都包含在里面了，让学生死记之后再改变内容，最后请学生们俩俩对话进行表演。学生们既能把以前的知识像滚雪球一样滚下来，又能把进行表演分角色，提高了口语表达能力，增强了学习信心，也提升了学习兴趣。

小学英语教师应做到培养学生的口语能力时不拘泥于教材，一切活动源于教材而高于教材，即做到活用教材，培养学生的口语表达能力。

二、快乐记对话

上面提到让学生把对话先背下来方便后面的举一反三，这“背”也是有技巧的。例如上面举到的例子，对话不是老师自己写或想出来的，而是要老师引导学生说出来的，因为是学生自己想出来的，所以会加深学生对对话的记忆。然后和同伴分角色读，再利用“擦去法”来激发学生兴趣来背。如要求学生背：It was about ten o'clock when I heard a loud noise 就可以先把 heard 擦去，请一个学生背，这对学生来说是一件非常简单的事，所以学生们都会抢着背。然后老师可以试着擦去更多的单词，或者整个句子擦去，学生们会依然热情高涨地背。

三、轻松写对话

到了写对话这一步，也是即将大功告成的一步了。请学生仿照本单元所学对话，自己创编一个新对话。因为学生对已学对话已经非常熟悉，所以写对话对他们而言就是小菜一碟了。这时，我会对学生们进行一个提醒，尽量不要和别人一样。同时，及时地发现与众不同的句子，及时表扬，让其他学生也开动脑筋进行创新。然后我再挑出好的作品进行表扬，并给予“大作家”“小作家”的光荣称号。

这对话教学三部曲，始终贯穿着我的整个的对话教学中。学生还能保持着低年级时的学习热情，口语表达能力也有了很大的提高。从写出来的小作文看，“大作家”“小作家”层出不穷。

激趣、诱思、导学

——新课程下的小学英语课堂教学三步曲

为全面推进素质教育，适应21世纪我国国民综合素质提高的需要，教育部决定从2001年秋季起，积极推进小学开设英语课程。并在2001年制定的《英语课程标准》中明确指出，“基础教育阶段英语课程的任务是：激发和培养学生学习英语的兴趣，使学生树立自信心，养成良好的学习习惯和形成有效的学习策略，发展自主学习的能力和合作精神；……为他们的终生学习和发展打下良好的基础。”

义务教育阶段的教育，尤其是英语教育，就是培养学生的兴趣、信心、策略和习惯。从目前的情况来看，在英语学习方面困难较大的学生，其主要困难还是由兴趣、信心和策略等方面的问题造成的。如果学生一开始没有培养足够的兴趣和信心，就不会有一个好的开端，以后学习自然就会有困难。因此，在小学英语教学中，教师要充分利用各种有效的教学策略，激发学生学习兴趣，启发学生创新思维，授一手科学的学习方法，使教学达到完美、和谐的统一。

一、激趣——性情陶冶，人格塑造

“知之者不如好之者，好之者不如乐之者。”兴趣是推动学习的内在力量，是学生学习的强大动力。

美国著名教育心理学家布鲁纳说过：“对学生的最好刺激，乃是对所学教材的兴趣。”爱因斯坦也说：“兴趣是最好的老师。”兴趣是学生积极认识事物，积极参与学习活动的一种心理倾向。学生一旦对英语产生浓厚的兴趣，就乐于接触它，并且兴致勃勃地全身心投入学习和探索，变“苦学”为“乐学”，从而，取得事半功倍的成效。为此，在教学中，教师要根据教材内容，充分挖掘教材的趣味因素，教材处理及教学过程力求集科学性、知识性、趣味性于一体，适当采用先进的多媒体教学，令教学直观、生动，图文并茂，有声有色；此外，针对儿童好动、好奇、好胜的特征，设计灵活多样的教学形式。例如，授予动听歌曲，上口童谣，编排简单舞蹈动作，组织趣味游戏，创设一个又一个新奇的、具体的、生动的情景，以满足学生好动好胜的心理，激发他们的好奇心理和求知欲望，从而广泛吸引学生参与，变被动接受知识为主动求索知识。例如，在教学“色彩”单词和动物单词时，我利用歌曲*Rainbow*“Color Game”，让学生在载歌载舞和游戏中巩固学习“色彩”。借助多媒体课件，进行“辨声游戏”，以竞赛方式，听音猜物（动物）。在揭谜时，放映片刻动物卡通片，进而让孩子戴上形象道具表演小动物，模仿其动作神态。或借助“Magic Bag”，让学生触摸、猜物、取物、观察、描述，让学生在自我尝试的学习过程中，逐渐揭开谜底，就会享受到“跳起来摘桃”的成功喜悦，进一步巩固色彩及动物单词。

二、诱思——创新思维培养

“学起于思，思源于疑。”教师要努力营造一种宽松、平等、和谐的课堂气氛，激发学生敢想、敢说、敢做的热情。首先，鼓励学生展开想象的翅膀，标新立异。教师可根据教学内容，利用多种途径，或借助实物，直观教具，或运用丰富、优美、生动的教学语言，或组织丰富多彩的课外活动，为学生装上想象的翅膀。例如，借助多媒体课件，在优美的音乐中展示一幅美丽的森林图景。老师温和地说：“看看，这是什么地方？”“对，是森林，多美丽呀！你喜欢吗？”“想想看，有谁住在这美丽的森林里呢？”学生用英语说出许多小动物（animal）……接着，老师按一下鼠标，出现一种动物的叫声，让学生说出这种动物的单词（如 bird），接着按鼠标，森林里就会出现一只小鸟，老师说“小朋友，我们和 bird 打招呼。”“Hello, bird.”“Hello,bird. How are you?”老师戴上小鸟的头饰，边做动作边回答“Fine, thank you. And you? ”小朋友争先恐后地说“I’m fine, too. Thank you. ”“小鸟遇到了谁？”“森林之王 lion。”“bird 应该怎样和 lion 打招呼？”“Hello, lion. How are you?” ... 如此这般在老师的引导下，插入学过的童谣、儿歌，学生就拼凑并演绎了一个充实、生动的童话故事。

这种自由、新颖的教学策略，集唱、编、演于一体，使学生在自由想象的天空里，发展了思维，升华了思维，也提高了语言实践能力。同时也培养了学生在实践中主动地、独立地发现新事物，提出新见解，解决新问题的创新性思维能力。心理学家皮亚杰说过；“教育的主要目的是造就能创造新的而不是简单重复前人所做过的事的人，这种人能有创造、发明和发现。”教师引导学生在时间上和空间上放宽或变换角度进行思考和分析，运用发散性思维，创造新的方法，新的观念。

三、导学——科学方法，持续发展策略

未来的文盲不再是不识字的人，而是没有学会怎样学习的人。因此，教师要深入钻研教材，精心设计教学过程，启迪学生在学习过程中领悟英语学习的特点，逐步形成正确有效的学习方法，培养学生自主学习的能力和终生学习的能力。

比如，在句型教学中，教师反复说陈述句与一般疑问句：This is an apple. Is this an apple? 通过强调其中的不同点让学生领悟两个句子的词序、语调及意义的不同，通过书写时颜色、字体大小的不同，让学生明白词序变化后带来的字母大小写和标点符号的变化。让学生在学习过程中通过观察、体会发现语言规则；让学生在学习过程中想想、猜猜，学会主动获取知识。掌握了语言的工具，领悟到语言学习的成效，体会到自己的聪明才智，会激励学生更加主动更加自觉的学习。

这种引导、启发、鼓励的导学策略，不仅促成良好学风的形成，更重要的是帮助学生掌握科学的方法，适应信息万变、知识不断更新的社会，培养学生可持续发展的能力。

在小学英语创新教育实践中，通过激趣、诱思、导学，引导学生多讲、多动、多想，多“发现”，多“创造”，使学生具备世纪人才的基本素质。

A thirsty crow 教学案例

一、教材分析

Read a story

A thirsty crow

1 I'm a crow. It is hot and dry today. I'm thirsty and tired.

2 There is a bottle. It has some water in it!

3 I'm so thirsty, but I can't drink it. The bottle is too long and thin.

4 Here are some pebbles. I have an idea!

5 One, two, three, ... Great! Now I can drink the water! I'm so happy!

Read, choose and write

1 It is ________ and dry today. **a** cold **b** hot

2 The crow is thirsty and ________. **a** hungry **b** tired

3 The crow sees ________. **a** some water in a bottle **b** some milk in a bottle

4 The crow puts some pebbles in the bottle. Now it ________ drink the water. **a** can **b** can't

本课来自于上海教育出版社出版的小学四年级英语教材中的故事 *A thirsty crow*. 取材于中国的寓言故事《乌鸦喝水》，是家喻户晓的民间故事，本篇课文简化了其中的内容，文本偏重于通过乌鸦独白的形容词的句型如 “I'm thirsty and tired. The bottle is long and thin” 表达乌鸦的情绪变化。出现的生词是 pebble/ bottle。通过这些知识内容感知故事，体会乌鸦面对问题，解决问题的心情变化。

二、整合思路

本课通过阅读策略的指导带学生整体感知故事，朗读故事，使孩子们在学习阅读绘本的同时体会故事中的情节起伏和角色心理。通过教授语言知识，表示心情和描述状态的句子，体会语言内容所表达的心情和功能。进行有感情的朗读。

三、教学目标

（一）教学重点——学习策略指导

1. 培养学生的读图能力

2. 根据图片信息辅助理解文本

3. 引导学生有感情的朗读，体验语言的情感

（二）语言知识

1. 理解文本中主要单词 crow/pebble/ bottle 和读音；

2. 感知理解表现情绪和描述状态的形容词句

（三）语言技能

1. 观察，看懂故事 A thirsty crow 并体会图片的情绪。

2. 抓关键词，读懂故事 A thirsty crow 并体会语句的情感。

3. 有感情的朗读故事 A thirsty crow 。

（四）能力与情感目标

1. 培养孩子读图的能力；

2. 培养学生体会图片和语言的情感；

3. 鼓励孩子通过理解体验，有感情地进行角色扮演，了解到面对问题，处理问题，解决问题的心理状态。

四、教学方法

故事教学法

五、教具准备

单词卡、课件、头饰

六、教学过程

Procedures	Contents 内容	Methods 方法	Purposes 设计意图
I. Pre-task	Warming-up	1.Greetings 2.Sing a song:*How are you*? 3.A singing crow comes, it is thirsty	以师生间的亲切问候、歌唱熟悉的歌曲创设和谐轻松的学习氛围。通过歌曲引出故事的主角the thirsty crow
	Lead-in	Introduce the story of the thirsty crow, let studens remind of the story.	通过提问，让学生回忆乌鸦喝水的故事，帮助他们理解本课内容，并快速导入本课内容。
II. While-task	Watch the pictures and put them in order	1.Divide students into small groups. Let students in every group read the pictures which were not in correct order. 2.Let studens reorder the pictures by their comprehending the pictures in their groups.	引导学生阅读图片绘本的能力，捕捉图片中的情节。
	Read the sentences and match the sentences with the pictures.	1.Let students read sentences from each picture. 2.Match the sentences with the pictures after discussion in groups. Check the answer and pick up the key word from the sentence in each picture by asking the students questions.	通过对图片意义的理解辅助文本排序，让学生理解文本的大致意义，并学会快速从语句中提取重要信息。同时是帮助学生掌握阅读方法的一种学法指导。

续表

Procedures	Contents 内容	Methods 方法	Purposes 设计意图
II. While-task	Read the dialogue in suitable emotion	1.Let students read the dialogue by their understanding. 2.Help the students know the emotion of each sentence. 3.Put different faces on the blackboard which stand for different emotion. 4.Listen to the record. Let studens well understand the emotion. Lead the students read the dialogue in suitable emotion	通过描述和示范带领学生理解故事中语言的语气，通过听读和纠正帮助学生正确地带感情地朗读故事。 学法指导：帮助学生体会语言的语气。
III. Post-task	Act the story.	Act the crow in groups Ask some representatives act in front of the class.	表演对话让学生充分理解和体验故事。(以下部分不体现在20分钟教学过程里）
IV. Assignments	1.Read the story and tell the story to your friends. 2.Finish the exercise in the book.		
V Board-designing	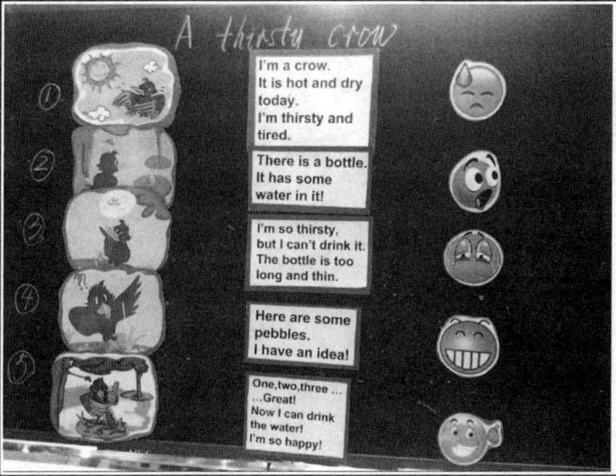		

第六篇 教学拾贝

小学英语课堂的“七多”与“七少”

谢宽平

随着课改进入务实阶段，小学英语的课堂已经发生了可喜变化。教师的教学水平不断提高，学生学英语的兴趣也日渐浓厚。但是，笔者在观课中发现，部分教师的课堂教学还存在着一些需要改进的问题。这些问题概括起来可以称之为“七多”和“七少”。下面，笔者将对此做简要阐述和分析。

一、外动多、内动少，游离语言学习本质

说、唱、玩、演等教学活动赋予了小学英语课堂勃勃的生机与活力。然而，有些课堂的外在活动虽然热热闹闹，但很多都是浅层次的活动，没有真正从内部激活学生的思维，造成繁荣的假象。如在教学 Book 6 Unit 8 At the market B 部分 Say and Act 时，教师用 PPT 呈现图片，通过师生间一问一答的形式复习学过的 A 部分单词和句型：“T: What's this?/ What are these? S1: It's/ They are…” 在操练本节课的重点句型 “How much are these…? They are…yuan a kilo.” 时，教师先后采用了 4 个教学活动：1. 看图回答，教师问学生答；2. 听、跟读录音各一遍；3. 看图对话，让同桌间进行 pair work; 4. 演唱 chant，老师把核心内容整合成 chant，让学生演唱两遍。表面上看，这几个活动形式多样，课堂气氛热烈。但这些几乎都是机械重复性操练，学生只是动动“嘴皮子”，“复读”课本上的核心句型，没有“自己的话”和富有个性的思考。因此，课堂教学如果一味追求表面上的“热闹”，就会游离语言学习的本质，弱化学生的主体地位，造成教学对话缺乏情感与生命。

二、回答多、提问少，消磨学生学习兴趣

提出一个问题往往比解决一个问题更重要。在传统的英语教学中，提问的大权都掌握在教师手中，课堂提问往往就是“师问生答”。长此以往，容易造成学生问题意识淡薄，只愿意回答问题，而不能提出问题。笔者看到很多教师在课前的 Free talk 环节，都是采用“师问生答”的形式。即使给学生提问的机会，课堂的对话也缺少“话轮”。即，学生提出的问题不是明知故问，就是一

问一答。比如两个学生一个问："How old are you？"另一个答："I am 7。"对话就结束了。这一类的问答没有激活学生已有的知识经验，培养不出他们用英语思维的能力。同时，由于机械的问答缺乏挑战性，使学生不能产生成就感，从而会逐渐使他们失去学习英语的兴趣。

如何培养学生的问题意识，让他们提出更多有价值的问题？如果我们变换一下思维和做法，可能会出现大不一样的效果。比如，我们可以采用头脑风暴的方式，与学生围绕某个核心话题进行发散性的叙述，要求学生不仅说出阐述性的语句，更要针对这个话题提出自己感兴趣的问题。例如，在教学深港版教材五年级一课 TYPHOON 时，当教师成功利用视频或者图片引入主题后，便可以引导学生围绕 typhoon 发问，诸如："What is a typhoon? When will it happen? How is the typhoon? Is it good? How's the weather like then? Do you like typhoon? What can we do when there is a typhoon?"这些原本都是教师提出来的问题，但是教师把提问的机会给了学生以后，他们大多可以提出这些高质量的问题。坚持对学生进行这样的训练，他们便能善于围绕某个话题提出问题，养成英语式思维的习惯。我们还可以采用"Guess and ask"的方法培养学生提问的能力。这个游戏在国外的课堂上很流行。作为课前活跃气氛的一种形式，老师会准备一个 magic bag，然后让学生猜测并提出各种问题。这种没有固定话题的猜测更能训练学生的发散思维能力，他们会自觉复现自己所知道的所有信息，并运用他们已有的语言积累，尽可能去猜。这样一来，不仅活跃了课堂气氛，有效复习了旧知，还能潜移默化地训练和提高学生的提问能力。

三、个体多、全体少，造成学生两极分化

作为普及教育和大众教育，小学英语教学应力求使每个学生都能达到学习目标。但是，笔者经常发现教师在组织教学活动时，出现"顾此失彼"的现象。课堂成了个别学生的"独角戏"与"表演场"。比如，在教学五年级第五单元 Dinosaur Part A 时，一位教师在教授完新单词和三种 dinosaurs 的特征后，设计了两个师生互动的操练活动。第一个活动是师生问答：T: Which dinosaur do you like? Why? 活动大概持续了 8 分钟，有 6 个学生参与。第二个活动是"Describe the animals"。学生用"It has…It can…"描述老师手中的动物玩具。这个环节大概用了 10 分钟，只有 5 个学生参与。两个活动共耗时 18 分钟，参与的学生只有 11 人，其中有 4 位学生是重复两次参与，也就是说在这两个活动中，只有 7 人是主角，其余近 50 位学生都成了与学习不相关的观众。类似的教学在常规课堂中屡见不鲜。长此以往，势必会造成较严重的两极分化现象。

四、拼读多、语音少，限制学生持续发展

“语音教学是语言教学的重要内容之一。”了解简单的拼读规律有助于学生通过读音记忆单词。有些教师认为开展语音教学会增加小学生学习英语的负担，对语音教学不够重视。由于缺乏语音知识，小学生背诵单词时，只能一个字母一个字母地机械式拼读，如:pig, p-i-g, pig。这样就使小学生记忆单词时出现了更大困难。他们拼读单词的能力差，学习单词时费时费力，效果很差，影响到后续发展。《义务教育英语课程标准（2011 年版）》在语言技能二级目标要点中，要求小学生“能认读所学词语；能根据拼读的规律，读出简单的单词。”可见，语音在小学阶段并不是教与不教的问题，而是教什么和如何教的问题。笔者曾和一位英语教师做过三年的跟踪式研究。这位老师从一年级开始就对学生采用“自然拼读法”开展语音教学。利用每节课前的 3—5 分钟教给学生 26 个字母所代表的音，一天一个，以旧带新。采用歌谣、动作、游戏等形式，每天不断复现和练习，孩子们学得兴趣盎然。到了一年级下学期，该班学生基本可以达到听音能辨认出辅音，如 book 这个单词，教师在黑板上写出 oo ，学生听到 /buk/，就能根据字母音 /b/, /k/ 说出第一个和最后一个字母。学生到了二年级时，教师把语音教学的重点放在辅音组合上；三年级的教学重点是元音字母在开音节和闭音节的发音。当这位老师把学生带到三年级的时候，孩子们已基本能够对符合音形对应规则的单词做到听音能写，见词能读，有效提高了学生的学习效率，对于他们后续的英语学习起了很大的促进作用。可见，按一定的方法教学生学会一些语音的知识不仅必要，也是可行的。

五、语言多、话题少，缺乏交流内容与情感

这里所说的语言是指语音、词汇和语法等语言知识点；话题是 topic，简单地说就是谈话的主题。现行的小学一年级英语教材的编写思路是以话题为纲，以交际功能和语言结构为主线，逐步引导学生用英语完成实际意义的语言任务，即话题—功能—结构—任务。但在教学中，教师们关注单词、句型结构多，而忽视承载语言表达形式的话题。如有位教师在上一年级 Module 4 Unit 9 May I have pie? 时，以孩子们喜欢的卡通故事“喜洋洋与灰太狼”引入，创设了喜洋洋与美羊羊到“A snake bar”的对话，如“What’s this? It’s a cake. How many cakes? Four cakes? ”，在对话中完成四个新单词 hamburger, pizza, cake, pie

的教学。从知识点上看，教师似乎完成了本课的单词教学任务，但是，立足于单元的角度思考，就会发现这样教学的不妥之处。本单元的主题是“May I have a pie?”，要求学生在购物的大语境中接触、理解、操练和运用语言知识。而上述的单词学习完全脱离了本单元的话题和主题，与单元话题一旦脱离，语言就变成了“无稽之谈”或“空谈”，造成学生在实际生活情境中，不能正确运用语言进行表述。因此，语言和话题应相辅相成，应立足于大的话题背景下，让学生学习和运用语言。

六、知识多，情感少，忽视学科育人价值

义务教育阶段的英语课程具有工具性和人文性双重特质。人文素养能否得到提升不是在课的某个环节喊几句口号或仅仅写在教案中就能达到的，而需要教师在备课时就能充分挖掘教材中显性和隐性的育人价值。比如，1B Module4的主题是：Things we enjoy。Unit10 的话题是 Activities，语言知识是“What can you/he/she do? I/He/She can ride/skip/play/fly.。”本单元的情感目标是在学习语言的过程中，让学生热爱活动，享受活动带来的乐趣。在教学中，授课教师创设了“choosing a PE star”这一语境，先让学生学习本节课的重点词汇和重点句型，最后通过学生自由选择谁是“运动之星”。一节课都是在重复操练中完成，学生完全没有体会到活动的快乐。因此，如果语言课缺乏情意，就会变得机械、被动，失去它应有的生命。

七、记忆多、思维少，弱化问题意识培养

语言是思维的外壳。小学英语的教学应当使学生在记忆和运用语言的过程中得到思维的发展，学会英语的思维方式。然而，在语篇教学中，笔者看到不少教师通常设计以一般疑问句和以 w、h 开头的问题来检测学生是否理解和掌握学习内容。这一类问题的答案能在语篇中直接找到，仅能考查学生捕捉信息的能力和阅读后的记忆能力，而不能有效地培养学生的思维能力。比如，五年级上册 Unit6 At animal land，Part C Animals at night，授课教师在第一遍听语篇时，设计了“Where did Mr. Zhang work?”；第二遍呈现语篇时设置了“When did people like to visit the zoo? What did the animals do during the day/ at night? ”这三个问题；最后一遍阅读时提出的问题是“What's Mr. Zhang's idea?”。其中，第一个问题的答案在语篇的第一句就已经出现，学生不需要听完语篇就能回答；其他问题的答案在语篇中都能直接找到，只需学生在文中标注一下说出来即可，不需动太多的脑筋。因此，教师在教学中不仅要关注学生的记忆，更要关

注学生的思维，善于研究和挖掘教材，不仅要多设计 why 和 how 的问题，给学生思考空间，更要给学生提供提问的机会。

总之,"七多" 和 "七少" 现象，在我们日常的教学中并不少见。能否将这些原来的 "七多" 变成 "七少"，把 "七少" 变成 "七多"，这需要我们每一位英语老师认真研究，做出改进的尝试。持之以恒改进这些教学的细节，就会"静悄悄" 地更新教师的教学观念。愿我们从自身教学的每一步做起，尝试改变，相信很快就会看到自己的学生在课堂上也能绽放纷繁的精彩。

小学英语写作教学课题实践心得

阮 瑜

摘要：英语教学的最终目的是发展学生的英语语言技能，英语写作是听、说、读、写这四个语言技能之一。是英语学习进步过程中看得见的记录。提高英语写作水平不容忽视。写作和任何形式的知识一样都是可以通过训练加以提高的。基础知识和能力并重，听、说、读和写并举。教师在平时教学中应采取各种形式培养学生的写作能力，充分利用一切可以利用的机会启发、引导学生提高自己的写作水平。

关键词：英语写作，存在问题，教学实践，提高效率

一、小学英语写作教学的重要意义

小学英语课程标准指出，小学阶段的英语教学要使学生掌握一定的英语基础知识和听、说、读、写技能，形成一定的语言综合运用能力。近些年来，由于小学教学极为重视“听、说、读”的训练，在小学考核中这三方面取得了不错的成绩，而英语教学书面表达却相对滞后，学生写作水平提高甚微。事实上英语写作一直是小学英语学习和考核的重要组成部分，它往往以回答句子完成短文、补全句子或看图写一段短文等形式出现，是英语听说在“写”方面的进一步延伸。英语写作也是英语学习进步过程中看得见的记录。和其他任何一种学习语言的技巧相比，它更多地运用人的感觉。如，用手写单词时，使用了触觉；看到所写单词时，使用了视觉；边写边说所书写的单词时，使用了听觉等。学生运用的感觉越多，保留和使用的语言越多。可以说英文写作就是一个学生语言综合能力的反映。

语言学家还研究证明：写作教学有助于词汇、语法、句型、课文等语言知识的学习，并能够促进听、说、读和思维能力的潜在性发展，同时，听、说、和思维能力的发展又反作用于写的能力的培养。写作教学对于帮助学生了解英语思维的方式，形成用英语进行思维的习惯，提高学生综合运用语言知识的能

力大有益处。

二、小学英语写作教学的主要问题

（一）学生受母语文法的束缚

小学生刚刚接触英语，在写作难免出现语法不规范，句子结构混乱、含义不清，和不少的“中文式英语”，不能自如、灵活地运用语言，不能按照英语的语言习惯、思维角度去安排一个较完整的写作思路，英语的逻辑思维能力较弱等问题。如：I ike apples very much. 常被写成：I very like apples.

（二）教师训练写作形式单一，学生缺乏写作自信心

部分老师只注重对学生语言的输入训练，强调机械的操练，学生没有足够的机会和环境使用语言，一旦使用语言时，就显得力不从心。加上学生英语词汇量不够、遣词能力不强，写作时，用词不当或找不到适当的词使句子达意，有满腹的话要表达却碍于词汇量太少以至无从下笔。写作时，更是动笔就错，语不成句，错漏百出。这也是导致写作困难的最直接原因。

三、小学英语写作教学的实践

（一）帮助学生树立信心，消除畏难情绪

目前，书店里适合各年级小学生的英语阅读书刊较少，学生们没有优秀范文做参考时，需要老师在课堂上多加引导学生写作，由易到难，从句子到一段话。在学习深港版小学英语三年级下册 Unit 6 At home 这一单元后，为了让学生们有备而写，我让学生以 My home 为题写一篇关于自己家的小作文。为了消除学生对写作文不自信的心理，我没有直接让学生开始“写”作文。而是先给学生看一幅家的图片，让全班同学一人一句介绍这家的摆设。学生们表达清晰，语言流畅。接着，我再让学生看了一段完整的介绍：

My home

This is my home. There is a living room, a dining room, a kitchen, a bathroom and two bedrooms. There's a TV in the living room. There are one table and four desks in the dining room.There is a computer in the bedroom. The computer is on the desk. Look! There are many books on the shelf. The picture is on the wall. I like my home. It's nice.

看了这段介绍后，我让学生再拿出画好的家的图片，向小组成员介绍自己的家。欣赏着同学的美丽图画，学生们兴致盎然，说得不意乐乎。最后再选几位同学向全班介绍，说得也相当好，赢得了热烈的掌声。此刻，我趁热打铁，

告诉大家，这就是一篇好的口头作文，如果能将这些话写在大家画的画上，就成了一篇真正的英语作文了。老师引导学生，让学生感受到写英语作文就像讲话，简单明了，配上图画又令人感觉新颖，学生们写作文不仅没有了畏难情绪，还更加有兴趣了。

（二）加强阅读，丰富和积累写作素材

古人云“读书破万卷，下笔如有神”，阅读是写作的基础。实践证明，学生平时课外阅读面越宽，语言实践量越大，运用英语表达自己的能力就越强。因此，我针对每单元所学的课题，透过网络帮助搜索了不少适合学生阅读水平的故事、儿歌和英语小知识，为学生提供了大量的阅读素材。同时，我还鼓励学生到书店购买适合自己阅读的英语故事或书刊，引导学生在阅读过程中养成记录新单词的习惯，发现单词记忆的灵活性、趣味性，激发起学生想学、想记的欲望。通过日积月累、大量的、广泛的阅读，能让学生在自然的习得中学得大量的英语单词、句子，形成较好的语感，为学生更好地写作打下了坚实的基础。

（三）采取多种形式，循序渐进，提高写作能力

“滴水穿石非一日之功，冰冻三尺非一日之寒。”英语写作能力并非是一蹴而就的，它必须由浅入深，由简到繁。由易到难、循序渐进。一步一步地领着学生进行训练。小学阶段作文教学可以采取多种形式。

1. 口头表述。如：三年级的学生刚开始学写句子，可以先练习口头介绍自己：I’m a girl. I’m 9. I’m thin.I have long hair, two big eyes, a big nose and a big mouth. I like sports.

2. 造句。即用学过的词、短语或句式，模仿课文中的表达法造句，如：将 I am tall 换成 I am short. 等。这种形式在学习深港版小学英语教材的 Look and say. 和 Say and act. 部分的知识时同样适用，能进一步巩固了学生所学的新知。

3. 填补式作文。教师可以让学生对课文进行复述，把要复述的短文拿掉一些词句来让学生填完整。

4. 排列句子顺序。将打乱顺序的句子按事件发展的时间顺序或逻辑关系或按图等整理成一篇完整的短文，这种题型是高年级的考试中的必考题型，多练有助于提高学生的写作思维。

5. 图配文。让学生根据给出的或自己画的图，写上一定的文字进行说明，这种形式比较受学生欢迎，我也经常采用。这种形式更适合三、四年级的学生，高年级的学生就得要求逐渐增加句数和难度了。

6. 仿写。学完一个完整的单元，教师可以根据本单元的教学要点，帮助学生系统归纳、整理语言知识点，可以围绕一个人、一件事或一个动物写一篇短文，要求学生注意模仿例文的时态和语态仿写。通过仿写训练，能引起学生对英语时态和语态的重视。

7. 连词成段。给出五到六个单词或词组，如：Sunday, went to the bookshop, bought a picture book, by bus, happy。让学生将他们用适当的词句连起来，这篇英语作文就写出来了。

It was Sunday yesterday.I went to the bookshop.I bought a picture book there.I went home by bus.I was so happy.

（四）提高作文教学效率

1. 打好基础，培养兴趣

为了打好英语的写作基础，老师一定要注重抓学生的基本功训练，从书写开始，严格要求学生正确、端正、熟练地书写字母、单词和句子，注意大小写和标点。同时，平时我们要多引导，鼓励学生多写，充分利用板报、专栏进行优秀作文展览，将学生中不少好的小作文贴在上面，让学生们都去欣赏，还可以鼓励大家将自已认为不错的小作文向校英语广播站投稿，并且挑选出几位同学的小作文寄往《学生双语报》《英语辅导报》等，这样既大大地提高了他们的自信心，又满足了学生的成就感。

2. 因材施教，讲评作文

学生动笔写作前，教师要给予必要的指导，不是给个题目或者一幅图，就要求学生动笔写。为了使他们少犯错误，老师还要经常性地列举错误的表达法和标点符号用法，提醒学生避免。对学生的要求不能一刀切，对学习好的要求要高，对学习差的要求要适当低一些。经常帮助差生树立信心，掌握写作方法和技巧。英语作文讲评过程中要经常指出优点，有利模仿，指出缺点，警示避免。在批阅作文时，老师要随时标出学生错误之处，并要随时记录学生所犯错误，把学生的错误加以归类总结，把普遍性的错误提出来，让学生集体改错，使他们的语言表达尽可能正确规范。

3. 加强小组合作学习

在作文训练之前，我通常先把学生分组。各组都包含优生、中等生和后进生。给出训练题目后，先要求学生在组里分别进行口头英语作文，让其他组员帮助纠正口头作文中的错误，同时优秀的口头作文也为后进生提供了很好的写作范文。这样，不仅避免学生跑题、走题，而且拓展了学生的思维。做好以好带差的工作后，学生就可以动笔写了。文章写好后，小组成员在组内朗读自已的文章，成员之间进行首轮的改错。最后，老师抽几篇作为范文，在全班进行集体讲评，指导学生改错，写出更规范、更符合英美语言习惯的好词、好句。学生在合作中学习，在合作中学会了评价。合作学习也可以缩小学生的写作水平差异。

4. 培养自改作文的能力，发挥学生主动性

在写作的初级阶段，可以采取师生共同改一篇习作，指出平时学生在写作时出现的普遍性错误，并提醒学生注意。培养自改作文的能力，通过师生信息互动，鼓励学生同一个意思用不同的方式表达，是使学生的作文逐步完善的过程。采取同伴间互相阅读作文的方法，也可以形成一种语言意识。学生既是作者又是读者，通过批评性地阅读别人的作文，学生们可以学到更多的写作知识和技巧，同时也培养了学生在写作时留意语法及用词的良好习惯。学生的作文经教师批改后，修订工作是通过个人作业和小组活动相结合进行的。这种做法既培养了学生自主学习的能力，又能使学生学得更深、更广、更活。

四、小学英文写作的启迪与思考

作为英语基本技能之一，英文写作需要教师和学生对它有个全新的认识：英语是说出来的，是用我们的嘴表达出来的，当然也是用我们的笔去表达出来的。疯狂英语创始人李阳说过：英语不是少数人待在象牙塔里研究的东西，它属于我们大家……只要我们大胆操练，打好扎实的基础定能战胜它。

俗话说，“打多深的基础，就可建多高的大楼”“愿望有多大，力量就有多大”。学生的能力也是无穷的，只要教师善于引导，注重启发，多为孩子创设条件，加强语言写作实践，在运用中帮助学生去感知、去理解、去记忆，一定能培养出学生对作文的深厚兴趣，并大大提高他们的英语写作能力和水平。

在观课中浸入，在分析中提炼，在评价中升华

——新课改下英语教师的成长途径

阮　瑜

在英语教师专业化发展的进程中，听课、评课无疑是最重要也是最有效的途径，特别是在当前新课改大力提倡校本培训的情况下，听课、评课更是英语教师研究课堂教学，提高业务能力的主要手段，也是英语教师在互动中获取经验、自我锤炼、自我提高的过程。然而，我们对听课、评课的高度期待，却遭遇了现实中的种种“寒流”和困惑。一说到听课、评课，我们自然而然就想到众多不理想甚至令人厌恶的情况。形式化、任务化、讲假话、评课没有针对性等等问题。

一、听课评课的误区

传统的听课评课，有以下几个误区：

（一）听课的误区

1. 盲听。有些老师在听课之前根本不知道授课老师要上什么内容。连人家教什么都不知道，你的头脑就是空白的，基本上是属于一个接受者，你不会有比较和判断能力，你只能像学生一样，顺着授课教师的思路去知道个来龙去脉。盲听的结果只能是听授课者的形式。

2. 懒听。这样的听课自然听不出什么奥妙。

3. 躁听。在课堂上，授课教师给学生自学机会、给学生小组合作讨论或给大段的时间给孩子动笔做练习时，有些老师就按捺不住悄悄耳语，嗡嗡声四起。然而听课者的嗡嗡声却总让执教者失去应有的耐心，而草草收场，所以我们常常看到的是，授课教师非常害怕听课者没有耐心而话语特别多，一旦课堂上出现静场就感到不安。小组合作，自主学习便成为走过场，以博得听课者的安静。听课中的烦躁，让我们失去了作为教师的听课本领。

4. 偏记。我们的听课记录本上记下的内容大多是授课教师的语言和课堂的几大环节，体现一堂课的基本流程，内容很少；细致点儿的除了教师的过渡

性语言、提问语言外还有一些授课教师的即兴式语言和学生的发言，并且采用“师生”式的记录方式。这种记录是偏记，记录下的无效信息占了90%，而有效信息都因盲听、懒听和躁听而失去。从这两种记录方式中，我们很难想象课堂的学习气氛，也无从看到授课教师的即兴与机智以及学生的生成表现，课堂的动人细节及听课者个人的独特思考等都在记录本上不留痕迹。

5. 浅思。听课是一个边听边思考的外静内动的活动，许多教师听课都只充当录音机，很少教师会在听中判断执教者的语言、行为背后的理念，很少会从学生的学习观察中判断学生学习是主动探研还是被动应答，以及课堂的生成性价值。所以教师们在听课中对一些自己没见过的新形式、新手段特别感兴趣，对煽情的课堂特别欣赏，对排练、表演式教学学得最快，但是，学用之后又会很快发现教学并非如此而快速抛弃，这就是没能深入到行为背后去思考而造成的听课效果。

（二）评课的误区

1. 只听不参加评课。这是听课的大忌，不评课听课就没有意义了。

2. 要么蜻蜓点水，不痛不痒；要么事无巨细，面面俱到，没有主次，没有重点。

3. 要么充当好好先生，只捡好话说，授课者和评议者没有充分认识到不足和遗憾；要么恶语伤人，专挑毛病。

4. 追赶时髦，脱离实际，套些时尚的教育教学理论和华丽的词语，没有多大的指导价值。

当听课、评课成为一种形式和累赘，英语教师最重要的一条成长途径就会被堵死。

二、如何观课议课

其实，现在更流行这么一个词：观课议课。从“听课评课”到“观课议课”，看起来不过只是换了一个词语，一种说法，实际上“词的变化就是文化和灵魂的变化”。（列奥·施皮泽语）。

传统的听课评课，“听”是师生在教学活动中的有声语言往来；“评”是对课的好坏下结论、做判断。评课活动主要将“表现”“展示”作为献课取向，执教者重在展示教学长处。

所谓“观”，强调用人的多种感官以及一定的观察工具，收集课堂信息，特别是透过眼睛的观察，师生的语言和行动、课堂的情境与生成、师生的状态与精神都会成为感受的对象。它更追求用心灵感受课堂、体味课堂。

所谓“议”，是围绕观课所获得的信息提出问题、发表意见，是一个展开对话、促进反思的过程。“议”要改变教师在评课中的“被评”地位，以“改进、发展”为献课取向，鼓励教师主动暴露问题以获得帮助、改进，求得发展，强调集中话题，深入对话，目的是把教师培养成具有批判精神的思想者和行动者。

“观课议课”是参与者相互提供教学信息，共同收集和感悟课堂信息，围绕共同话题进行对话和反思的活动，目的是改进课堂教学、促进教师专业成长。观课议课的目的，是帮助教师认识教育观念、教学设计、教的行为、学的行为、学的效果之间的具体联系，拓展更多的可能性空间。促进教师对日常教学行为进行反思，从而发展自己。

（一）怎样观课?

1. 课前有准备有期待

俗话说，留心天下皆学问。老师们要想通过观课真正学点儿东西，就必须做一个观课的有心人。要有心，观课前就要做点儿准备工作：事先了解授课内容，仔细分析本节课的重点、难点、疑点，并认真地去了解、研读与教学内容相关的教学理念；同时自己先行思考并设想自己的教学方案，假如自己上这一节课，会采用怎样的教学方法。这样自己对教材的理解深度及对教材的处理方式就会在听课中成为参照，在自己的思索过程中可能会遇到难以处理的难点，或是感到自己有着特别的教学方式，听课时就会有期待，期待执教者对教材的处理与自己对比的高下，期待难点处的巧妙解法等，执教者的教学水平及知识背景就会在比较中十分明了，自己该学习什么也就十分清晰。如果观课前不做准备，匆忙走进教室，懵里懵懂地听，不熟悉教材，不理解授课教师的教学意图，就不会有太大的收获。

2. 课中善于观察思考

观课与议课是密不可分的，观课的质量直接影响议课的效果。如果不全神贯注地观课，不边听边酝酿怎样议课，就不可能有精彩的议课。教师们在观课时要高度集中注意力，全身心地投入，要有虚怀若谷的态度。一看老师教得如何？要仔细捕捉讲课者的语言和表情，记下他每个教学环节和教学方法、对教材的钻研、重点的处理、难点的突破、教法学法的设计、教学基本功的展示。二看学生学得如何？要看学生的课堂表现，看学生参与的情绪是否高涨、是否具有良好的学习的习惯、本节课是否具有良好的实际教学效果等等。同时要记录下自己即兴判断与思考的成果。

3. 观课后要思考和整理

观课是为了使自己吸取别人的长处与经验，使自己在教学上能有所提高，倘若听课只是瞬间的激动，过后便罢，则不会有收获的。所以观课后不能一听了之，应进行反复的琢磨，听课应当看着是与自己思想的一次碰撞。在分析总结授课教师的课时，要注意比较、研究，取长补短，因为每个教师在长期教学活动中都可能形成自己独特的教学风格，所以不同的教师会有不同的教法。观课的老师就要善于进行比较、推敲、研究，准确地评价各种教学方法的长处和短处，并结合自己教学实践与实际情况，吸收他人有益经验，改进自己的教学。

（二）如何议课?

首先明确什么是议课？议课就是对照课堂教学目标，对教师和学生在课堂教学中的活动及由这些活动所引起的变化进行价值判断。通过议课，调动教师的教学积极性和主动性，帮助和指导教师不断总结教学经验，提高教育教学水平；转变教师的教育观念，促使教师生动活泼地进行教学，在教学过程中逐渐形成自己独特的教学风格。

议课时，应把学生的学习活动和情感状态作为焦点，以学的方法讨论教的方式，以学的状态讨论教的状态，以学的质量讨论教的水平，通过学生的学来讨论教师的教。以学论教要求把观课中心放在学生上，重心放在学习状态上，提倡和追求有效教学，关注教师的教学机智、课堂中的种种生成。这就要求观课者要坐在学生中间，以获得学生学习的大量信息，要深入学习活动，了解学生学习的真切感受和体验。这样，在议课时才会围绕学生的学习活动和状态提出更有利于教师改进和发展的对话话题，真正达到改进教学、促进学生发展的目的。

观课是捕捉话题，议课是进行对话。议课时，要求教师正视问题，具有自我批评和反思的精神。授课者和观课者是平等的对话关系，两者间共同对话交流的平台便是问题。对话时，授课者和观课者都必须充分意识到自身的独特性，不轻易放弃自己的观点。同时也要充分尊重教师所存在的问题，议课时更要与人为善，坦诚相待。

1. 议课的要求

（1）认真观课

（2）把握标准

（3）讲究艺术

（4）拟好提纲。

首先，在写提纲之前，应先对所听的课进行较全面的回顾，再看看教材，翻翻观课笔记，并参考上课教师对这一节课的自评情况和学生的评价情况，在认真分析的基础上，拟出评议的提纲。其次要拟好提纲内容。本节课的优点或经验或本节课的主要特点或不足或需要探讨的问题是什么，特色是什么，你的建议是什么。

2. 议课的原则

（1）实事求是的原则

要根据课堂教学特点和班级学生实际，本着公正、实事求是的态度评议一节课，切忌带有个人倾向。同时也要以事实（数据）为根据，增强说服力。

（2）零距离的原则

要以虚心的态度，商量的口气与执教老师共同分析研讨，不能把自己的观点强加在别人头上。让执教者在一种轻松、愉快的评课气氛中得到信心，也学会反思。同时也要让每一位听课者都敢于发表自己的观点与看法。

（3）针对性原则

议课不宜面面俱到，应就执教者的主要目标进行评述，问题要集中明确，充分肯定特色，也大胆提出改进，不要面面俱到、泛泛而谈，只要一两点到位就够了。

（4）激励性原则。议课首先要考虑到最终目的是为了激励授课者，而不是挑毛病，要让执教者听了你的评课后更有信心，更有勇气，而不要让他听后感叹："这辈子再也不上公开课了！"

（5）差异性原则。要因人而异，不要强求一律，要用别人的长处比自己的短处，而不是用自己长处比别人的短处。

（6）就课论课原则。议课时就事论事，不要由评课到评人，更不能因一堂课而否定其全部工作。

总之，从传统的"听课评课"到新时代的"观课议课"，是一次质的飞跃，它为我们教育人的教研教改，打开了一个敞亮的窗口。

总之，听一堂好课，是一种美的享受；评一堂课，也是一种美的享受。但是，只有会听，会评，才能得到这种享受。要做到会听、会评，有两个基础：一是要有教育理论的学习基础；二是要有多听、多评、多实践的基础。有了这两个基础，再加上自己的教学经验积累，就会有听课、评课水平的飞跃。

“三人行，必有我师焉”，尤其在新课程改革的今天，我们广大教师必须扩大自己的视野，重新构建自己的知识结构和职业能力，并具有广泛的合作和沟通能力，与学生的合作、与同学科教师之间的资源共享，与跨学科教师的相互交流，以求知者的身份，投身到这股互学习、争提高的学潮中去，在听课学习、评课学习中提高自己的专业能力，提升自己的教学水平，与时俱进，更好地为教育服务。

化意外插曲为精彩片段

阮　瑜

记得一次公开课，当上课铃声响起时，我突然发现有的学生居然连学习用品都还没有准备好；由于前一节是体育课，有的学生还满头大汗，这可怎么办？本来课前我想先以一首歌曲热身，但是现在学生的这种状态，唱歌根本调动不了学生的兴趣，只会唱得一团糟。我犹豫了一会儿，突然想起了 Simon says 的游戏，我的学生平时就特别喜欢这个游戏，因为它紧张又刺激，做错动作的学生还得为同学们献唱一曲英文歌，所以学生们都会高度集中他们的精神。于是我从容地走到学生中间，镇静地说："Hello, boys and girls. First, Let's play Simon Says."。学生一听到"Simon Says"这个游戏名时，顿时也从紧张的气氛中摆脱出来，兴奋地一边说："Yes！Simon Says, pens up!"，"OK, pens up!"学生们一边说，一边将他们的钢笔举了起来。这时那几个没有将文具准备好的同学也跟着游戏将自己的学习用具一样一样自然而迅速地从书包里取出来放到桌上。就这样，这一尴尬场面在热身活动中被化解了。而坐在后面听课的老师和家长还以为"Simon Says"这个游戏就是我这节课 Warmming up 环节里的一个安排呢。

这节课是教关于家庭成员的英语表达。课前，我让学生带自家的全家照，或是家人的照片。我想，这些内容学生肯定会喜欢，学完后就能用英语介绍家庭成员了。而且，这些内容学生在平时的生活中略有接触，学起来会相对轻松。

我先把我的照片贴在黑板上。这时学生们兴奋地叫开了:Miss Ruan！是 Miss Ruan 啊 … 紧接着我把我父母的照片贴上去，学生们立马又叫开了 :Miss Ruan 的爸爸妈妈！他们虽然用中文说，但我听了挺高兴的，马上出示单词卡教:father\mother. 之后，我用同样的方法教授了 sister/brother。教读几遍后，学生们都基本会说了。

"那现在请把你们家人的照片拿出来，四人一组，互相介绍自己的家人。"

这个环节学生们应该没问题吧！我心里暗想。

“Miss Ruan,Candy 没带照片！”班里话最多的小胖子 Alan 突然嚷起来，我还没回过神来，又有学生说:Miss Ruan,Bob 也没带。紧接着，这句话在我耳边是此起彼伏的。我的心情一下子从云端跌入了谷底：强调了好几遍，竟然还有那么多同学没带！本来这个环节我是想让学生们拿着照片介绍自己的家人。这么多学生没带照片，如何是好？课还得继续上啊！难道让学生对着空气介绍？转念一想，我决定立马把这一环节改成小游戏:Touch .... 这是我平时在教完新单词后常做的一个游戏，用以复习巩固所学单词。我把刚刚教过的四个单词分别贴在黑板上，然后进行小组竞赛。我发令:Touch ‘sister’. 参加比赛的学生就以最快的速度触摸 sister 这张卡片前。一听到玩游戏，学生的兴致也来了，纷纷要求参与。挑了四个学生，游戏开始了，四个学生的耳朵认真地捕捉着我的话，只等我一说，就去抢先。其他同学虽然不能参加，也禁止“打小报告”，但仍有同学在搞“地下工作”。这一点，表面上，我是反对，但其实暗地里我有点儿支持，因为这也说明他们在认真地听，在用心地思考，更重要的是说明他们都已掌握这些单词了。几轮之后，游戏结束了。正当我想把卡片收回来时，一个念头闪过我脑海：何不让学生来贴回去呢？于是，我把四个单词写在黑板上，顺序与刚才略有不同。接着，叫了四个学生来护送卡片回家，其他同学监视。有那么多的同学在注视，放错了也能改回来了。

课后反思：

英语教学是一门科学，同时又是一门艺术。回顾我的整个教学过程，我所设定的教学目标已经达到了预期的效果，也得到了很多听课老师的好评。我以热身活动化解了学生没做好上课准备的尴尬；以游戏的形式取代了拿着照片介绍家庭成员的环节，从而对所学知识进行复习与巩固，也为学生提供了展示的舞台，使他们觉得学有所用，激发了学生的学习主动性，变“要我学”为“我要学”。

作为一名教师，我常常在思考、在探索：怎样的课才算是一堂好课？我想，一堂好课不仅在于完美无缺的教学过程的设计，更在于与学生的心灵默契，将学生作为主体。教学中，没有一节课是风平浪静的，随时随地都可能发生预料不到的事，因为我们工作的对象是活生生的人。记得刚参加工作的我，有时会把握不好上课内容和时间的安排，有时会被一些调皮的学生“捣乱”，有时还会设计了很多游戏而最终没好好地为教学服务。因此，要求教师应具有敏锐的观察力、快速的反应能力和良好的心理状态，准确地捕捉有利的时机（也许就是学生的一句话），迅速地想出应变对策，巧妙地融入教学过程，有时，一个小小的得当的方法会给课堂添色不少。课堂偶发事件，对教师是一种挑战，但经过教师及时、巧妙、灵活地处理，能够对教学起到烘托、补充、增效作用。经过近四年的教学实践后，我渐渐学会了处理一些课堂里的突发事件。

俄国教育家乌申斯基说：“不论教育者是怎样地研究教育理论，如果他没有教育机制，他不可能成为一个优秀的教育实践者。”教学机智在当今课改新课堂中扮演的角色越来越重要。教师要自如地驾驭课堂这个复杂多变的动态系统，顺利地完成教学任务，就必须掌握教学机制。